Verlag: myMorawa von Dataform Media GmbH, Wien
www.mymorawa.com

Umschlaggestaltung/Fotos/Graphik: Karina Forsthuber

ISBN Paperback:	978-3-99125-740-0
ISBN e-Book:	978-3-99125-749-3

202021032
PRINTED IN
AUSTRIA

Für Peter

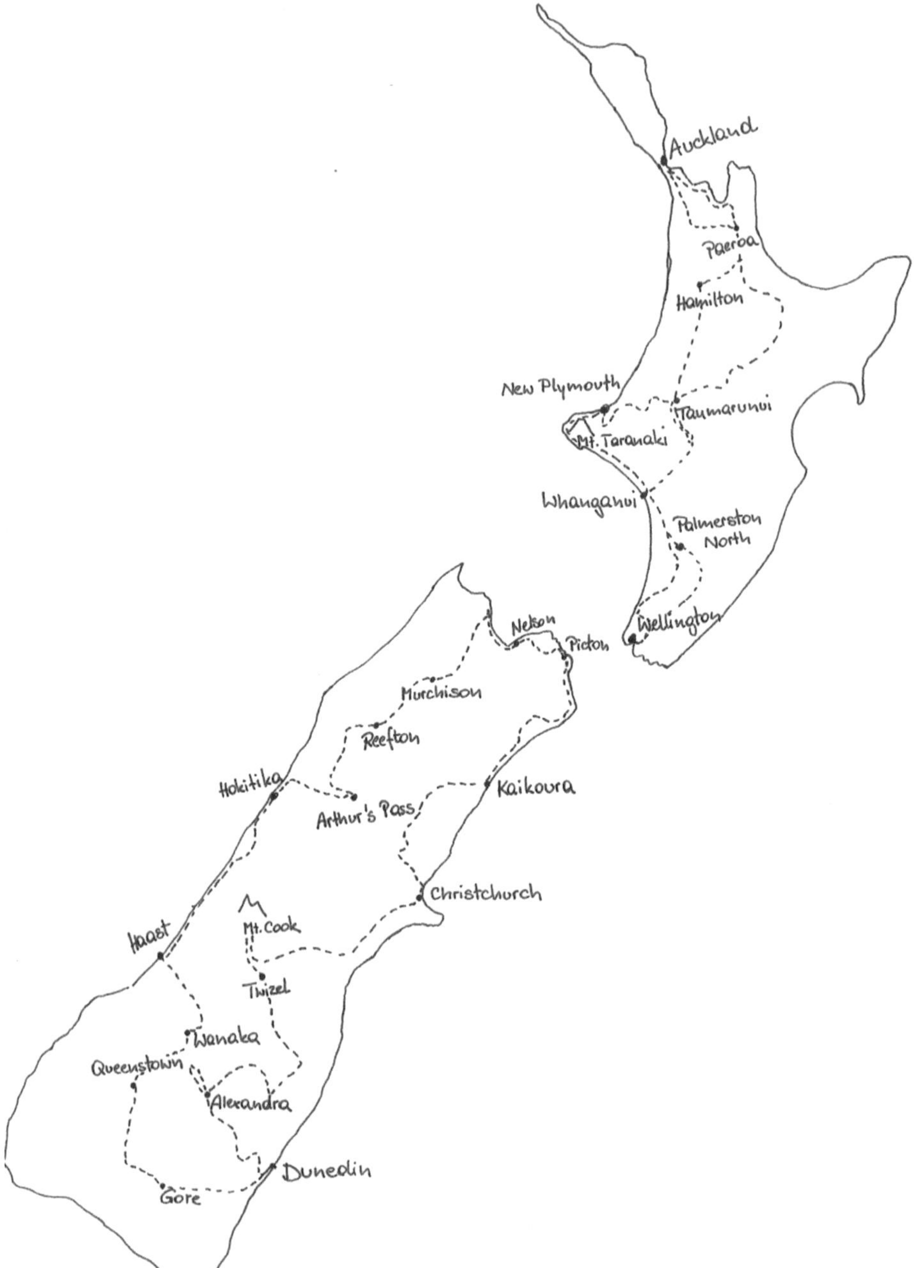
Auckland
Paeroa
Hamilton
New Plymouth
Taumarunui
Mt. Taranaki
Whanganui
Palmerston North
Wellington
Nelson
Picton
Murchison
Reefton
Hokitika
Arthur's Pass
Kaikoura
Christchurch
Haast
Mt. Cook
Twizel
Wanaka
Queenstown
Alexandra
Dunedin
Gore

Prolog

Lindau, 26.03.2020

Mit unseren schwer bepackten Fahrrädern rollten wir an diesem klirrend kalten Märztag auf den Grenzübergang vom deutschen Lindau ins österreichische Lochau zu. Wir hatten uns die Gratis-Socken aus der Delta Maschine als Ersatz für die nicht vorhandenen Handschuhe übergezogen. Vor uns das unheimliche Bild eines verwaisten Grenzübergangs, den normalerweise tausende Fahrzeuge täglich passieren. Irgendwie schwankten wir zwischen Euphorie und Unglauben. Wir wechselten noch einen Blick, und Peter meinte mit einem zufriedenen Grinsen: „Jetzt haben wir es gleich geschafft". Wir wussten, dass dieser Übergang geöffnet war, dass es aber strenge Grenzkontrollen wegen Corona gab.

Tatsächlich waren zwei junge Militärbedienstete in Uniform und ein Zivilist vor dem alten Grenzgebäude postiert und blickten uns ungläubig und leicht belustigt entgegen. Wahrscheinlich wussten sie nicht, was sie von uns halten sollten. Langsam kamen wir näher, bremsten ab, und ich meinte noch vorwitzig das Eis brechen zu müssen, indem ich mich fragend an die drei Männer wandte: „Müssen wir jetzt stehen bleiben?"

Und wirklich huschte ein kleines Lächeln über das Gesicht des Verantwortlichen, und er meinte: „Ja, das wäre wohl nicht schlecht?" Wir waren sicherlich kein alltäglicher Anblick mit unseren Reiserädern, vollgepackt mit Satteltaschen und uns selbst eingemummt in mehrere Schichten Kleidung, die als Ersatz für unsere nicht vorhandene Wintergarderobe dienen sollten.

"So, und wo kommt ihr jetzt her?", fragte der nette Grenzbeamte, woraufhin Peter und ich kurz einen Blick wechselten, und Peter schließlich schmunzelnd mit der Wahrheit herausrückte: "Aus Neuseeland".

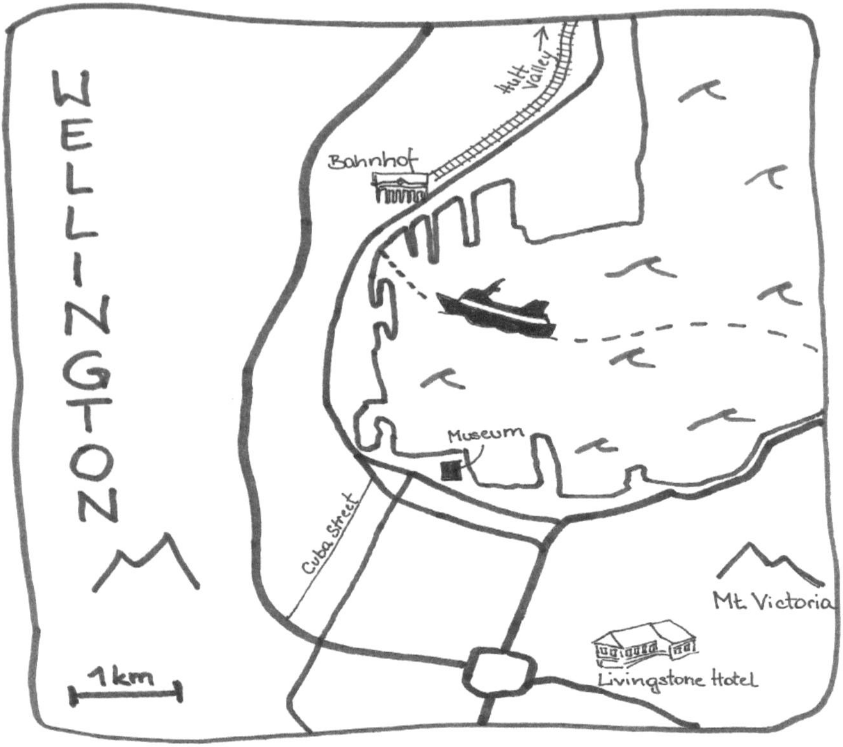

1. Etappe

Wellington, 10 Tage zuvor

Wir stehen im untersten Deck der Bluebridge Fähre. Ganz am Rand vorne bei der großen Ladeluke. Die Fahrer der Autos, LKWs und Wohnmobile haben schon ihre Fahrzeuge bestiegen, und der Geruch von Schmieröl, Abgasen und Seetang zusammen mit dem ohrenbetäubenden Lärm und dem Ruckeln und Schwanken des Schiffes verursacht mir eine leichte Übelkeit.

Peter schaut mich an und fragt: „Hast du alles dabei?" Ich öffne nochmals kurz meine Lenkertasche und checke, ob der Geldgürtel auch an seinem angestammten Platz in der kleinen

Reißverschlusstasche ist. Auch der Laptop und das Handy, alles da. Ich sehe auf und nicke ihm zu. "Ja, hab alles", rufe ich über den Lärm der riesigen, sich jetzt öffnenden Ladeluke in seine Richtung.

Der düstere Laderaum wird mit strahlendem Sonnenschein geflutet, als sich das Megateil nach unten senkt, und schon lassen die ersten Fahrer ihre Motoren an, um dieses riesige Schiffsungetüm zu verlassen.

Günstigerweise legt die Bluebridge Fähre direkt im Zentrum von Wellington an, und so ist der erste Anblick, der sich uns bietet, ein Meer aus Hochhäusern und die Kaianlage mit den typischen Hafengebäuden. Die Stadt liegt eingebettet zwischen dem Meeresbecken und den Stadtbergen, weshalb jeder noch so steile Hang mit spektakulären Konstruktionen verbaut ist.
Der Himmel über Wellington ist blau und nur wenige Wolkenhaufen werden vom böigen Wind vorübergefegt. Nicht umsonst heißt die Stadt "Windy Welly". Aber das haben wir schon an Neujahr bei unserem ersten Aufenthalt mitbekommen. Als wir vor drei Stunden in Picton ablegten, herrschte dort warmes, sonniges und windstilles Wetter.

Entlang des mit Pfosten und Seilen abgesteckten Pfades für Fußgänger schieben wir unsere Fahrräder von Bord und stoppen erst außerhalb des Hafengeländes an der Hauptstraße. Wir haben schon bei der Überfahrt besprochen, dass wir gleich zum Livingstone Hotel fahren würden, wo wir auch zum Jahreswechsel übernachtet hatten. Den Weg kennen wir noch vom letzten Mal.

Also treten wir in die Pedale und kreuzen zuerst durch die Hochhäuserschluchten der Innenstadt, vorbei an Banken, Hotels, Regierungsgebäuden, unzähligen Boutiquen, kleinen Lebensmittelläden, Bars und Restaurants. "Mensch, da ist ja was los!", rufe ich dem vorausfahrenden Peter von hinten zu. "Brutal, wenn man bedenkt wie leer es im Dezember war". Als wir zum

Jahreswechsel hier durchkamen, war wegen der Ferien die Hälfte der Geschäfte zu. Die Straßen waren fast leer, und die Stadt wirkte geradezu ausgestorben. Jetzt sind die Gehsteige voller Passanten, die Straßen voller Autos und Busse, und vor allen Lokalen und Bars sitzen Menschen im Freien. Eigentlich könnte man glauben, die Stadt sprühe vor Lebensfreude, wenn wir nicht genau wüssten, dass auch hier der weltweite Virus bereits angekommen ist.

Da wir beide einen guten Orientierungssinn haben, fällt es uns nicht schwer, das Hotel Livingstone wiederzufinden. Wie ein riesiger gestrandeter Überseedampfer, liegt es an einer steilen Stichstraße unweit des Zentrums, und leuchtet uns mit seiner weißen Holzfassade entgegen.

Die Hanglage macht, dass sich der Eingang einige Meter unterhalb des kleinen Parkplatzes hinter dem Haus befindet: dort hatte der findige Besitzer ein Rasenstück abgezäunt, auf dem er drei kleine Wohncontainer, sogenannte Cabins, postiert hat, zwischen denen es Platz für ein paar Zelte gibt. Nur durch Zufall sind wir auf diese Campingmöglichkeit im Herzen von Wellington gestoßen. Einen "richtigen", offiziellen Campingplatz, gibt es nämlich nur circa dreißig Kilometer außerhalb der Stadt. Außerdem ist der Preis für das Camping im Livingstone so unverschämt günstig, dass wir trotz primitivster Sanitäreinrichtungen gerne wieder hierher zurückkommen.

Wir steuern also gleich den bekannten "Campingplatz" an, und wie so oft führt mein erster Weg auf die Toilette, denn meine Blase hat so circa die Größe einer Erdnuss. "Ich gehe inzwischen meinen Schatz ausgraben", meint Peter und macht sich auf den Weg hinter den Wohncontainer ganz rechts.

Der Verbuddeltrick

Das mit dem Vergraben hat bei Peter schon Tradition. Angefangen hat das Ganze vor vielen Jahren bei unserem Abflug von München in Richtung Lima. Dazu muss man wissen, dass wir unser Reisegepäck aus Prinzip als Handgepäck mitnehmen.

Damals waren die strengen Handgepäcksregeln noch recht neu und Peter hatte total vergessen, dass sein Leatherman mit im Rucksack war. Der Security Check war natürlich unbarmherzig und meinte, „Entweder als Gepäck aufgeben oder wegwerfen". Beides kam für Peter absolut nicht in Frage, und er wäre nicht er, wenn er nicht eine ungewöhnliche Lösung des Problems gefunden hätte. Nach kurzer Überlegung zog er mich beiseite und sagte: „Komm mal mit. Das haben wir gleich erledigt".

Wer den Flughafen München kennt, der weiß, dass sich gegenüber der Abflughallen die Parkhäuser befinden. Deren Fassaden sind teils mit Pflanzen begrünt, und unter einer dieser schönen Bepflanzungen fand Peter ein Fleckchen Erde, in dem er ein Loch graben konnte, das tief genug war für sein geliebtes Taschenmesser. Wir prägten uns beide den genauen Standort ein und konnten das gute Teil tatsächlich zehn Wochen später unbeschadet wieder dort ausgraben.

Hier in Wellington hat Peter also wieder seinen Verbuddeltrick angewendet, und als ich von der Toilette komme und ihm mit einem "Na, und?" entgegentrete, hält er stolz den Sack in die Höhe, in dem er zwei T-Shirts, eine kurze Hose und einen Reservefahrradschlauch verstaut hatte. "Alles da, und picobello", freut er sich und merkt noch an: "Siehst du, so habe ich mir in den letzten Wochen einiges an Gewicht gespart. Die Sachen haben mir überhaupt nicht gefehlt!".

Das Thema Gewicht ist bei Radfahrern natürlich immer präsent, da man jedes Gramm mit eigener Muskelkraft transportieren muss. Für Peter ist das "Wir müssen Gewicht sparen" fast schon ein Mantra. Die Lösung, diesen Sack einfach dem Hotelbesitzer anzuvertrauen kam nicht in Frage, denn wir wussten nicht wie vertrauenswürdig er wäre, und außerdem könnte es sein, dass er eine horrende Gebühr verlangt hätte.

Nachdem diese erste Hürde gemeistert ist, machen wir uns auf, um den Check-in zu erledigen. Das Livingstone ist sicherlich einmal ein feudales Hotel gewesen, welches aber mittlerweile seine besten Jahre hinter sich hat. Der Vergleich mit einem riesigen Ozeankreuzer liegt nahe, denn die Zimmer sind so winzig klein, dass sie tatsächlich an Kajüten auf einem Schiff erinnern.

Die von uns mitbenützten drei Duschen und zwei Toiletten werden nicht nur von Männern und Frauen gleichermaßen, sondern auch von einer nicht zu erfassenden Anzahl von Hotelgästen benutzt. Um dorthin zu gelangen, müssen wir durch die ewig offen stehende Hintertür ins Haus schlüpfen und einem teppichbelegten Gang folgen, der seine besten Jahre ebenfalls schon hinter sich hat. Den Gang entlang reihen sich die Zimmertüren so eng aneinander, dass man kaum glauben kann, dass in dem Zimmer dahinter ein Bett Platz findet. Einmal kam ich zufällig an einer offenen Tür vorbei und sah, dass das Zimmer gerade so Platz für ein schmales Bett und eine

Nische in der Wand bot, die als Kleiderschrank dienen sollte. Mit ausgestreckten Armen könnte man beide Zimmerwände berühren.

Am Ende des Ganges windet sich ein enges Treppenhaus eine Etage tiefer und führt zu einer Tür, die in den großen Speisesaal und Aufenthaltsraum führt. Einmal durch die Tür sind es noch zwei Stufen runter zu den großen, schwarzen Resopal-Tischen, um die sich uralte Stühle mit verschlissener, fleckiger Polsterung gruppieren. Doch nicht nur optisch gibt dieses Ambiente einiges her, auch der Geruch ist nichts für empfindliche Nasen. Das olfaktorische Gemisch, welches aus der angeschlossenen Gemeinschaftsküche in den Raum wabert, enthält von asiatischer Gemüsepfanne, über scharf angebratenes Steak bis zu Rührei alles, was die Kochkünste der internationalen Travellerszene hergibt.

In einer Ecke reihen sich drei riesige Kühlschränke aneinander, und ihr Gebrumm mischt sich mit dem zischenden Anbraten in der Küche und dem Geklapper von Pfannen und Geschirr. Neben dem Hintereingang zu diesem sicherlich vier Meter hohen Raum ist ein riesiges Regal mit unzähligen Fächern montiert, welches prall gefüllt mit Stofftaschen, Plastiktaschen, Kartonschachteln oder einfach lose eingeräumten Lebensmitteln ist. Hier kann jeder Bewohner seine eigenen Vorräte verstauen. Die schiere Menge an gefüllten Regalfächern könnte einen glauben lassen, dass hier hunderte Gäste wohnen. Tatsächlich halten sich aber zu keiner Tageszeit mehr als fünf oder sechs Personen auf einmal im Aufenthaltsraum auf.

Erstaunlicherweise befindet sich in diesem skurrilen Saal auch ein Flügel und lässt irgendwie erahnen, dass das Haus einmal bessere Zeiten und wohlhabendere Gäste gesehen haben muss. Jetzt ist er übersät mit Zeitschriften, Kinderspielzeug und ein paar wenigen Notenblättern.

Als wir an diesem Nachmittag hier einlaufen, sind nur zwei der fünf Tische belegt, und die jungen Leute - hier wohnen hauptsächlich junge Leute - sind auf die Lieblingsbeschäftigung der heutigen Reiseszene konzentriert, dem Hantieren mit ihren Handys. Manche telefonieren laut. Man hört Gespräche auf Französisch, Englisch oder Japanisch, und natürlich geht es um die eigene Reise und die unvergleichlichen Erlebnisse dabei.

Wir durchqueren den Raum, da wir wissen, dass der Kapitän des Schiffs meistens auf der Kommandobrücke zu finden ist. Sie besteht aus zwei klapprigen Gartenstühlen vor dem Haupteingang. Dieser offizielle Zugang zum Hotel führt über eine Terrasse, die mit Holzbänken und vielen Aschenbechern ausgestattet ist, und von der man einen herrlichen Ausblick auf Wellington hat. Kapitän Bill ist ein wortkarger Typ mit weißem Haar und schlurfendem Gang. Er sitzt auf seinem Gartenstuhl und hat außer der üblichen Zigarette auch noch ein Glas Weißwein in der Hand. Wir haben das Geschäftliche rasch erledigt, denn die dreißig Dollar, die er für die Übernachtung verlangt, wechseln schnell den Besitzer und verschwinden in der Tasche seiner verschlissenen Cordhose.

„Sollen wir gleich das Zelt aufstellen? Nicht, dass noch der beste Platz von jemand anderem belegt wird?“, dränge ich Peter zur Eile. „Ja, können wir machen, aber dann gehen wir gleich in die Stadt.“ Der Andrang an Campern ist noch nicht sehr groß. Bei unserer Ankunft haben wir nur zwei andere Zelte hinterm Haus gesehen. Wir machen uns also auf, für unser kleines Heim einen guten Platz zu finden.

Vom letzten Mal wissen wir noch, dass das Areal durch die Lage am Hang sehr windig ist, dass aber die Grünflächen zwischen den aufgestellten Cabins keine Seitenwinde abbekommen. Zwar sind diese Wohncontainer belegt, was wir aus den vor der Tür liegenden Schuhen und den gekippten Fenstern schließen können, wir gehen aber davon aus, dass den Bewohnern ziemlich egal ist, ob vor ihrem Fenster jemand die Nacht in einem Zelt verbringt. Der Platz reicht gerade so aus, um unser Zelt in der Lücke aufstellen zu können und doch noch rein und rausschlüpfen zu können.

Unser Zelt

Unser Zelt ist ein Kuppelzelt, welches wir schon im Schlaf aufstellen können. Peter ist für die Stangen und den Zeltaufbau zuständig, während ich die Inneneinrichtung übernehme. Mir obliegt das Aufblasen der (beinahe) selbstaufblasenden Liegematten, das Auspacken der Schlafsäcke, Innenschlafsäcke und Kissen, sowie das Vorbereiten der „Betten".

Unser Zeltaufbau hat sich durch hundertfache Wiederholung fast schon automatisiert. Jeder weiß, was zu tun ist und wie ein choreographierter Tanz spielt sich dieses Ritual jeden Abend und desgleichen der Zeltabbau jeden Morgen ab. Das führt auch dazu, dass wir meist nicht länger als fünf Minuten benötigen.

Wir verfolgen die Philosophie des heringlosen Zeltbaus und blicken mit Spott auf Heringfanatiker, die es kaum erwarten können, ihre Heringe in den Boden zu schlagen und dies oft mit Winkel, Wasserwaage und Präzisionswerkzeugen zelebrieren. Deshalb ist eine der wichtigsten Eigenschaften, die ein Zelt für uns haben muss, die Möglichkeit es ohne Heringe aufstellen zu können.

Bei unserem geliebten Zelt müssen nur zwei gekreuzte Stangen bogenartig in die Eckösen der Plane gesteckt und die vorgesehenen Häkchen des Innenzeltes in die Stangen eingehakt werden, schon steht es. Darauf noch die dunkelgrüne Überplane geworfen, welche ebenfalls an den Ecken befestigt wird und die mit einer kleinen durchgesteckten Querstange ihre Spannung erhält und voilà - fertig ist unser Palast.

Für uns ist unser Zelt trotz seiner fast zwanzig Jahre das beste Zelt von allen, und kein anderes kann ihm das Wasser reichen. Leider kann es uns aber Wasser reichen. Wir hadern in letzter Zeit etwas mit unserer Schlafbehausung, denn der Boden ist so wasserdurchlässig wie ein Stück Baumwollstoff und zusätzlich kommt Wasser durch die Nähte ins Innere, was aber nur bei starkem, naja eigentlich auch bei leichtem Regen, passiert.

Dann können wir zusehen, wie sich die herein sickernden Tropfen zu einer kleinen Pfütze in der Mulde des Innenzeltes über unseren Köpfen sammeln. Jeden Moment könnte sich diese Pfütze über uns ergießen und nur die unerklärliche Dichtigkeit des durchsichtigen Netzgewebes rettet uns vor einer Überflutung.

Aus diesem Grund sind wir dazu übergegangen, bei Regen einen Zeltplatz unter Bäumen oder einem Dach zu suchen. Zusätzlich haben wir im Baumarkt zwei wasserdichte Planen gekauft. Eine dient als Unterlage für den undichten Zeltboden und eine spannen wir mit Packschnüren über das Zelt. Mit dieser Methode haben wir einige nasse Nächte überstanden. Nach jeder Regennacht wird der Wunsch nach einem neuen Zelt größer, aber immer, wenn wir dann im Laden stehen, finden wir irgendeinen Grund, warum wir doch weiterhin in unserem heißgeliebten Zelt schlafen wollen.

Auf Campingplätzen haben wir eine neue Lieblingsbeschäftigung gefunden. Die Begutachtung aller *vorhandenen Zelte inklusive Befragung der Zeltenden, wodurch wir mit vielen anderen Reisenden ins Gespräch kommen. Offensichtlich ist das Zelt für jeden Tramper das wichtigste Gut und er liebt es, darüber zu reden und zu fachsimpeln. Bei einigen dieser Gespräche haben wir festgestellt, dass „teuer" nicht immer „gut" heißen muss, und dass ein perfektes Zelt nicht leicht zu finden ist. Das bestärkt uns in unserer Entscheidung, unser Zelt zu behalten und weiterhin die Planen unten und oben zu spannen.*

„Komm lass und noch kurz ins Internet schauen", drängt Peter nachdem der Zeltaufbau erledigt ist. Ich spüre die Verunsicherung und Unruhe in seiner Stimme. Seit wir gestern Abend vor der Überfahrt von der Südinsel mit Peters Bruder telefoniert haben, ist Peter in Alarmbereitschaft. Die Situation in Europa, die uns Markus beschrieben hat, hört sich nicht gut an, und die Szenen und Bilder von COVID Toten in Italien, die er uns beschrieben hat, tragen dazu bei, dass wir unsere Reise nicht einfach so unbeschwert fortsetzen können.

Wir schnappen uns also unser Tablet, setzen uns auf die Terrasse vor dem Hotel und loggen uns ins WLAN ein. Lockdown in Österreich, unzählige Tote in Italien, Ausgangssperren in China und weltweit steigende Infektionszahlen können wir den Nachrichten entnehmen.

Wir sitzen hier am anderen Ende der Welt bei strahlend schönem Sommerwetter und können gar nicht glauben, was wir da lesen. Auch die Neuseeländischen Nachrichten mahnen zur Vorsicht. Dass keine Einreisen aus China mehr möglich sind, das haben wir schon vor ein paar Tagen erfahren.

In meinem unerschütterlichen Optimismus und weil ich einfach nicht wahrhaben will, dass diese Entwicklung vielleicht das Ende unserer Reise bedeuten könnte, sage ich zu Peter: „Ich bin mir sicher, dass es in Neuseeland nicht so schlimm wird. Die kriegen das sicher gut in den Griff."
„Das kommt hier genauso wie in Europa und dann sitzen wir am Ende der Welt in einem fremden Land und haben nichts dabei als unsere Fahrräder und unser Zelt!", kontert Peter.
„Aber schau, hier ist noch gar nichts zu merken und zu Hause gibt es immer mehr Erkrankte und vollen Ausnahmezustand. Schauen wir mal wie sich das weiterentwickelt, dann können wir noch immer eine Rückreise ins Auge fassen."

Da habe ich aber nicht mit Peter gerechnet, der immer sehr vorausschauend plant und ein ausgeprägtes Sicherheitsdenken hat. Ich merke genau, dass es in ihm brodelt und seine Gedanken kaum etwas anderes machen, als sich zu überlegen, wie wir am besten aus dieser Situation rauskommen.
„Jetzt siehst du mal, dass der Typ am Campingplatz in Nelson keine Ahnung hatte. Wenn die Regierungen auf der ganzen Welt solche Maßnahmen setzen, dann ist das keine normale oder harmlose Grippe! Das ist ein tödlicher Virus", ist seine emotionale Antwort.
„Ja, aber hier haben wir es doch am besten, denn es ist Sommer und bis in ein paar Wochen ist das Ganze vielleicht überstanden", versuche ich zu beschwichtigen.

Was Entschlossenheit und Argumentation angeht, kommt man gegen Peter nicht so leicht an, und so nehme ich es vorerst hin, als er beschließt: „Wir nehmen Kontakt mit der Botschaft auf und dann erkundigen wir uns bei der Einwanderungsbehörde, ob wir unser Visum von Ende Mai auf Ende August verlängern können."
„Also gut. Aber heute ist Sonntag und wir können kaum was ausrichten. Lass uns in die Stadt gehen und mal schauen, wo das Konsulat und das Einwanderungsbüro zu finden sind."

Gesagt, getan! Wir machen uns auf und verlassen das Hotel in Richtung Innenstadt. Den Hügel runter und vorbei am uns bereits bekannten Einkaufsladen an der Ecke sind es circa zwei Kilometer bis ins Zentrum. Wir nehmen den Weg durch die belebte Cuba Street, die zum Großteil als Fußgängerzone genutzt wird. Hier sind viele Einheimische und noch mehr Touristen unterwegs.

Die Corona-Nachrichten lassen uns aber einen großen Bogen um Lokale und Menschenansammlungen machen. Plötzlich wird jeder Huster mit schrägen Blicken geahndet, und jeder asiatisch aussehende Passant mutiert zum potentiellen Virenträger. Was kann ein Virus aus einer Gesellschaft in kürzester Zeit machen!? Es ist unglaublich.

„Das ist die Straße, in der das österreichische Konsulat untergebracht ist. Das habe ich vorher im Internet gelesen. Es muss die Nummer 67 sein. Wo ist die nur?“. Ich bin erleichtert, dass die gesuchte Adresse so nahe am Zentrum und ohne Bus oder Auto zu erreichen ist.
„Diese Eisdiele hat 63, es muss hinter dem kleinen Platz hier sein“, antwortet Peter, und tatsächlich stehen wir unvermittelt vor einem Hochhaus, das schon etwas älter und abgewohnt wirkt, in dem sich aber offensichtlich einige Firmenbüros und laut Türschild auch das österreichische Konsulat befindet.
„Oh Mann, hier steht, die haben am Montag nicht offen“, informiere ich Peter enttäuscht. „Was tun wir jetzt?“
„Wir rufen einfach mal an. Die Nummer haben wir ja von der Homepage.“
Das machen wir auch gleich an Ort und Stelle, aber natürlich läuft der Anrufbeantworter und informiert uns, dass man außerhalb der Öffnungszeiten Kontakt mit dem Konsulat in Auckland aufnehmen soll. Peter drängt darauf, gleich anzurufen, aber ich will lieber warten, da am Sonntag sicher niemand arbeitet.
„Wir rufen da jetzt an, denn die müssen immer erreichbar sein“, insistiert Peter.

Unser Anruf landet auch hier bei einem Anrufbeantworter, auf dem eine Stimme bei Hinterlassen der eigenen Nummer einen Rückruf verspricht. Also hinterlassen wir unsere neuseeländische Handynummer und schlendern in Gedanken versunken in Richtung Hafen.

Unten am Ufer ist das eigentliche Touristenzentrum von Wellington mit Museen, einer kleinen Lagune mit Freiluftbars, einem Hangar für Helikopterrundflüge und netten Parkanlagen. Hinter dem riesigen National Museum gibt es einen großen Parkplatz für Wohnmobile und natürlich zieht es uns dorthin, um vielleicht mit einigen anderen Europäern ins Gespräch zu kommen.

„So, alles erledigt“, sage ich zu Peter, als ich von der Toilette des großen Museums zurück auf den Vorplatz komme. Wir wollen gerade vorbei an den Fahrradabstellplätzen zum Parkplatz gehen, da stutzt Peter. „He, ist das nicht der Julian?“
„Na klar ist er es. Und schau, da steht ja auch das Tandem!“, rufe ich euphorisch. Wir stürzen freudig auf den jungen Mann in T-Shirt und Sporthose zu. Auch Julian hat uns inzwischen bemerkt und ist sichtlich erstaunt, uns hier zu sehen. Wir kennen ihn und seine Freundin Viola vom Campingplatz in Wanaka, wo wir die beiden vor drei Wochen kennengelernt haben.
Sie sind ein junges Pärchen aus Norddeutschland. Angehende Ärzte, die vor dem Berufsstart noch eine Weltreise mit Tandem unternommen haben. Die Geschichte der beiden war abenteuerlich, und wir wussten inzwischen, dass sie von Deutschland aus bis nach Indien geradelt sind, wo sich ihre Reise aufgrund eines Verkehrsunfalls dramatisch geändert hat. Der Schlüsselbeinbruch, den sich Julian dabei zuzog, wurde in Indien notoperiert, und nach dem Schock haben die beiden beschlossen, die Verletzung in Neuseeland bei Violas hierhin ausgewanderter Schwester zu kurieren. Von hier aus wollen sie ihre Reise fortsetzen. Die beiden waren wegen ihrer medizinischen Ausbildung für uns schon bei der ersten Begegnung eine Quelle an Informationen zu

Viruserkrankungen, und trotz ihrer Jugend verließen wir uns auf ihre Einschätzung der Lage.

„Wo hast du denn Viola gelassen?“ ist unsere erste Frage an Julian. „Sie kauft gerade ein paar Vorräte ein, während ich hier beim Bauernmarkt noch einiges an genießbarem Gemüse aus dem Entsorgungscontainer gezogen habe“, erzählt Julian und hält einen prall gefüllten Stoffsack in die Höhe. Wir erfahren, dass die beiden an diesem Morgen mit der Fähre angekommen sind und hier in Wellington bei einem WarmShowers Gastgeber übernachten wollen, den sie am Abend treffen würden. „Wir haben auch Kontakt mit zu Hause aufgenommen. Meine Mutter kam vor zwei Wochen aus Vietnam zurück und hat den Virus wahrscheinlich auch!“, informiert uns Julian.

„Wie geht es bei euch denn jetzt weiter?“, wollen wir wissen. Inzwischen ist Viola zurück vom Einkaufen und macht große Augen, als sie uns alle da stehen sieht. „Wir haben ja sowieso unseren Rückflug Ende April, und bis dahin werden wir eben weiterreisen!“, meinen die beiden. Wir melden da so unsere Zweifel an und irgendwie können wir sie überzeugen, dass sie auch am nächsten Morgen mit uns bei der Immigration die Information über eine Visumverlängerung einholen gehen.

Wir vereinbaren den Treffpunkt bei der ausfindig gemachten Adresse für neun Uhr früh. „Wenn ihr inzwischen noch irgendetwas Neues erfahrt, schickt uns doch eine Nachricht, oder ruft uns an!“, bitten wir die beiden zum Abschied und fühlen uns irgendwie nicht mehr so allein mit unseren Sorgen und Zweifeln. An diesem Abend kochen wir uns eine Kleinigkeit in der Küche des Hotels und konsultieren nochmals das Internet, um zu erfahren, ob es inzwischen wieder Neuigkeiten aus Österreich gibt.

In dieser Nacht auf dem Zeltplatz zwischen den beiden Cabins hinter dem Parkplatz des Livingstone Hotel schlafen wir beide nicht gut.

Das liegt aber nur zum Teil an den schwirrenden Gedanken über Corona und unsere Situation. Zusätzlich hält uns der böige Wind, der an unserer Zeltplane zerrt und zupft, wach. Auch die Cabin-Bewohner neben uns, die die ganze Nacht bei offenem Fenster telefonieren und husten, tragen nicht gerade dazu bei, dass wir tiefen Schlaf finden können.

Am Morgen habe ich das Gefühl, dass ich kein Auge zugemacht habe, und statt dem üblichen „Hast du gut geschlafen?", lautet diesen Morgen meine Frage an Peter: „Hast du auch so schlecht geschlafen wie ich?".
„Ich hasse diesen blöden Wind und ich habe mir Gedanken gemacht, wie wir weiter machen sollen!", kommt als Antwort von Peters Seite. „Wir dürfen diese Sache nicht unterschätzen. Ich möchte so schnell wie möglich nach Auckland, denn da ist die Botschaft und da sind wir in der Nähe des Flughafens."

Für mich ist sein Plan wie eine kalte Dusche, denn dass unsere Reise jetzt nicht wie geplant zu Ende gehen soll, und wir große Teile der Nordinsel nicht besuchen können, will mir nicht in den Kopf. Außerdem hoffe ich noch immer, dass wir die bereits gebuchte Weiterreise nach Fiji und später nach Nordamerika machen können.
„Aber dein Bruder hat auch gesagt, er würde an unserer Stelle eher hierbleiben, als nach Europa zu kommen!", halte ich deshalb dagegen.
Dass wir völlig unterschiedliche Ansichten haben, ist uns beiden klar, und so beschließen wir, uns vorerst so viel Informationen wie möglich zu beschaffen.

An diesem Morgen gegen halb neun radeln wir in die Stadt und suchen das Immigration Office, vor dem wir uns mit Julian verabredet haben. Es befindet sich im zentralen Bankenviertel und ist nur durch eine unscheinbare Plakette am Klingelschild eines Hochhauseingangs gekennzeichnet. Julian ist schon dort und wartet auf uns. Wir klingeln und werden eingelassen. Als wir im fünften

Stock aus dem Lift steigen, das Büro betreten und von einer jungen Dame nach unserem Anliegen befragt werden, wird uns aber schnell klar, dass dies nicht die richtige Stelle zur Verlängerung eines Visums sein kann. Sie würden hier als privater Anbieter Einwanderer beraten, um ein Visum für Neuseeland zu bekommen, und hätten nichts mit der Regierung zu tun, klärt uns die Mitarbeiterin auf. Auf unsere Frage nach dem Regierungsbüro für Einreise und Visafragen sagt sie uns, dass es kein Büro gäbe, an das wir uns persönlich wenden könnten, sondern dass alles digital und über Internet abgewickelt werde.

Wir ziehen also enttäuscht wieder ab, und Julian erzählt uns noch von einer Österreicherin, die er und Viola am Vorabend kennengelernt haben, die sich auch wegen des Coronathemas schlau machen will, und der er unsere Kontaktdaten geben würde, damit wir uns austauschen können. Gerade als wir vor das Gebäude treten, läutet unser Handy und am Apparat ist die österreichische Konsulin aus Auckland, die auf unsere gestrige Nachricht hin zurückruft. Sie fragt nach unseren Daten und wo wir uns momentan befänden. Sie notiert sich alles und informiert uns, dass es die Empfehlung vom Außenminister gibt, so bald wie möglich nach Österreich zurückzukehren. Wir fühlen uns nicht wirklich als Betroffene, da wir ja nicht zu einem gewissen Termin in Österreich sein müssen und im Grunde bei Visumverlängerung auch noch viel länger in Neuseeland bleiben könnten. Die Empfehlung, sich auf der Homepage des Außenministeriums zu registrieren, befolgen wir aber und geben sogleich online unsere persönlichen Daten, Kontaktdaten und Reisepläne bekannt. „Wir bleiben in Kontakt und Sie melden sich, sobald Sie ausreisen, oder falls Sie Hilfe brauchen", bittet uns die Konsulin am Ende des Gesprächs.

„Viola und ich halten vorerst an unserem ursprünglichen Plan fest. Wir werden hier auf der Nordinsel weiterradeln und erst zu unserem geplanten Abflugdatum nach Auckland fahren", meint Julian zum Abschied. Diese Aussage lässt Peter ein wenig entspannter werden, und so beschließen auch wir, erst einmal unsere ursprüngliche Reiseroute weiterzuverfolgen. Von Wellington können wir sowieso nur nordwärts kommen, und somit können wir nichts falsch machen.

Wir radeln also zurück zum Hotel, packen alles zusammen und verlassen am späten Vormittag das ehrwürdige Hotel Livingstone. Es geht aber vorerst nicht stadtauswärts, denn wir müssen dringend noch eine Ladung Wäsche waschen.

Dazu haben wir im Internet den nächstgelegenen Waschsalon ausfindig gemacht, welcher sich ebenfalls oben auf einem der Hügel der Stadt in einer ruhigen Vorstadtgegend befindet. Wir sind etwa zwanzig Minuten bis dorthin unterwegs. Wie so oft ist gleich nebenan ein kleiner, von einem Inder geführter Laden, in dem man die Jetons für die Waschmaschinen und Wäschetrockner kaufen kann. Offensichtlich gibt es in der Gegend nicht viele Waschsalons, denn der Andrang ist relativ groß. Damit wir uns nicht unnötig im Innenraum aufhalten müssen, füllen wir die Maschine schnell und postieren uns mit unseren kleinen Campingstühlen vorne draußen auf dem Gehsteig. „Schauen wir mal im Internet, was über die Visumverlängerung zu finden ist, und was die neuesten Nachrichten sind", meint Peter. Bald sind wir in die Suche vertieft, was die Zeit schnell vergehen lässt, aber nicht gerade zu unserer Beruhigung beiträgt.

Als kurze Zeit später ein kleiner Campervan vor dem Gehsteig parkt und ein junges Pärchen mit einem Sack voll Schmutzwäsche aussteigt, stoße ich Peter an: „Du horch, das sind doch Österreicher!".
Wie üblich entwickelt man so weit weg von daheim ein ausgeprägtes Zusammengehörigkeitsgefühl mit den eigenen Landsleuten, und deshalb sprechen wir die beiden natürlich gleich an. So erfahren wir, dass es zwei Steirer sind, die sich auf einer längeren Reise befinden, und die bereits durch Asien getrampt und

zuletzt mit einem Campervan durch Australien gefahren sind. Von dort sind sie vor Kurzem nach Neuseeland gekommen, das sie für einige Wochen mit dem Auto erkunden wollen. Nachdem wir von unserer Reiseroute erzählt haben, kommt unsere unvermeidliche Frage, „Und was meint ihr zu Corona?“. Die beiden fühlen sich davon gar nicht betroffen und meinen das sei nicht viel mehr als eine Grippe.

Nachdem unsere Wäsche fertig ist, packen wir zusammen und machen uns auf den Weg. Peter empört sich noch: „Das ist ja unglaublich, dass die Leute diesen Virus noch immer so verharmlosen. Vielleicht ist das wegen ihrer Jugend oder Unerfahrenheit. Na hoffentlich kommen sie nicht zu hart am Boden der Realität an.“ Ich hoffe und glaube insgeheim auch, dass diese Epidemie bald überstanden, und Neuseeland nicht betroffen sein wird, will aber nicht noch einmal eine Diskussion vom Zaun brechen.

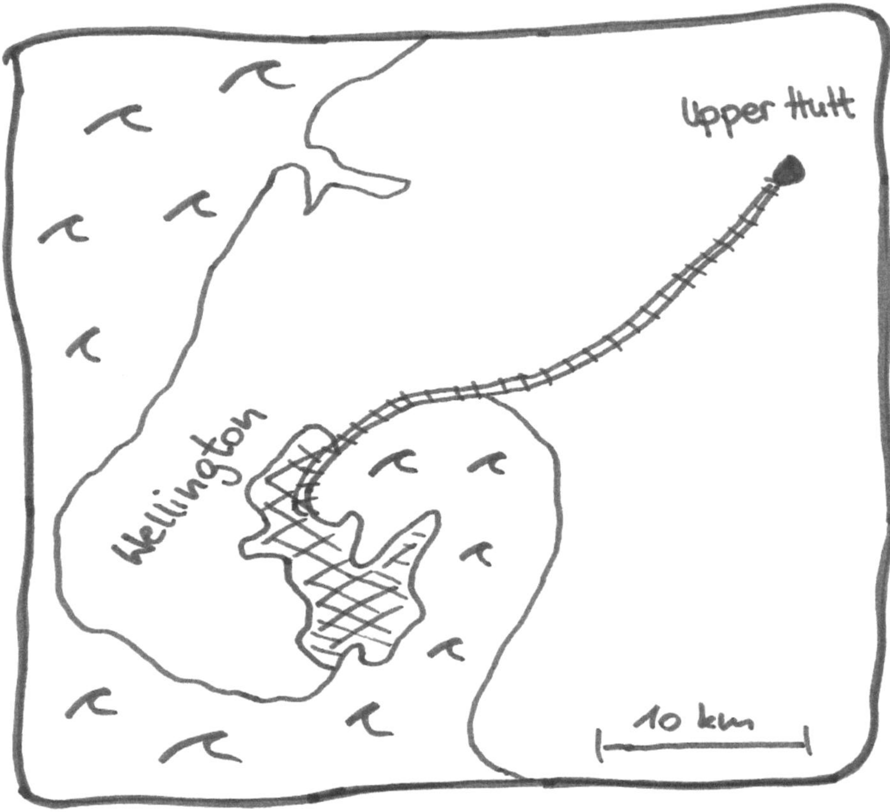

2. Etappe

Wellington - Upper Hutt

Wir rollen hügelabwärts in Richtung Bahnhof, der sich in der Nähe der Anlegestelle der Bluebridge Fähre befindet, mit der wir am Vortag angekommen sind. Wir haben beschlossen, die ersten paar Kilometer Richtung Norden mit dem Zug zu fahren, da es an der Ausfahrt von Wellington, entlang der Wellingtoner Bucht, nur eine vierspurige Autobahn, aber keinen richtigen Radweg gibt.

Die Strecke haben wir beim ersten Aufenthalt mit viel Hin und Her und einigen brenzligen Situationen am Seitenstreifen der Autobahn bewältigt. Das wollen wir aber nicht noch einmal machen, wenn es doch eine Zuglinie gibt.

Wir durchqueren mit unseren Rädern nochmals das Stadtzentrum und finden uns nach circa zwanzig Minuten vor dem Bahnhof wieder, einem riesigen Gebäude im viktorianischen Stil. Es stammt wohl aus den Zeiten, in denen der Eisenbahnverkehr in Neuseeland noch eine immense Bedeutung hatte. Für die wenigen Pendlerzüge und die beiden Langstreckenzüge, die täglich von dieser Bahnstation abfahren, ist er aber komplett überdimensioniert. Das merkt man auch an der Anzahl der Fahrgäste, die sich im Bahnhof und an den Bahnsteigen aufhalten. Die feudale Bahnhofshalle mit viel Stuck und edlen Leuchtern ist riesig, wir können aber nur eine Handvoll Personen darin ausmachen.

Immerhin gibt es einen Fahrkartenschalter, und wir lösen die Strecke Wellington bis Upper Hutt. Dieser Ort befindet sich circa vierzig Kilometer von Wellington am oberen Ende des Hutt Tales, welches sich auf der anderen Seite der Wellingtoner Bucht in Richtung Norden erstreckt. Wie vermutet ist die S-Bahn dorthin so gut wie leer. Wir können sowohl unsere Räder gut in dem Großraumabteil verstauen, als auch Sitzplätze finden, die genügend Abstand zu anderen Fahrgästen bieten.

Um kurz nach vierzehn Uhr fährt der Zug pünktlich aus dem Bahnhof, und wir genießen es, wieder einmal in einem Zug zu sitzen und die Landschaft an uns vorbeiziehen zu sehen. Wie schon auf der Fähre können wir aber auch hier nicht vermeiden, jedes Mal, wenn irgendjemand im Abteil niesen, husten oder auch nur hüsteln muss, ein imaginäres Abrücken zu vollziehen. Während der Fahrt weisen wir uns, wie so oft, gegenseitig auf besondere, spektakuläre oder von unserem letzten Aufenthalt bekannte Gebäude, Landschaften oder Straßenzüge hin. „Da sind wir im Dezember entlang geradelt, weißt du noch? In diesem Park haben wir damals unser Abendessen gekocht. Siehst du diese große Firma? Was die wohl herstellen? Mensch, sind da viele Autos unterwegs. Gott sei Dank sind wir mit dem Zug gefahren!". So vergeht die eineinhalbstündige Zugfahrt recht schnell.

Wir ziehen unser Tablet heraus, auf dem wir die Landkartensoftware Maps.me installiert haben und die wir auch offline jederzeit konsultieren können. Für mich als Kartenfanatikerin ist sie ein ewiger Quell an Informationen, und ich recherchiere bei jeder sich bietenden Gelegenheit die besten Routen, nahegelegene Restaurants und den Standort von Campingplätzen. Auch jetzt haben wir einen Campingplatz in Upper Hutt ausfindig gemacht, wo wir diese Nacht verbringen wollen.

Als wir aus dem Zug steigen, hat sich der Himmel inzwischen ein wenig überzogen, was dem Wetterbericht entspricht, der für die kommenden Tage leider eine Verschlechterung des Wetters vorausgesagt hat. „Kann ich euch irgendwie helfen? Wo müsst ihr denn hin?", spricht uns am Bahnsteig eine Einheimische an, die offensichtlich Freude am Anblick von zwei Radreisenden hat. „Wir wollen zum Campingplatz. Ist das weit?", antworten wir, in der Hoffnung, eine gute Wegbeschreibung zu bekommen. Leider ist die Frau kein Orientierungsgenie, denn die Beschreibung, die sie uns liefert, ist so verwirrend, dass wir nach kurzer Zeit nicht mehr zuhören und uns stattdessen insgeheim auf Maps.me und unseren eigenen Orientierungssinn verlassen.

Als sie zum Schluss sogar anbietet, uns bis zum Campingplatz mit ihrem Fahrrad zu begleiten, winken wir ab und schieben einige wichtige Erledigungen, die wir noch im Ortszentrum machen müssen, vor. Das ist ja auch gar nicht gelogen. Wir wollen noch zum Supermarkt und in die Bibliothek, bevor wir die drei Kilometer zum außerhalb gelegenen Campingplatz in Angriff nehmen.

Bibliotheken

Bibliotheken sind in Neuseeland in jedem kleinen Kaff zu finden und bieten für Reisende nicht nur ein schützendes, wärmendes Dach, sondern auch ein meist hervorragendes WLAN oder PCs, an denen man sich ins Internet einloggen kann.

In den letzten Monaten in Neuseeland haben wir so circa alle Bibliotheken auf unserem Weg besucht und viel Zeit in diesen sehr gemütlichen Einrichtungen verbracht. Oft suchten wir hier Unterschlupf bei Regenwetter und blätterten uns dann stundenlang durch Zeitschriften, Bildbände und Landkarten.

Als wir in Alexandra im Zentrum der Südinsel bei Regenwetter drei Tage festsaßen, war die Bibliothek unsere einzige Zuflucht, um nicht den ganzen Tag in der ungemütlichen Küche des Campingplatzes sitzen zu müssen. Hier fingen wir dann sogar an, die ausgelegten Puzzles zu machen. Außerdem trafen wir andere Fahrradreisende und verbrachten kurzweilige Nachmittage, ohne in teuren Cafés einen Tee nach dem anderen bestellen zu müssen.

Die Bandbreite von Bibliotheken reicht von riesigen, neuen Architekturpalästen, wie in Christchurch, bis zu kleinen Minibüchereien im Anbau des Gemeindeamts. Auch das Besucherspektrum ist sehr vielfältig, und so haben wir in den Bibliotheken alles erlebt: die Vorlesestunde für Kleinkinder, Obdachlose, die ihre Behördenanträge erstellen, Hausfrauen, die ihren Bedarf an Liebesromanen decken oder Jugendliche, die ganze Nachmittage mit World of Warcraft verbringen.

Hier in Upper Hutt ist die Bibliothek ein relativ großer Flachbau, und zum ersten Mal bekommen wir es mit einer Desinfektionsstation am Eingang zu tun. Wir erledigen unsere Recherche und unsere Korrespondenz relativ schnell, denn irgendwie haben wir auch hier das Gefühl, dass rund um uns nur mehr gehustet und geschnieft wird.

Von der Bibliothek aus geht es weiter zum Supermarkt um die Ecke. Wir haben den Entschluss gefasst, von Upper Hutt aus, weiter auf dem Remutaka Rail Trail zu radeln und wollen dafür ein paar Vorräte bunkern. Entlang der geplanten Strecke gibt es nämlich keine großen Orte oder Versorgungsstationen.

Der Campingplatz, auf dem wir übernachten wollen, liegt am Ufer des Hutt Flusses am Ortsrand von Upper Hutt und ist Teil einer großen öffentlichen Parkanlage. Wir folgen dem Radweg am Flussufer und kommen nach kurzer Zeit an einen großen Zaun, hinter dem wir schon einige Wohnwagen sehen können. „Wie kommen wir denn da jetzt rein?“, wende ich mich fragend an Peter, als wir eine halbe Ewigkeit den hohen Holzzaun entlang radeln und kein Eingang in Sicht kommt.
„Da vorne kommen wir vielleicht durch, wo das Haus steht“, meint Peter, hat aber nicht mit dem Hofhund gerechnet, der sein Revier verteidigt und sich unserer Durchquerung in den Weg stellt.
„Okay, in dem Fall schauen wir noch mal auf die Karte“, schlage ich vor.

Bevor wir das tun können, kommt uns ein Radfahrer am Weg entgegen, der uns mitteilt, dass wir wieder zurück zur Hauptstraße fahren müssen, um von dort zum Haupteingang zu kommen. Wir finden den Eingang doch noch und auch die Anmeldung, wo wir bei einer netten Dame die Formalitäten erledigen. Sogleich machen wir uns auf die Suche nach dem idealen Zeltplatz. Entgegen unseren Erwartungen ist der Campingplatz so gut wie leer. Natürlich gibt es ein paar Dauercamper, aber zusammen mit einem großen

Wohnmobil und einem Pferdetransporter sind wir die einzigen Gäste.

Inzwischen ist der Himmel grau und droht mit regengeschwängerten Wolken. Mein erster Weg führt wieder einmal aufs Klo, welches gleich anschließend an die Gemeinschaftsküche in einem kleinen Gebäude im Zentrum des Campingplatzes zu finden ist. Auf dem leicht geneigten Gelände wachsen hohe alte Bäume und einige Sträucher. „Was hältst du von dem Platz hier?“, fragt mich Peter, als ich zurückkomme. Er hat unter einem Nadelbaum am Rand der Zeltwiese einen Platz gefunden, der offensichtlich von Regen nicht so betroffen ist. Das erkennen wir daran, dass dort trockene, von Tannennadeln bedeckte Erde zu finden ist. Die Gefahr, hier unter Wasser gesetzt zu werden, ist ungleich geringer als in der freien Wiese nebenan. „Ja, das ist perfekt“, stimme ich seiner Platzwahl zu. „Ich würde das Zelt so hinstellen, damit wir mit den Köpfen in diese Richtung liegen“, fügt er hinzu.

Zeltplätze

Das Thema Zeltplatzneigung ist ein Dauerbrenner bei unseren Diskussionen. Jeder von uns beiden meint, den noch besseren Riecher für den idealen Platz zu haben, und komischerweise sehe ich das Gefälle des Untergrundes meist genau in die entgegengesetzte Richtung als Peter sie sieht.

Auf einer Reise, bei der die drei wichtigsten Fragen sich ums Radfahren, Essen und Schlafen drehen und bei einer durchschnittlichen Schlafdauer von etwa elf Stunden täglich, ist die Auswahl des optimalen Zeltplatzes natürlich enorm wichtig. In den vergangenen Monaten haben wir diese

Aufgabe so oft gelöst, dass wir uns mittlerweile eigentlich so gut wie immer einig sind, wo und wie unser Zelt zu stehen hat.

Da wir einen Großteil unserer Nächte frei campen, ist es entscheidend einen idealen Standort zu finden. Deshalb beginnen wir mit der Recherche oft schon am Vortag, sobald wir wissen, was unser wahrscheinliches Etappenziel sein wird. Wir konsultieren unsere Kartensoftware und halten darauf Ausschau nach Waldstücken oder Parks mit Baumbestand, die ein potentielles Ziel für uns sind.

Wenn wir dann, meist am Nachmittag, im geplanten Ort ankommen, drehen wir gleich eine Runde mit den Rädern oder zu Fuß und kundschaften einen Schlafort aus. Dazu ist es wichtig, dass der Platz ruhig und abseits des Weges liegt, dass er nicht gut einsichtig ist und, dass er unseren Ansprüchen an Untergrund und Regenschutz entspricht. Meist ist das nicht so schwer, aber manchmal müssen wir kurzfristig noch umdisponieren, weil wir bemerken, dass abends noch eine Kricketmannschaft gleich in der Wiese daneben trainiert oder so ähnlich. Ungleich entspannter ist es natürlich, wenn wir auf Campingplätzen übernachten.

Als wir hier am Campingplatz in Upper Hutt unser Zelt aufgestellt haben, melden sich auch schon wieder unsere Mägen. Zwar haben wir heute keine weite Strecke gemacht, aber trotzdem sind wir daran gewöhnt, um spätestens 17 Uhr unser Abendessen einzunehmen.

Die Gemeinschaftsküche ist, wie zu erwarten, zu unserer alleinigen Verfügung und wie so oft nutzen wir die vorhandenen Steckdosen, um zuerst mal alle unsere elektronischen Geräte zu laden. Das hört sich nach mehr an, als es wirklich ist. Eigentlich geht es nur um unser Tablet und vielleicht noch um meinen E-Reader, der aber sehr genügsam im Stromverbrauch ist.

Die Frage des Abendessens haben wir schon im Supermarkt geklärt, denn eine zwar gut gefüllte aber kleine Satteltasche lässt nicht viel Platz für spontane Menüentscheidungen. Wie so oft, fiel die Wahl auf Nudeln mit Sauce. Obwohl es nicht sehr warm und sonnig ist, belegen wir einen der Picknicktische vor dem Gebäude, denn die nüchtern ausgestattete Küche mit den großen Esstischen in der Mitte ist nicht so einladend.

Beim gemeinsamen Kochen teilen wir die Aufgaben gerecht auf. Peters liebste und häufigste Tätigkeit dabei, besteht im Schneiden von Gemüse oder anderer Zutaten, während mir meist das Zubereiten und Würzen der Sauce obliegt. Wie beim Zeltaufstellen, weiß auch hier jeder, was er zu tun hat. Wenn wir am Campingplatz übernachten, kochen wir immer in den vorhandenen Gemeinschaftsküchen. Ansonsten verwenden wir unseren Benzinkocher und bereiten unser Essen auf einem Picknickplatz mit Tisch und Bänken zu. Den Abwasch übernimmt meistens derjenige, der am wenigsten beim Kochen zu tun hatte.

„Sollen wir noch eine Runde spazieren gehen?“, schlage ich nach dem Essen vor. Irgendwie habe ich das Gefühl, an diesem Tag zu wenig Bewegung gehabt zu haben, weshalb ich gerne die Umgebung des Campingplatzes erkunden würde.
„Ja, klar!“, stimmt Peter zu.

Bei der Anfahrt haben wir schon bemerkt, dass dieser Ortsteil von Upper Hutt nicht viel zu bieten hat. Trotzdem machen wir uns auf den Weg zum Ausgang des Campingplatzes und schlendern durch den angrenzenden Park und dann auf dem Gehsteig entlang der Hauptstraße in Richtung Ortsmitte. Unsere Regenjacken haben wir

in weiser Voraussicht mitgenommen, und tatsächlich sind mittlerweile schon einzelne Tropfen zu spüren.
Alles was wir auf diesem Spaziergang zu sehen bekommen, ist ein Wohngebiet mit netten kleinen Häuschen und ordentlichen Vorgärten, aber weder irgendwelche Lokale, Geschäfte oder sonstige Sehenswürdigkeiten. Der Himmel ist grau, die Umgebung eintönig und unsere Stimmung an diesem Nachmittag spiegelt all das wider. „Der Wetterbericht für morgen ist gar nicht so schlecht“, versuche ich Peter aufzumuntern, was mir aber nicht wirklich gelingt.

Unser Plan für den nächsten Tag ist die Überquerung der Gebirgskette im hinteren Hutt-Valley auf einer ehemaligen Eisenbahnlinie, die jetzt zu einem Radweg umgebaut worden ist. Dieser Remutaka Rail Trail stand schon von Anfang unserer Reise an auf der Wunschliste von Peter. Wahrscheinlich hat er nur aus diesem Grund zugestimmt, nicht gleich den Zug nach Auckland zu nehmen.

Als wir an diesem Abend in unser Zelt krabbeln, liegen wir noch lange wach, und jeder hängt seinen Gedanken nach. Ich versuche, wie fast täglich, mich durch das Lesen in meinem E-Reader abzulenken, und Peter nimmt das Tablet zur Hand, um Nachrichten zu schauen.
„Ich glaube wir sollten nicht so oft ins Internet gehen. Da wird man ja total irre, wenn man dauernd diese Nachrichten liest“, meint er schließlich und legt das Tablet zur Seite. Ich kann ihm nur zustimmen, denn jedes Mal, wenn er wieder über die Corona Krise liest, wird er nervös und unruhig. Die Nacht bleibt zwar trocken, aber dennoch ist an tiefen Schlaf nicht zu denken.

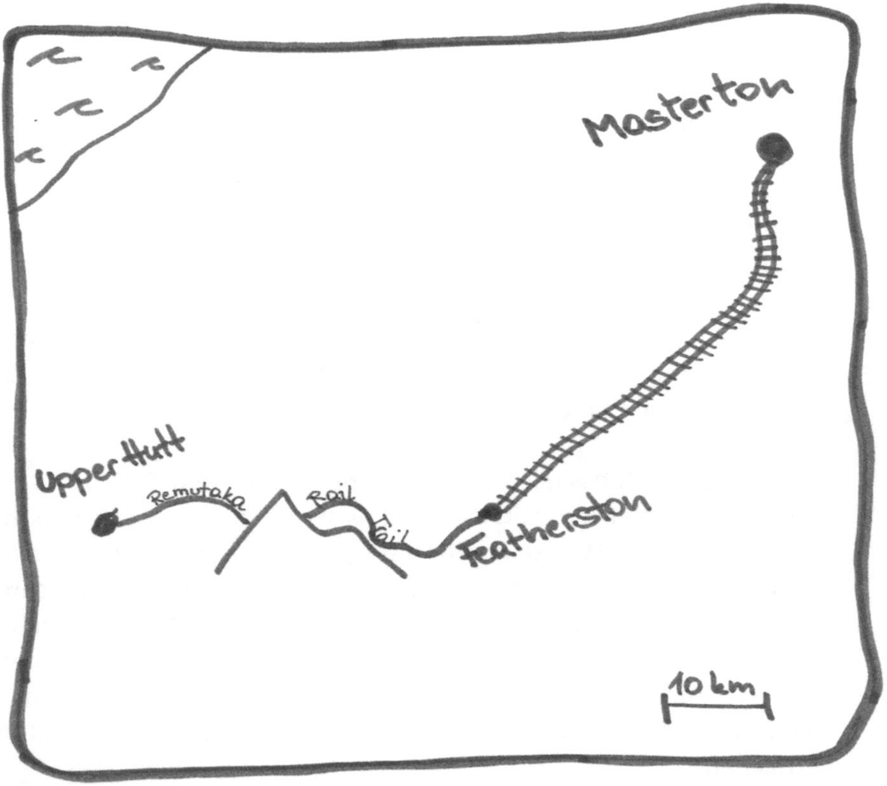

3. Etappe

Remutaka Rail Trail – Featherston - Masterton

Am Morgen ist es teils bewölkt, aber es wirkt freundlicher als am Vorabend. Wir beschließen trotz aller Zweifel, den Rail Trail zu machen und verlassen nach einem ausgiebigen Frühstück den Campingplatz. Man hat uns beim Check-out erklärt, wie wir zum Ausgangspunkt des Trails kommen würden. Zweihundert Meter nach der Ausfahrt vom Campingplatz haben wir diese Beschreibung aber schon wieder vergessen und verlassen uns auf unseren eigenen Orientierungssinn und die Umgebungskarte, die wir uns eingeprägt haben. Leider ist darauf nicht immer Verlass, weshalb wir in einer Sackgasse im Wohngebiet landen und beschließen, vorerst an der Hauptstraße zu bleiben, von der der ausgeschilderte Radweg später abgehen muss.

Der Himmel bedeckt sich bald völlig und wird immer grauer. So finden wir uns nach kurzer Zeit bei leichtem Nieseln auf einer Schnellstraße wieder und verfluchen jede uneinsichtige Kurve und jeden Anstieg, der uns den Schweiß aus den Poren treibt.
„Da oben müsste es von der Hauptstraße weg auf den Radweg gehen", bemerke ich mit Blick auf die nächste Anhöhe und versuche gute Stimmung zu machen.

Wir erreichen tatsächlich einen Parkplatz, auf dem Radausflügler ihre Autos abstellen können, und von wo der gut ausgebaute Radweg startet. Wir sind erleichtert, dass wir nicht mehr dem Autoverkehr ausgeliefert sind und studieren die hier angebrachte Infotafel mit der Übersichtskarte des Wegverlaufs. Nach achtzehn Kilometern sollten wir am höchsten Punkt angelangt sein, den Summit Tunnel durchqueren und auf der anderen Seite nach weiteren fünfundzwanzig Kilometern den Ort Featherston erreichen.

Der mit Kies bedeckte Radweg schlängelt sich anfangs entlang des Pakuratahi Fluss durch bewaldete Kulturlandschaft in leichter Steigung dahin. Nach kurzer Zeit peitschen uns starke Windböen entgegen, die uns trotz moderater Steigung nur im Kriechtempo vorwärtskommen lassen. Dazu kommen immer stärker werdende Schauer und tropfende Bäume und Sträucher am Wegrand. Peter wird immer wortkarger, ein untrügliches Zeichen dafür, dass seine Laune am Tiefpunkt ist. Die Landschaft rundum wird immer urtümlicher. Wir kommen in einsame Täler mit recht hohen bewaldeten Gipfeln rundum. Der typische neuseeländische Urwald mit riesigen Farnbäumen wird immer dichter, und wir passieren einige alte, verfallene Bahnhöfe und Eisenbahninfrastruktur.

Wir haben das Gefühl, dass der Weg nicht mehr enden will. Er wird steiler und steiler und wir strampeln wie in einem grünen, tropfenden Tunnel immer weiter bergauf. Nach etwa zweieinhalb Stunden kommen wir auf die Passhöhe und sind umgeben von grünen Bergspitzen, die wir zwischen den dichten Wolkenfetzen und dem Nebel nur verschwommen ausmachen können. In unserer Regenkleidung schwitzen wir trotz sinkender Temperaturen. Am höchsten Punkt, kurz vor dem Scheiteltunnel finden wir einen kleinen Unterstand und machen Rast. Da bricht es aus Peter heraus, und er lamentiert in anklagendem Ton: „Was machen wir eigentlich hier? Wir sollten auf dem Weg nach Auckland sein. Stattdessen fahren wir im Regen auf dieser blöden Radstrecke und riskieren, dass wir auch noch total krank werden. Das ist so eine Schnapsidee!".

Ich spüre, dass er fast den Tränen nahe ist, und fühle mich nicht nur erschöpft, nass und durchgefroren, sondern auch schuldig, dass ich ihn zu dieser Extratour überredet habe. Im Nachhinein gesehen war das vermutlich der Tiefpunkt unserer ganzen Reise.

Wir ziehen uns um, verspeisen zwei Bananen und einen Müsliriegel und machen uns danach auf den Weg durch den dunklen, alten Eisenbahntunnel, um auf der anderen Seite der Bergkette in Richtung Ostküste hinunterzurollen. Unter normalen Umständen und bei Sonnenschein wäre diese Abfahrt ein herrliches Erlebnis. So aber quälen wir uns auf dem Schotterweg bergab, der sich in Serpentinen und großen Kurven in Richtung Talboden schlängelt. Die Vegetation hat sich komplett geändert, denn hier gibt es keine Bäume mehr, sondern nur mehr hohe Büsche und Grashänge durchsetzt mit vielen großen und kleinen Felsbrocken.

„Der Regen wird schon weniger. Jetzt haben wir es gleich geschafft!", versuchen wir uns gegenseitig Mut zuzusprechen. Tatsächlich reißt die Wolkendecke kurzfristig auf, und es hört auch auf zu regnen. Als wir nach zehn Kilometern Abfahrt in eine einsame

Asphaltstraße einmünden, holen wir nochmals kurz unser Tablet raus. Wir wollen sicher sein, dass wir auf der richtigen Route sind.
„Noch fünfzehn Kilometer bis nach Featherston. Dort gibt es auch einen Bahnhof. Hast du das auf der Karte gesehen?“, informiere ich Peter nach dem Blick auf die Maps.me Karte.
„Ich bin trotz Regenkleidung inzwischen durch und durch nass. Wir müssen uns trocknen und was zu essen brauche ich auch. Vielleicht nehmen wir ab Featherston ja den Zug. Wir holen uns sonst noch eine kräftige Erkältung!“, entgegnet Peter.
Diese letzten Kilometer auf der Überlandstraße verlaufen hauptsächlich schweigend. Die Landschaft hier ist vor allem landwirtschaftlich genutzt. Weideland reiht sich an Weideland, nur abgetrennt durch die typischen Zäune oder Gebüsch.

Featherston kündigt sich zuerst durch einzelne Bauernhöfe und später kleine Einfamilienhäuser an, die schließlich häufiger werden und sich zu guter Letzt entlang der Einfahrtsstraße aneinanderreihen. Die Hauptstraße im Zentrum ist eine Anhäufung von kleinen Läden und Restaurants. Sogar eine Tankstelle und zwei Souvenirgeschäfte gibt es hier. Der Ort muss bei Sonnenschein wirklich ganz nett sein. An diesem regnerischen Tag aber nur – Trostlosigkeit.

Unser erstes Ziel soll der Bahnhof sein, denn inzwischen sind wir uns einig geworden, dass wir die fünfzig Kilometer nach Masterton an diesem Tag nicht mehr radeln, sondern mit dem Zug zurücklegen wollen. Wir kreisen eine Weile durch den Ort, da der Bahnhof nicht so leicht zu finden ist. Sogar einen kurzen Stopp im Tourismusbüro legen wir ein, wo uns aber ein etwas verwirrter, älterer Mitarbeiter eine so konfuse Beschreibung des Weges liefert und keine Ahnung von Abfahrtszeiten oder Anzahl der Züge hat, dass wir wieder einmal auf unsere Eigeninitiative zurückgreifen.
Unsere Kartensoftware zeigt uns den Weg zum Bahnhof, und schon bald stehen wir auf dem Bahnsteig mit Digitalanzeige und einem kleinen Wartebereich mit Überdachung, wo ein Fahrplan

ausgehängt ist. Der nächste Zug wird in eineinhalb Stunden in Richtung Masterton fahren. Wenn man bedenkt, dass nachmittags zwei Züge diese beiden Orte verbinden, können wir echt von Glück reden, dass wir nicht länger warten müssen.

„Da haben wir noch genügend Zeit, um etwas Warmes zu essen und uns aufzuwärmen. Lass uns zurück ins Zentrum fahren. Das geht sich gut aus", wende ich mich an Peter.
Wir radeln den halben Kilometer zurück und flüchten vor dem erneut einsetzenden Regen unter eines der Vordächer, die die Gehsteige und Geschäftsauslagen vor zu viel Sonne und, in unserem Fall, vor Regen schützen. Da kaum eine Menschenseele zu sehen ist, entledigen wir uns an Ort und Stelle unserer Regenjacken und Regenhosen, und breiten alles großflächig über unsere Räder und eine hier stehende Sitzbank aus. „Da vorne habe ich ein nettes Kaffeehaus gesehen. Ich habe totale Lust auf einen Burger. Sperrst du noch die Räder ab?", frage ich, und Peter macht sich daran unsere Räder aneinander zu ketten. „Die nassen Sachen nehmen wir mit, denn im Lokal trocknen sie besser als hier in der Kälte und Nässe. Außerdem müssen wir unbedingt die Kleidung wechseln, denn mir klebt alles nur so am Körper", fügt er vernünftig hinzu. Und so holen wir aus unseren Satteltaschen Wechselsachen, und ziehen uns hier mitten im ausgestorbenen Zentrum unsere nassen Shirts und Radlerhosen aus. Die trockenen Anziehsachen sind schnell übergeworfen, und wir mümmeln uns in unsere wärmsten Jacken und Hosen.

Gleich darauf machen wir uns mit dem Bündel feuchter Kleidung auf zu dem Café ein paar Meter weiter vorne in der Geschäftszeile, welches wir für unsere Mahlzeit auserkoren haben. Durch die großen Scheiben sehen wir schon die noble Einrichtung und die edle Dekoration und uns wird klar, dass es sich um ein Schickimicki Café handeln muss. Ein Blick auf die neben dem Eingang ausgehängte Speisekarte lässt mich stocken. „Also nö, wenn ein Kaffee schon sechs Dollar kostet und ein Toast fünfzehn Dollar, habe ich keine

Lust da reinzugehen. So dringend brauch' ich auch keinen Burger." In dem Punkt stimmt mir Peter zu, fügt dann aber genervt hinzu: „Aber langsam möchte ich endlich irgendwo reingehen, statt hier draußen abzufrieren. Wo sollen wir stattdessen hin?". „Ein Stück weiter unten habe ich einen chinesischen Takeaway mit Sitzplätzen gesehen. Lass uns dahin gehen."

Wir machen also kehrt, und nur ein paar Meter weiter, gleich in der Nähe unserer Räder, sehen wir das spartanische Lokal, welches um diese Tageszeit, so um 14 Uhr, komplett leer ist. Wir gehen die zwei Stufen zum Eingang hinauf, treten ein und suchen uns gleich einen Platz vor der großen Scheibe in Richtung Hauptstraße. Die nassen Kleider breiten wir über die Stühle am Nebentisch, sowie über die hier vorhandenen, aber leider nicht eingeschalteten, Heizkörper.

Rechts vom Eingang befindet sich der große Tresen mit Vitrine. Dahinter schaut uns der chinesische Besitzer erwartungsvoll entgegen, über seinem Kopf eine riesige Tafel mit der Auflistung aller angebotenen Speisen. Die Preise sind echt unschlagbar günstig, auch wenn es hier keinen Burger gibt. Bald habe ich eine Alternative entdeckt: „Oh, ich weiß schon was ich nehme: eine Suppe. Die wird mich so richtig aufwärmen!".
„So eine nehme ich auch. Such du eine aus. Mir ist es egal", antwortet Peter. Ich bestelle für uns beide jeweils eine Maissuppe als kleine Einheiz-Mahlzeit.

Als wir jeder einen riesigen, dampfenden Plastiksuppenteller serviert bekommen, ist uns klar, dass wir an diesem Tag nicht mehr viel essen müssen. Mit jedem Löffel wird uns wärmer, und so hat die Suppe auf jeden Fall ihren Zweck erfüllt. Wir nehmen noch einen Jasmintee und bleiben eine Weile sitzen, obwohl das Lokal bei weitem nicht so heimelig und gemütlich ist wie das Café, das wir ursprünglich ansteuern wollten. Wir ziehen wieder einmal unser Tablet raus und recherchieren, ob es in Masterton einen Campingplatz oder ein günstiges Hotel gäbe. Mit unseren patschnassen Sachen auch noch eine kühle Nacht im Zelt zu verbringen wäre echt zu viel für unsere Laune. „Wir gönnen uns jetzt einfach mal wieder ein Zimmer“, meint Peter, und ich kann ihm da nur zustimmen. Tatsächlich sehen wir im Internet, dass der Campingplatz von Masterton auch Cabins zu einem günstigen Preis vermietet. Das ist unser Ziel. Hurra ein trockenes Zimmer und ein richtiges Bett.

Zehn Minuten vor Abfahrt des Zuges finden wir uns am Bahnsteig von Featherston ein. Außer uns warten noch ein älterer Herr und eine junge Mutter mit Kinderwagen. Der nette Herr ist uns sogleich behilflich mit dem Fahrkartenautomaten und informiert uns, dass der Zug, wieder einmal Verspätung haben dürfte. Fünfundzwanzig Minuten später rollt der Triebwagen in den Bahnhof ein. Wir verstauen unsere Räder im vorhandenen Stauraum mit Fahrradaufhängung und suchen uns einen Platz im Großraumabteil, welches zu unserer Freude sogar beheizt ist.

Auf der einstündigen Fahrt durch die grüne Landschaft prasselt der Regen an die Scheiben. Wir telefonieren mit dem Campingplatz, und erfahren, dass die Cabin achtzig Dollar kosten soll, was voll und ganz in unser Budget passt. Deshalb reservieren wir auch gleich.

Bei der Ankunft in Masterton ist es wieder trocken. Nur die Straßen sind noch nass, und tiefe Pfützen zeugen von den zuvor niedergegangenen Regengüssen. Vom Bahnhof zum Campingplatz müssen wir etwa einen Kilometer zurücklegen. Er liegt in einer weitläufigen Grünanlage am Flussufer und ist nicht schwer zu finden.

Der nette Campingplatzbesitzer übergibt uns nach Bezahlung des Übernachtungspreises gleich die Schlüssel des Zimmers und erklärt uns, wo die Sanitäranlagen und die Küche zu finden sind. Unser Zimmerchen, welches das Mittlere in einem Dreier-Minireihenhaus ist, hat ein großes Doppelbett, dem ein kleiner Tisch mit zwei

Stühlen gegenübersteht. Im hinteren Bereich stehen noch zwei Stockbetten, die wir sogleich als Kleiderablage okkupieren. WC oder Dusche gibt es nicht. Diese sind im modernen Gemeinschaftsbadehaus zu finden. Dazu müssen wir etwa dreißig Meter über das Campingplatzgelände sprinten. In Anbetracht unserer üblichen Übernachtungsplätze in Wald und Gebüsch ist das noch immer ein großer Luxus.

Nachdem wir angekommen sind und uns ein wenig auf den weichen Matratzen ausgestreckt haben, wollen wir noch das Ortszentrum erkunden. Masterton ist für neuseeländische Verhältnisse eine mittelgroße Stadt und qualifiziert sich durch das Vorhandensein eines McDonald‘s Restaurants fast schon für den Titel „Metropole“. Auch die größten Einkaufsketten des Landes haben alle eine Filiale hier, und so können wir Einiges erledigen.

„Ich brauche unbedingt eine warme Jacke“, ist Peters erstes Anliegen. Wir haben auf der Karte gesehen, dass es hier unter anderem einen Warehouse Supermarkt gibt. Im Warehouse kann man von der Kettensäge bis zum Müsliriegel alles kaufen. Dort werden wir fündig, und Peter erbeutet eine dunkelgrüne Kapuzenjacke.
Obwohl es Mitte März ist, und eigentlich Hochsommer in Neuseeland sein soll, fühlt es sich für uns an, als wäre der Winter schon im Anmarsch. Aus diesem Grund legt sich Peter mittlerweile eine Zusatzdecke über seinen Schlafsack und freut sich jetzt darauf, seinen warmen neuen Hoody anzuziehen.

In der Bibliothek schauen wir auf dem Rückweg vorbei und treffen auch hier auf Desinfektionsmittel und Corona-Infoblätter an der Eingangstür. Wir halten uns so kurz wie möglich dort auf, gerade lange genug um ein paar Mails zu schreiben und doch wieder die neuesten Nachrichten zu checken.

In Europa schaut es schlecht aus. Wir sind entsetzt über die Nachrichten, dass das ganze Leben lahmgelegt ist, es Hamsterkäufe gibt und alle Menschen möglichst nicht aus dem Haus gehen sollen. Ist das wirklich möglich? Hier in Neuseeland ist fast nichts zu merken. Das Leben und der Konsum brodeln.

Als wir anschließend noch ein paar Lebensmittel einkaufen, suchen wir auch im Supermarkt nach Hinweisen, und tatsächlich sind die Regale für Toilettenpapier fast geleert und in der Brotabteilung gibt es nur mehr ein eingeschränktes Angebot. „Siehst du? Es kommt hier auch wie in Europa", fühlt sich Peter in seinen Ansichten bestätigt. Da werde ich auch langsam stutzig und fange an, meine unbeschwerte Einstellung etwas zu revidieren.

Abends im Bett diskutieren wir lange, wie es mit unserer Reise weitergehen soll. Hier in Masterton sind wir an einem Scheidepunkt. Sollen wir weiter in Richtung Nordosten nach Napier und zum East Cape fahren, wo wir weit weg von großen Ansiedlungen durch einsame Landschaft und große Urwälder radeln würden? Oder sollen wir nach Nordwesten in die Stadt Palmerston North radeln, von wo aus wir sowohl Bahn als auch Bus nach Auckland nehmen können?

Ich habe mich so auf Napier und die Umgebung dort gefreut. Außerdem ist die Stadt für ihr mildes Klima bekannt, und die Wettervorhersage für die nächsten Tage ist dort viel besser als im Rest des Landes. Müssen wir wirklich unseren Plan aufgeben und die anvisierten Etappen entlang der Ostküste auslassen? Da ich die Unruhe in Peter spüre und einsehen muss, dass wir unsere sorglose Reiseplanung so nicht aufrechthalten können, lenke ich ein. „Also gut. Fahren wir morgen nach Palmerston North und von da nehmen wir den Zug in den Norden. Wir müssen ja nicht gleich nach Auckland, sondern halt in die Nähe. Die Coromandel Küste möchte ich auf jeden Fall noch sehen!", ist mein Kompromissvorschlag an Peter.

Damit gibt er sich vorerst zufrieden. „Weißt du was? Wir suchen uns einen sicheren Ort mit guter Verpflegung nicht weit von Auckland, an dem wir uns bei einem Lockdown niederlassen können!“, überlegt er laut. Peter ist ein Meister im Pläne schmieden, um für alle Fälle gewappnet zu sein. Er hat sich schon Gedanken gemacht, was die Anforderungen an einen sicheren Ort sein müssten. Er soll nicht zu klein sein, in einer landwirtschaftlichen Gegend liegen, damit die Nahrungsmittelversorgung gesichert wäre, und mit öffentlichen Verkehrsmitteln an Auckland angebunden sein. Der Ort ist schnell ausfindig gemacht. In so einem Zufluchtsort, so sind wir beide überzeugt, können wir diese Corona Krise im schlimmsten Fall auch in Neuseeland überstehen.

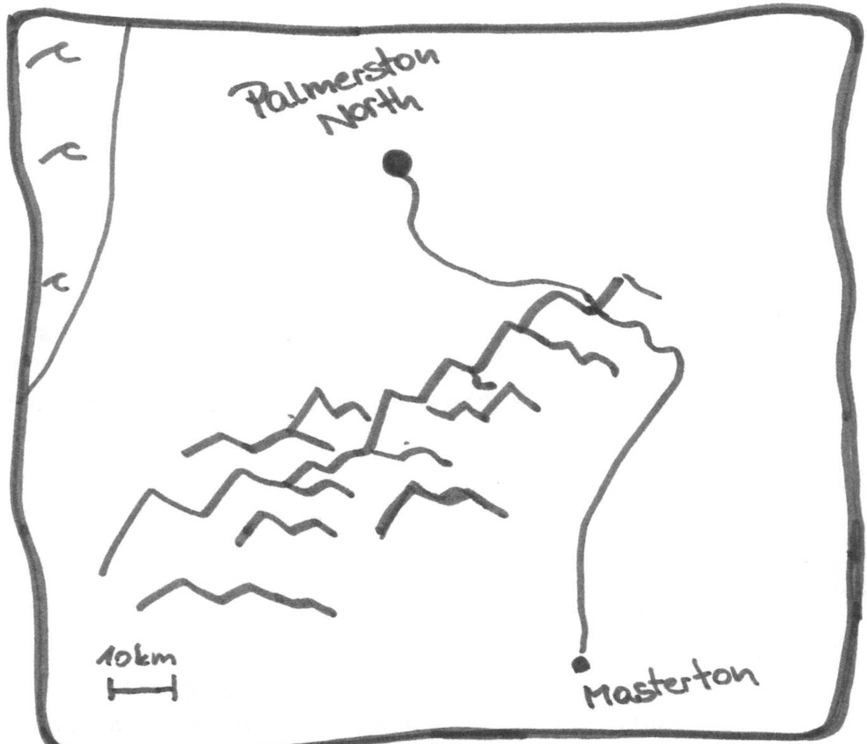

4. Etappe
Masterton – Palmerston North

Der nächste Morgen grüßt uns mit vielversprechenden blauen Wolkenlücken, und nach dem ausgiebigen Frühstück packen wir zusammen und radeln stadtauswärts, vorerst entlang der Hauptstraße nach Norden. Mit zunehmendem Sonnenschein, und da wir jetzt einen Plan haben, hebt sich unsere Stimmung.

Gegen Mittag kommen wir durch ein kleines Dörfchen mit einem winzigen Supermarkt im Zentrum. Auf der Parkbank vor der Ladenfront lassen wir uns kurzentschlossen nieder und kaufen in der Obstabteilung ein paar Bananen, die wir draußen verspeisen.

Wir genießen die wärmende Sonne und beobachten das Treiben und den vorbeiziehenden Verkehr.

Als ein rostiger und dreckverkrusteter Pickup direkt vor uns einparkt, und der Fahrer, wie so viele Neuseeländer, den Motor laufen lässt, können wir uns wieder einmal einen Kommentar nicht verkneifen. „Ihr Motor läuft!", rufen wir ihm zu, was er mit einem abwesenden „Ich muss nur kurz was holen!" quittiert. Er ist offensichtlich Landwirt, denn nicht nur sein Pickup, sondern auch seine Kleidung und die lehmverschmierten Gummistiefel sind eindeutige Indizien dafür. Vor dem Eintritt in den Laden streift er sein schmutzstarrendes Schuhwerk ab und macht sich in Socken ans Einkaufen.

Einkaufsläden

Eine unserer ersten Tätigkeiten in Neuseeland war das Einkaufen von Lebensmitteln. Wir hatten uns schon zu Hause erkundigt, welche die günstigsten Lebensmittelketten wären, und deshalb war uns der Name PAK'nSAVE schon von Anfang an ein Begriff. Dieser große Diskonter ist der billigste im Land, Filialen gibt es aber nur in wirklich großen Orten. Die Läden dieser Kette sind meist riesige, hohe Hallen, denn wie bei Diskontern üblich, ist der Verkaufsraum auch gleichzeitig Lager. Im PAK'nSAVE trifft man so gut wie alle Gesellschaftsschichten, aber eher jene, die nicht so viel Geld haben.

Ganz anders ist es bei den anderen beiden großen Kaufhausketten, Countdown und New World. Diese sind eher teuer, also vom Preisniveau eigentlich gleich wie in Österreich oder Deutschland. Wir haben aber schnell herausgefunden, dass es für die frischen Warengruppen irgendwo eine Schütte gibt, wo Artikel kurz vor dem Ablaufdatum zum halben Preis angeboten werden. Dort machen wir uns immer auf die Suche nach leckeren Schnäppchen. In diesen Luxusläden halten sich die meisten Mitarbeiter an den Kassen auf, denn einer kassiert und einer packt den Kunden die Einkäufe in Plastiksäcke. Außerdem schwirren noch einige Supervisor und Einkaufswagensammler herum.

Wir können aufgrund unseres geringen Packvolumens keine großen Vorräte mitschleppen, weshalb wir zumindest alle vier Tage in einen Laden gehen müssen. In ganz kleinen Siedlungen, gibt es meist nur sehr kleine, familienbetriebene Läden – Tante Emma Läden – in denen man das Nötigste bekommen kann. Vor allem bei diesen sahen wir oft eine Reihe von unbemannten Gummistiefeln vor der Tür, deren Besitzer in Socken durch die Geschäfte streifen. Anscheinend gibt es in Neuseeland generell ein anderes Verhältnis zu Schuhen, denn oftmals sahen wir auch in großen Städten Kinder und auch Erwachsene in Socken zwischen den Regalen Schlendern oder sogar auf dem Gehsteig in der Stadt. Mittlerweile wissen wir also Bescheid, was die Gummistiefel vor der Tür zu bedeuten hatten.

Nach kurzer Rast auf unserem Bänkchen, bei der wir unsere verschwitzten Shirts getrocknet haben, geht es weiter.
Die Landschaft wird immer trockener, aber auch immer schöner. Als wir in eine kleinere Nebenstraße einbiegen und die Bergkette der Turotea Mountains mit einem großen Windpark auf der Anhöhe vor uns liegen sehen, sind wir schon wieder bester Laune. Wie der Schwanz eines riesigen Drachens zieht sich diese Bergkette links von

uns als ockerfarbener Zackenwall dahin. Wir wissen, dass die Straße über einen kleinen Pass nach Palmerston North queren wird und sind deshalb nicht überrascht, als wir nach etwa sechzig Kilometern eine steile Bergstraße vor uns haben. Diese mündet bald danach in eine hochrangige Straße ein, die von vielen Autos und LKWs benutzt wird, weil sie eine der wenigen Verbindungen zwischen Napier und Palmerston North ist.

Da die Straße sehr kurvig und steil ist, hält sich das Tempo des Verkehrs in Grenzen. Trotzdem haben wir unsere Warnwesten angezogen und versuchen enge, unübersichtliche Linkskurven so schnell wie möglich hinter uns zu bringen. Der Seitenstreifen, der uns Radfahrern zugestanden wird, ist hier nämlich sehr schmal bis kaum vorhanden.

Inzwischen strahlt die Sonne von einem fast wolkenlosen Himmel und uns wird ganz schön heiß. Wir sind nur mehr in Shirts und Warnwesten unterwegs und genießen es, uns von der Sonne wärmen zu lassen.
Nachdem wir über eine Stunde relativ steil bergan gekurbelt sind, beschließen wir, eine Rast zu machen. „Nach der nächsten Kurve kommt sicher ein schöner Aussichtsplatz, wo wir unsere restlichen Bananen und einen Müsliriegel essen können", rufe ich zurück zu Peter, um nach der Kurve wieder enttäuscht von der nicht vorhandenen Aussicht und Unmöglichkeit eines Stopps weiter zu radeln. „Also jetzt brauch ich dann wirklich was zwischen die Zähne", knurrt Peter kurze Zeit später von hinten, und da ist klar, dass wir schnell eine Pause machen sollten.

Ich fahre also links ran, obwohl es weder eine Aussicht gibt noch eine geeignete Parknische, um unsere Campingstühle aufzustellen. Nichtsdestotrotz falten wir sie auseinander und platzieren sie so weit wie möglich von der Fahrbahn weg. Gleich daneben ist dichtes Gebüsch und die Straße macht eine starke Steigung. Die Autos fahren uns fast über die Füße, und wir fühlen uns nicht gerade wohl.

Die Pause wird dementsprechend kurz, und nachdem wir unseren Snack verspeist und ausgiebig Wasser aus unseren Trinkflaschen getrunken haben, machen wir uns wieder auf, um die Passhöhe zu erreichen.

Als wir nach weiteren zweihundert Metern hinter einer Kurve die Passhöhe und einen Parkplatz mit wunderbarer Aussicht vor uns sehen, kommt von Peter ein halb verärgertes, halb belustigtes „Das ist ja wieder mal typisch. Wären wir ein wenig weiter geradelt, hätten wir den schönsten Platz gehabt!“.

Wir bleiben am höchsten Punkt kurz stehen und genießen den schönen Blick in Richtung Westen hinunter auf Palmerston North. Im Dezember sind wir auf dem Weg in den Süden in der Nähe vorbeigekommen, haben aber damals die Stadt nicht besucht.

Jetzt ist es schon mitten am Nachmittag, und wir haben beschlossen, gleich als Erstes zum Bahnhof zu fahren, um einen Zug in Richtung Norden zu buchen. „Vielleicht sollten wir zuerst lieber zur Tourist-Info gehen. Die haben sicher auch die Info über den Zug und die liegt nicht am anderen Ende der Stadt wie der Bahnhof, sondern mitten am Hauptplatz“, schlage ich nach einem Blick auf unsere Kartensoftware vor. Peter ist noch nicht überzeugt, stimmt aber dann doch zu, und wir rollen die fünfzehn Kilometer in Serpentinen stetig bergab zwischen vielen Autos auf das Zentrum zu.

Kurze Zeit später befinden wir uns am Stadtrand von Palmerston North mit den typischen Einfamilienhäusern, Tankstellen, Autohäusern und Supermärkten. Bei einem Countdown Supermarkt bleiben wir kurz stehen. „Wir sollten noch eine Kleinigkeit für das Abendessen einkaufen“, merke ich an. „Was gibt es heute?“, fragt Peter nach. „Na wir wollen doch auf einen Campingplatz, da können wir ruhig etwas Aufwändiges kochen. Wie wäre es mit Linseneintopf?“. „Oh ja, das hatten wir schon lange nicht mehr“, freut sich Peter, der Vegetarier ist und kaum etwas so gerne isst wie Hülsenfrüchte. Wir besorgen also ein wenig Gemüse, Linsen und Kokosmilch.

Peter will noch sein geliebtes Zimt-Rosinen-Toastbrot aus der Brotabteilung holen und kommt ganz entsetzt zurück: „Das musst du dir anschauen. Die Brotabteilung ist so gut wie leer. Wenn du mich fragst, gehen denen schon die Lebensmittel aus. Wir müssen jetzt echt so schnell wie möglich hier weg!“.
„Das muss doch gar nichts heißen. Die kommen halt mit den Lieferungen nicht nach“, versuche ich zu beschwichtigen, werde aber inzwischen selbst schon skeptisch und bin eigentlich froh, dass wir bald in die Nähe von Auckland kommen werden.

Palmerston North ist eine der größeren Städte in Neuseeland und dementsprechend breit und mehrspurig sind die Einfahrtsstraßen. Zum Glück gibt es hier aber auch Fahrradstreifen, und so gelangen wir recht zügig ins Zentrum, welches aus einem großen rechteckigen Platz, genannt The Square, besteht. „Siehst du die i-SITE?“, frage ich Peter, als wir über den Platz rollen.
„Hmmm, noch nicht. Weiter hinten war ein Hinweisschild. Aber jetzt sehe ich keines mehr. Sollen wir auf einem Stadtplan nachschauen?“.
„Da vorne ist es. Mitten auf dem Platz!“, rufe ich, als ich das große grüne I an einem Gebäude im Zentrum von The Square entdecke. i-SITE werden hier die Tourismusbüros genannt, die es in jedem halbwegs interessanten Ort gibt, und die mit einem großen grünen I gekennzeichnet sind.

Rund um die i-SITE breitet sich The Square als quadratische, kahle Grünfläche mit einer Größe von etwa zweihundert mal zweihundert Metern aus. In der Mitte des Platzes sehen wir das Wahrzeichen von Palmerston North, eine riesige Stele, die eigentlich ein Uhrturm ist.

Wir parken unsere Räder direkt vor dem Flachbau und bringen sogar unser Schloss an, denn man weiß ja nie in so einer großen Stadt.

Als wir das Informationsbüro betreten, müssen wir erst mal warten, da die beiden Mitarbeiterinnen an ihren Tischen andere Kunden betreuen. Wir schlendern also inzwischen herum und begutachten die ausliegenden Informationsbroschüren und an der Wand hängende Umgebungskarten.
„Oh, Gott sei Dank, da ist ein Klo. Bin gleich wieder da." Ich eile in den hinteren Teil des Gebäudes, wo groß der Weg zu den WCs angeschrieben ist. Als ich wieder zurückkomme, verabschiedet sich gerade eine der Kundinnen, und die junge Mitarbeiterin blickt uns erwartungsvoll entgegen.
„Wie kann ich euch helfen?".
„Wir würden gerne mit dem Zug nach Auckland oder eben in Richtung Norden fahren. Wie viel kostet das und wann geht morgen der erste Zug?", trägt ihr Peter unser Anliegen vor.
„Tja, also...es gibt nur dreimal wöchentlich einen Zug und der fährt erst wieder übermorgen", informiert sie uns. Da uns der Zug als einzig praktikabler Transportweg erscheint, fragen wir trotzdem mal nach, was uns das wohl kosten würde. Wir staunen nicht schlecht, als sie uns einen Gesamtpreis von fast 300 Dollar ausrechnet. „Boah, das gibt es ja nicht. Wieso fahren hier so wenige Züge und warum ist das sooo teuer?", fragen wir uns gegenseitig.

„Da gibt es natürlich noch die Überlandbusse, die dreimal täglich nach Auckland fahren", schlägt sie uns vor.
„Nehmen die denn Räder mit?", will Peter wissen.
„Je nach Platzverfügbarkeit. Die Entscheidung liegt beim Fahrer, aber grundsätzlich kann man Fahrräder im Kofferraum mitnehmen. Man muss eventuell das Vorderrad rausnehmen und das Gepäck separat einladen."

Wir schauen uns kurz an und beraten anhand der vor uns liegenden Übersichtskarte, was wohl das ideale Ziel wäre.
„Wenn wir nach Auckland fahren, kommen wir dort im Stadtzentrum an und müssen wieder dreißig Kilometer zum Flughafen zurück radeln", bemerkt Peter richtig.
„Schau, hier! Wenn wir nach Hamilton fahren, haben wir noch immer die Möglichkeit auf dem Weg zum Flughafen einen Abstecher auf die Coromandel Halbinsel zu machen", füge ich hoffnungsvoll hinzu. „Wie viel kostet die Busfahrt bis Hamilton?", erkundige ich mich nach einem kurzen Blickwechsel mit Peter, der positiv mit den Schultern zuckt.
„Das wären dann 91 Dollar für beide. Die Räder sind eigentlich gratis, aber die Fahrer verlangen für das Ein- und Ausladen der Räder meistens so 10 Dollar pro Rad."
„Das ist doch super, oder?", wende ich mich an Peter, und wir einigen uns darauf, dass wir den Bus am nächsten Morgen um 09:50 nehmen wollen.
„Der Bus fährt direkt hier vor dem Gebäude los. Bitte findet euch pünktlich ein", informiert uns die junge Frau, nachdem sie unsere Tickets ausgestellt, kassiert und an uns übergeben hat.

Wir verlassen die i-SITE mit einem guten Gefühl und Peter meint: „Wir sehen zu, dass wir früh genug da sind, damit unsere Räder und unser Gepäck auf jeden Fall mitkommen. Wegen Corona ist es zwar nicht so ideal, dass wir den Bus nehmen, aber wir versuchen, zwei Plätze in der Nähe der Tür zu bekommen, wo viel Frischluft bei den Stopps reinkommt."

Somit sind wir gerüstet für die Etappe in den Norden. Die Busfahrt soll sieben Stunden dauern, denn es sind vierhundert Kilometer zu bewältigen, und einige Zwischenstopps geplant. Inzwischen ist es siebzehn Uhr und die Sonne steht schon relativ niedrig. Wir machen uns also auf den Weg, um im städtischen Campingplatz einen Zeltplatz zu ergattern. Diesen finden wir nach kurzer Strecke in schöner Lage am Manawatu River gleich neben dem öffentlichen

Hallenbad. Es ist ein großer Campingplatz mit hohen Bäumen und saisonbedingt wenigen Gästen. Wir sind die einzigen Radfahrer und haben die freie Auswahl auf der Zeltwiese.

Inzwischen sind wir schon ganz schön hungrig, weshalb wir unsere Räder nach dem Check-in gleich vor dem Küchen-Trakt parken, um alle unsere Zutaten und Kochutensilien parat zu haben. Wir sind die einzigen Camper, die die Küche benützen. Ansonsten gibt es noch eine Handvoll Wohnmobile, deren Besitzer meist lieber in ihrer fahrbaren Behausung kochen, und ein paar belegte Cabins, die alle eine kleine angeschlossene Küche haben. Somit können wir uns in der großen Küche mit fünf Gasherden und einer riesigen Arbeitsfläche so richtig austoben. Wie so oft schnipselt Peter das Gemüse, und ich decke inzwischen den Tisch und bereite später den Linseneintopf zu.

Nachdem wir unser leckeres Abendessen verspeist haben, übernimmt Peter diesmal den Abwasch, und ich dränge darauf, einen Verdauungsspaziergang durch die Nachbarschaft zu machen. Eigentlich hoffe ich, dass es irgendwo einen kleinen Laden mit einem Eissortiment oder eine Eisdiele gibt. Als wir aber durch die Straßenzüge der Umgebung schlendern, muss ich bald feststellen, dass es hier nichts „Süßes“ zu finden gibt.
„Ich kenne dich genau. Du bist auf der Suche nach einem Laden!“, kommt es von Peter: „Inzwischen kennen wir schon alle Straßen hier auswendig. Da gibt es nichts zu kaufen!“. Das muss ich schweren Herzens auch einsehen, und so spazieren wir noch runter zum nahen Fluss, wo es eine neue Fahrrad- und Fußgängerbrücke zu bestaunen gibt.

Die Sonne versinkt kurze Zeit später im Westen und zaubert ein schönes Abendrot in den Himmel. Zu guter Letzt finden wir heraus, dass es in der Rezeption des Campingplatzes Eis zu kaufen gibt, und sitzen wenig später Eis schleckend unter einem Baum vor der Einfahrt. Von dort aus beobachten wir das abendliche Treiben der am Flussufer vorbeischlendernden Pärchen und Familien. Es ist ein schöner Tag gewesen, und unsere Stimmung ist eindeutig besser. „Komm, wir gehen früh schlafen, denn wir müssen morgen ja früh raus!“, meint Peter, als die Dämmerung einsetzt. Das sollte wohl eher ein Scherz sein, denn in all den Wochen, die wir in Neuseeland verbracht haben, sind wir so gut wie immer wie die Hühner beim Einsetzen der Dunkelheit, manchmal sogar noch vorher, schlafen gegangen und bei Tagesanbruch aufgestanden. So kamen wir täglich auf mindestens zehn Stunden Schlaf, oft sogar auf elf Stunden oder mehr. Man muss uns aber zugutehalten, dass wir durch das tägliche Radeln auch immer hundemüde waren.

In dieser Nacht schlafen wir beide viel besser. Wahrscheinlich weil wir die Tickets in unserer Tasche haben und wissen, dass wir am nächsten Tag unserem Ziel viel näher sein werden.

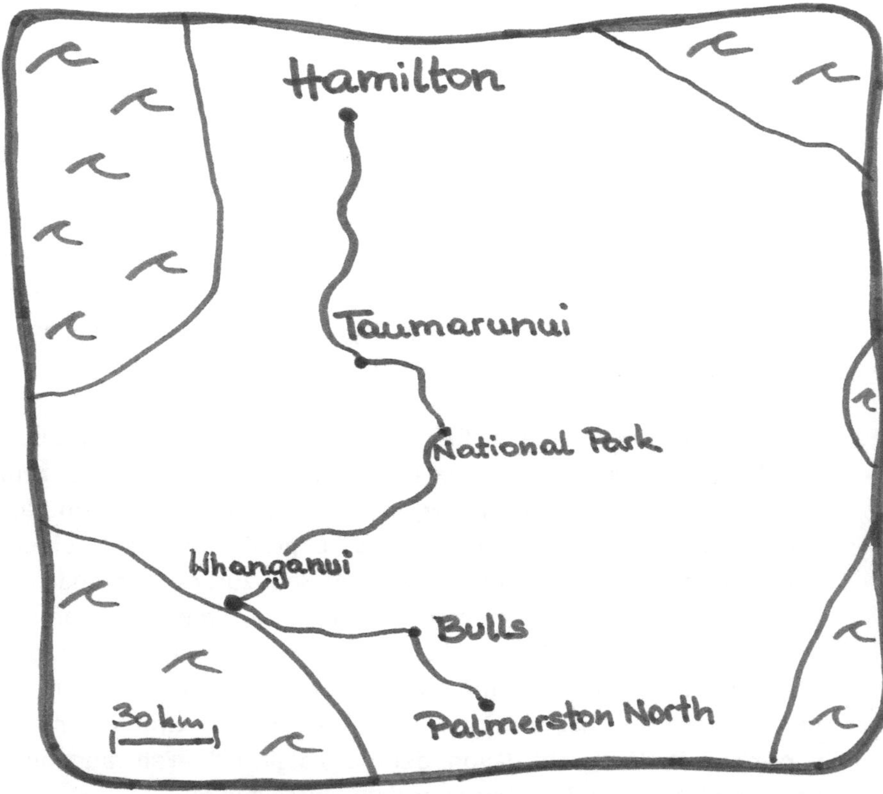

5. Etappe

Palmerston North – Hamilton

Am nächsten Morgen sind wir eigentlich viel zu früh wach - meiner Ansicht nach. Ich bin der Überzeugung, dass wir doch genügend Zeit haben, um noch gemütlich zu frühstücken und dann den Bus zu erwischen. Peter ist, wie so oft, anderer Meinung und treibt mich an: „Komm! Auf! Wir müssen noch bis ins Zentrum radeln, und ich möchte früh genug dort sein, um die Räder sicher einladen zu können." Also krabbeln wir schon um halb acht aus den Schlafsäcken und packen unsere Sachen zusammen. Als alles auf den Rädern verstaut ist, machen wir uns noch ein leckeres

Frühstück in der Gemeinschaftsküche und um viertel vor neun verlassen wir den Campingplatz, um zum vereinbarten Abfahrtsort gleich vor dem Tourismusbüro zu radeln.

Wir sind um kurz nach neun Uhr dort und sind natürlich die allerersten Passagiere. Der Bus soll ja erst um 09:50 abfahren. Außer uns drückt sich nur noch eine Maori-Frau am Abfahrtssteig herum, die laut vor sich hin summt und plötzlich in einem klagenden Singsang die Größe und Barmherzigkeit Gottes zu preisen beginnt. Sie will uns sogar mit Handschlag begrüßen, was wir aber wegen Corona und auch wegen ihres dubiosen Verhaltens ausschlagen.

Wir warten noch eine halbe Stunde bis endlich ein großer, hellblauer Reisebus langsam auf den Platz zurollt, und vor uns zum Stehen kommt. Ein etwas älterer, beleibter Fahrer mit grauem Bart springt aus der Fahrerkabine und begrüßt uns mit einem gebrummten „Guten Morgen". Wir grüßen zurück und machen gleich höflichen Smalltalk, damit er nicht auf die Idee kommt, unsere Räder vielleicht nicht transportieren zu wollen. Wir haben schon alle Taschen abgenommen, und Peter packt gleich mit an, als der Fahrer unsere Räder in den Ladeluken verstaut. Gratis kommen wir aber trotzdem nicht davon, denn er kassiert die Fahrradgebühr von zehn Dollar pro Rad gleich vor dem Einsteigen ab.

Wir sind unter den ersten, die den Bus besteigen und schnappen uns gleich die Sitze in der zweiten Reihe. Die gesamte erste Reihe ist aus unerfindlichen Gründen mit Reserviert-Schildern belegt, obwohl in den ganzen sieben Stunden niemand dort sitzen würde. Nur wenige weitere Passagiere finden sich ein, und der große Reisebus schaukelt kurz vor zehn Uhr durch die Vorstadt von Palmerston North in Richtung Norden. Peter und ich haben unsere Schlauchtücher als Masken vor Mund und Nase gezogen, und auch ein paar andere Passagiere setzen Masken auf.

In den letzten Tagen hat sich das Bewusstsein auch in Neuseeland geändert und der Mund-Nasenschutz ist auch hier schon vereinzelt zu sehen. Schräg hinter uns sitzt eine ältere Frau, die davon aber offensichtlich nichts hält, und die mit ihren Hustenanfällen die empörten Blicke von uns und anderen Passagieren auf sich zieht. Sie ist offensichtlich Raucherin, und wir gehen davon aus, dass ihre Huster darauf zurückzuführen sind, und hoffentlich nicht auf eine COVID-Infektion.

Bereits eineinhalb Stunden nach unserer Abfahrt machen wir den ersten Stopp in Bulls. An der dortigen Bushaltestelle, gleich bei der i-SITE, haben wir im Dezember schon einmal eine Pause eingelegt und erinnern uns gut an die leckeren Backwaren, die im angeschlossenen Café verkauft werden. Der Busfahrer kündigt durchs Mikro eine halbstündige Pause an, woraufhin wir beschließen, uns einen süßen Snack zu gönnen. „Ich will unbedingt eins von diesen Eclairs. Die wollte ich letztes Mal hier schon essen", teile ich Peter mit.
„Bringst du mir auch was Gutes mit?", fragt er mit treuherzigem Augenaufschlag und macht es sich an einem der Tische vor dem Lokal bequem. Als ich mit einem Kaffee und einem Eclair für mich und einem Kakao und einem Brownie für Peter zurückkomme, ist seine Freude groß.

Nachdem wir unseren süßen Snack vertilgt haben, wird es dann auch schon wieder Zeit für die Weiterfahrt. Es geht von hier aus in Richtung Whanganui, und als wir gerade mal ein paar Kilometer gefahren sind, sehen wir vor uns auf der Fahrbahn ein bepacktes Tandem und zwei sehr bekannte Gestalten, die sich eine Anhöhe hinaufquälen.
„Hey, schau mal. Das sind doch Julian und Viola!", ruft Peter aufgeregt.
„Genau! Die sind schon so weit? Eigentlich hätten wir die beiden doch beim Stopp vorhin sehen müssen!".

Der Bus überholt die beiden sehr rasch, und wir haben keine Gelegenheit, rauszuwinken oder uns irgendwie erkennbar zu machen. Noch eine Weile diskutieren wir darüber, wie die beiden wohl von hier aus weiterradeln würden, und ob sie jetzt auch zügiger nach Norden vorankommen wollen.

Unsere Lösung mit dem Bus ist uns eindeutig lieber, denn kurze Zeit später prasselt der Regen mit starken Windböen gegen die Scheiben, und wir wissen genau, wie ungemütlich es für Radler bei so einem Wetter ist. Die Straße zwischen Whanganui und Taumarunui schlängelt sich in Kurven über Hügel und Berge und hat einige sehr steile Steigungen parat. Whanganui liegt an der südwestlichen Küste der Nordinsel und von hier aus muss eine Höhe von über achthundert Metern erreicht werden, auf der sich der im Zentrum der Nordinsel gelegene Ort National Park befindet.

Die Landschaft ist zwar noch immer grün, jedoch wechselt die Vegetation bald von Urwald zu weiten Grasflächen und steilen Bergflanken, durchzogen von einigen Bächen und Flüssen.
„Oh Mann, die müssen diese Steigungen und Kurven auf der engen Straße bei diesem Wetter machen“, hat Peter Mitleid mit den beiden jungen Radlern.
„Ich bin auf jeden Fall froh, dass wir diesen Teil mit dem Bus machen“, antworte ich, und lehne mich zufrieden in meinen weichen Sitz zurück.

Am Nachmittag haben wir dann Taumarunui erreicht. Auch diesen Ort kennen wir schon. Da wir im Dezember einige Tage hier verbracht haben, sind uns so gut wie jedes Geschäft, der gute Thai und das indische Lokal im Ortszentrum bekannt.
Mit Schaudern erinnern wir uns auch an unsere Radetappe auf dem Forgotten World Highway, die wir damals von hier aus starteten. Es ist eine der Strecken, die zwar grauenhaft waren, uns jedoch immer in Erinnerung bleiben werden und eine ideale Reiseanekdote abgeben.

Auf der Weiterfahrt krame ich mein Tagebuch heraus, um noch einmal unsere Tage im Dezember hier in der Gegend von Taumarunui Revue passieren zu lassen....

Am 11.12. radelten wir auf dem Highway 30 weiter bis zum Einstieg des Timber Trails, den wir in 2 Tagen bewältigen wollten. Der Timber-Trail stellte sich als richtig toller Single Trail durch den typischen Wald bzw. Busch heraus, und wir machten an diesem Tag sicher über 1000 Höhenmeter und auch 70 km. Es war gar nicht so leicht, mit dem ganzen Gepäck über Wurzeln und Kies zu manövrieren, aber im Endeffekt war es eine herrliche Tour. Um ca. 17:30 waren wir am Zeltplatz auf halbem Weg und waren voll müde.

Der zweite Tag am Timber Trail hatte es in sich. Zwar machten wir nicht mehr so viele Höhenmeter, aber der Weg war sehr holprig und wir mussten sehr langsam über alle Absätze abwärtsfahren. Schließlich waren wir um ca. 14:00 am Ende der 45 km und mussten noch ca. 26 km weiter bis zu unserem Tagesziel Taumarunui. Dort gönnten wir uns als Erstes Cola und Pommes beim McDonald's und radelten zum Holiday Park. Hier checkten wir ein und trafen auf ganz viele Radler und Wanderer aus Deutschland, Holland und Neuseeland, die hier Zwischenstopp machten. Wir quatschten mit einigen und widmeten uns dann der Körperpflege. Unser Highlight war aber das Abendessen beim Inder, den Peter schon im Vorhinein ausgesucht hatte. Das Essen war echt einmalig gut. Leider

hatte es wieder angefangen zu regnen, aber wir kamen nach dem Abendessen doch noch halbwegs trocken zum 5 km vom Ortszentrum entfernten Campingplatz. Hier haben wir wieder unter einem Baum gezeltet, was unser Zelt einigermaßen trocken bleiben ließ.
Der 13.12. sollte ein Ruhetag werden und schon am Vortag haben wir einige Lebensmittel eingekauft, um ein richtig gutes Frühstück zu machen. Wir standen erst um 08:30 auf, und machten uns dann gemütlich ans Kochen und Frühstücken. Dabei quatschten wir immer wieder mit den anderen Campern hier und verbrachten einen kurzweiligen Vormittag.
Am Nachmittag radelten wir ins Zentrum, waren beim Thai auf einen Kaffee und haben in dem New World Supermarkt eingekauft. Am Abend gab es Alu Gobi – ein indisches Lieblingsgericht von Peter, bestehend aus Blumenkohl und Kartoffeln.

Am nächsten Morgen radelten wir los zum National Park Village. Es war nicht wirklich strahlend schön, aber OK und die Straße war nicht stark befahren, hatte aber ein paar böse Steigungen. Wir waren um ca. 14:00 in National Park, das sich als relativ gottverlassenes Nest herausstellte. Das einzig Nette war die Landschaft rundum, denn man sah den schneebedeckten Vulkan Ruapehu und den Tongariro mit seinem schönen Vulkankegel. Wir radelten die paar Straßen des Ortes ab und fanden ein chinesisch geführtes Backpacker Hostel, bei dem wir im Garten zelten konnten. Irgendwie war es auf der Höhe (ca. 800 m) relativ frisch, und man hatte so ein "Hochgebirgsfeeling". Wir schlenderten durch den Ort und

fanden im Bahnhof ein total nettes Café. Bei unserer chinesischen Hauswirtin buchten wir einen Shuttle für die Wanderung über den Tongariro am nächsten Morgen um 07:00. Die Nacht war frisch, und Peter überlebte nur wegen meiner wohltätigen Schlafsackspende.
Um 07:00 waren wir und einige andere Traveller bereits an der Ecke vor unserer Unterkunft, und ein paar Minuten später kam der Shuttlebus quietschend die Dorfstraße heruntergerattert. Um 07:30 ließ man uns am Trailhead raus. Es war relativ wolkig, aber der Wetterbericht hatte Besserung versprochen. Wir waren von den ca. 100 Wanderern, die mit 3 Bussen ankamen in der "Führungsgruppe". Ein paar ganz Eifrige düsten voll ab und hatten zum Teil nur kurze, dünne Sporthosen an. Das sollte sich nach den ersten paar Steigungen rächen, denn ein fieser Wind und Wolkenfetzen, die die Sonne verdeckten, machten die Temperaturen gefühlt eisig. Am letzten Anstieg blies es uns fast weg, und einige Wanderer waren echt überfordert und krabbelten fast auf allen Vieren. Dafür war die Aussicht hier echt schön, mit den blauen und Türkise Seen. Peter machte viele Fotos. Wir waren nach einem langen Abstieg und 5 h Wanderzeit am Abholort, wo auch schon einige andere auf den Shuttlebus für die Rückfahrt warteten.
Wir waren um 14:30 wieder im Hotel, und da das Wetter für den nächsten Tag gut sein sollte, zahlten wir noch eine Nacht und wollten am nächsten Morgen zu den Skiliften beim Ruapehu radeln.

Leider kam es aber anders als erhofft, denn der Montag, 16.12. startete schon mit leichtem Regen und niedrigen Wolken.

Deshalb beschlossen wir, nach Taumarunui zurückzuradeln und dort den vorhergesagten Schlechtwettertag abzuwarten. Dort angekommen düsten wir gleich zum Supermarkt und stockten Vorräte auf, tranken einen Kaffee beim Thai und verbummelten den restlichen verregneten Tag im Aufenthaltsraum des Holiday Parks.

Am nächsten Morgen standen wir bei Regen erst spät auf. Unter dem Baum, unter dem wir gezeltet haben, wurde es leider auch langsam nass. Wir spazierten in einer Regenpause in den Ort und kauften Zutaten für Kekse und Kuchen. Das war mein Nachmittagsprojekt. Es wurde Teig gemacht und Kekse gebacken. Auch für einen einfachen Biskuit war noch genügend da, und die Küche duftete ganz weihnachtlich und süß. So verging auch dieser miese Tag.

Am 18.12. hielten wir es aber nicht mehr aus, und wollten weiter. Leider war das Wetter nicht wie angekündigt schön, aber zumindest trocken. Und so radelten wir auf dem Forgotten World Highway los. Es ging zuerst entlang des Whanganui Flusses, aber leider über Hügel und Buckel. Die Landschaft änderte sich sehr stark und es wurde immer einsamer. Auch der Verkehr wurde weniger, dafür die Wolken immer mehr, und es fing an zu regnen. Naja, es kam wie es kommen musste - am Ende radelten wir im strömenden Regen und hatten 65 km und ca. 1100 Höhenmeter gemacht. Völlig fertig fanden wir nach dem Moki-Tunnel eine Schäferhütte am Straßenrand, in die wir unsere Räder hievten und auch noch auf kleinstem Raum unser Zelt aufstellen konnten. So blieben wir zumindest in der Nacht trocken, aber ironischerweise hörte es eine halbe Stunde nachdem wir uns dort niedergelassen hatten, auf zu regnen und die Sonne kam raus. Egal – wir kochten trotzdem in der Hütte und hauten uns ganz früh aufs Ohr.

Am 19.12. war unser zweiter Tag auf dem Forgotten World Highway und das Wetter war endlich besser. Wir genossen die Steigungen und machten wieder einige Höhenmeter. Wieder änderte sich die Landschaft und gegen 15:00 sahen wir den schönen Vulkan Taranaki am Horizont auftauchen. Wir kauften uns einen Imbiss in einem netten Lokal ca. 15 km vor Stratford und kamen um ca. 17:00 dort an. Wir strampelten durch den Ort, und bei der Touristinfo sagte man uns noch, dass für die Nacht eine Sturmfront angesagt wäre. Deshalb nahmen wir uns beim netten Holiday Park eine Cabin um 70 $ und freuten uns, dass wir im Trockenen lagen, als es nachts tatsächlich stürmte und Regen runterprasselte. Am Vormittag machten wir ein gemütliches Frühstück in der schönen Küche bzw. Aufenthaltsraum und am Nachmittag erkundeten wir den Ort. Peter machte viele Vulkan-Fotos, und wir gingen auf einen Kaffee in die Baking Company. Auch die zweite Nacht zahlten wir die Cabin und hatten recht, denn auch in dieser Nacht kam es nass runter.

Am Morgen darauf ließen wir unser Gepäck in der Rezeption und radelten mit leichten Rädern Richtung Taranaki. Leider ließ das schöne Wetter auf sich warten und der große Vulkan hüllte sich in Wolken. Wir gingen noch auf Kaffee bzw. Tee in die Mountain Lodge auf halber Strecke, wo wir uns am Kamin fein aufwärmen und trocknen konnten· Dann um 11:00 ging es weiter bergauf und das Wetter wurde immer besser· Auf dem Plateau auf 1100 M·ü·M·, wo die Straße endete, stellten wir die Räder ab und wanderten weiter· Durch den starken Wind war es ganz schön frisch· Wir kamen an einem Doppelmayr-Schlepplift vorbei und gingen noch eine Stunde weiter bis zu einer höher gelegenen Hütte, wo wir dann aber, nach kurzer Pause im Shelter-Raum, umkehrten· Es war einfach ungemütlich· Dafür klarte es auf und der Taranaki Gipfel zeigte sich doch noch· Wir ließen uns deshalb Zeit beim Zurückwandern· Um 16:00 waren wir wieder am Holiday Park, holten unsere Taschen und zahlten noch eine Nacht; einen Zeltplatz diesmal, denn der Wetterbericht war gut·

Fotos:

Seite 63
oben: Zeltplatz auf dem Timber Trail
unten: Ein regnerischer Fahrtag in der Nähe von Taumarunui

Seite 64
oben: Wir starten die Etappe auf dem Forgotten World Highway.
unten: Zuflucht in einer kleinen Hütte am Forgotten World Highway

Seite 65
oben: Der stolze Vulkan Taranaki im Westen der Nordinsel
unten: Große Supermarkthalle mit Weihnachtsangeboten

Seite 66
oben: Ein wilder Zeltplatz am Flussufer
unten: Unsere letzte Bergtour auf den Mount Te Aroha

FORGOTTEN WORLD HIGHWAY
43
Stratford
700 m
HOSPITAL

EXTRA LOW
5.00
EXTRA LOW
NAVEL ORANGES 4.48

Wir sind schließlich nur mehr froh, bald in Hamilton zu sein und planen bereits während der Busfahrt mithilfe unserer Kartensoftware wo wir als Erstes in Hamilton hinfahren werden und wo wir dort übernachten können.

So gegen 17:30 Uhr erreichen wir den Busbahnhof von Hamilton, der sich vor einem Betonklotz-Einkaufszentrum im Herzen der Stadt befindet. Wir sind die ersten Passagiere, die aussteigen, und Peter macht sich gleich daran, unsere Räder und unsere Satteltaschen auszuladen. Im Nu haben wir unsere Drahtesel wieder bepackt und sehen zu, dass wir die Menschenansammlungen hier am Busbahnhof hinter uns lassen.

Wir sind uns auf jeden Fall einig, dass wir hungrig sind und machen uns auf die Suche nach einer Pizzeria.
„In so einer großen Stadt muss es doch wohl eine Domino's Pizzeria geben", bin ich überzeugt.
„Ja, so eine Pizza wäre genau das Richtige", ist auch Peter gleich zur Stelle. Die Pizzas von Domino's haben wir schon einige Male in Neuseeland verspeist. Sie sind echt lecker und vor allem unschlagbar günstig. Zwar gibt es meist nur ein paar Hocker und kleine Tische als Sitzgelegenheit in den Filialen der Kette, aber wir sind in diesem Stück nicht anspruchsvoll.
„Radeln wir einfach mal in Richtung Zentrum. Da wird schon was kommen", ist mein Vorschlag, und so finden wir uns bald in der Hauptstraße von Hamilton wieder, die für unser Empfinden sehr ausgestorben und trostlos ist. Vielleicht liegt das am grauen Wetter, vielleicht auch daran, dass die Geschäfte schon alle zu haben. Auf jeden Fall finden wir weder eine Domino's Pizzeria noch eine andere Pizzeria, in der wir unseren Hunger stillen können.

Statt wieder den digitalen Stadtplan rauszuziehen, fragen wir einfach drei junge Männer, die gerade auf dem Gehsteig in unsere Richtung schlendern. Nach kurzer Diskussion untereinander hat einer der drei plötzlich den Geistesblitz. „Oh ja. Domino's ist

draußen, gleich hinter dem PAK'nSAVE Supermarkt neben einer Autowerkstatt." Wir lassen uns den genauen Weg erklären und finden die winzige Take-Away Pizzeria nach ein wenig Suchen in der Ecke eines Parkplatzes zwischen einer Autowerkstatt und einem Fitnessstudio. Leider ist diese Domino's Filiale sehr spartanisch, denn hier gibt es nicht einmal Sitzgelegenheiten, sondern nur drei Stehtische. Wir geben an der Theke bei einem indischen Mitarbeiter unsere Bestellung auf.
„Einmal Peperoni und einmal vegetarisch. Den Pizza Deal bitte", ordere ich. Der Deal bedeutet, dass wir die Pizza in Normalgröße für nur fünf Dollar das Stück bekommen. Die Peperoni Pizza, die eigentlich Salami Pizza heißen müsste, ist belegt mit leckeren kleinen und scharfen Salami-Scheiben und der Belag der vegetarischen Pizza für Peter enthält je nach Verfügbarkeit alle möglichen Arten von Gemüse.

Bei der Bestellung muss man seinen Namen angeben, was bei unserem ersten Mal zu einiger Verwirrung führte, denn wir waren aus Datenschutzgründen nicht bereit, unsere Identität einfach irgendeinem Pizzeria-Angestellten preiszugeben. Wir wurden schließlich aufgeklärt, dass der Name nur für die Bestellsoftware nötig war. Auf kleinen Bildschirmen im Lokal wird nämlich der aktuelle Zustand jeder Pizza genau angezeigt. So steht dort jeweils der Name des Bestellers, der auch irgendein Fantasiename sein kann, und dahinter zum Beispiel „in Vorbereitung", „im Backofen" oder „abholbereit" mit den jeweiligen Minuten, die es bis zur Abholung noch dauern wird.

Wir warten also in Hamilton vor der Pizzeria und werfen immer wieder einen Blick durch die Scheiben auf den Bildschirm, der uns die Dauer bis zur Abholung anzeigt. Inzwischen habe ich auch schon einen Platz ausgespäht, an dem wir die Pizzen verspeisen können. „Da drüben ist ein Sportgelände. Da gibt es sicher ein paar Bänke oder Picknicktische", weise ich Peter auf meine Entdeckung hin. Wir schnappen uns also unsere Pizzaschachteln als die Anzeige

„abholbereit" zu blinken beginnt und befestigen sie mit dem Spanngurt hinten auf Peters Fahrrad. Es ist nur eine größere Hauptstraße zu überqueren, und schon befinden wir uns am Rand eines Fußballfelds. Leider ist von Bänken und Tischen weit und breit nichts zu sehen, und da unsere Mägen schon ganz laut knurren, beschließen wir, uns unter dem Vordach eines Fußballclubheims mit dem Rücken zur Wand auf unsere großen Packtaschen zu setzen und die Köstlichkeiten so zu verspeisen.

Nachdem die Pizzen verputzt sind, ist unsere nächste Sorge, wie und wo wir wohl heute Nacht schlafen werden. Es ist inzwischen schon fast 19 Uhr und in etwa einer Stunde wird es dunkel werden.
„Sollen wir auf einen Campingplatz gehen?", fragt Peter mit skeptischem Unterton.
„Ach nö. Das zahlt sich jetzt auch nicht mehr aus, und außerdem habe ich nirgends in Stadtnähe einen Campingplatz auf der Karte gesehen", verneine ich. „Da war aber einen Freizeitpark mit viel Wald in der Nähe des Flusses auf der Karte eingezeichnet. Da finden wir sicher einen Platz", schlage ich stattdessen vor. Wir holen noch mal das Tablet raus, und ich zeige Peter das betreffende Gelände auf der Übersichtskarte. Wir einigen uns darauf, wie wir dorthin gelangen wollen und sind uns sicher, dass wir ein verstecktes Plätzchen für unser Zelt finden werden.

Wir müssen noch circa drei Kilometer bis an den Stadtrand radeln, um dorthin zu gelangen. Als wir das Gelände erreichen, sind wir einigermaßen enttäuscht. Oft ist es so, dass man auf der Landkarte meint, einen idealen Platz ausgeforscht zu haben, der sich dann in der Realität als völlig ungeeignet entpuppt. So ist es auch hier, denn als wir zu dem Park kommen, den wir uns einsam und unberührt mit tollen Ecken zum Zelten ausgemalt haben, ist dort ein großes Einfahrtstor mit Hinweisschildern zu einem Vergnügungspark, der in steilem Gelände am Flussufer angelegt ist und der ab 20 Uhr geschlossen wird.

„Das können wir uns sparen, hier einen Platz zu suchen“, bringt es Peter auf den Punkt.
„Aber schau mal da drüben, das dürfte ein Friedhof sein. Vielleicht gibt es da eine ruhige Ecke?“. Ich habe zwischen ein paar Bäumen und Büschen an einem Hang die typischen Grabsteine und Kreuze erspäht. Eine kleine Zufahrtsstraße führt zum Friedhofseingang. Wir radeln also in diese Richtung und hoffen, entlang der Zufahrt einen Platz zu finden, was aber leider nicht der Fall ist.
„Da führt ein schmaler Weg rund um das Friedhofsgelände. Wir radeln da jetzt einfach mal lang und schauen, was dahinter kommt.“
Gesagt, getan.

Bald finden wir uns zwischen einer viel befahrenen, mehrspurigen Stadtstraße und dem Friedhofszaun wieder. Das ist definitiv kein idealer Schlafplatz.
Suchend schaut sich Peter um. „Was ist da hinten, hinter dem Friedhof? Vielleicht gibt es da noch eine Wiese oder einen Wald, in dem wir das Zelt aufstellen können?“.
Es ist zum Verrücktwerden. Hinter dem Friedhof fällt das Gelände steil zum Fluss ab. Es gibt zwar einen Spazierweg, jedoch kein flaches Fleckchen, an dem man ein kleines Zelt platzieren könnte. „Ich fahr mal da runter“, sage ich zu Peter und deute auf den Waldrand unterhalb, auf dem ich ein kleines Plateau zu erkennen glaube.
„Dann schau ich inzwischen weiter auf dem Spazierweg, was da kommt.“

Beide kommen wir enttäuscht zurück und haben, trotz einsetzender Dämmerung, keinen Platz gefunden.
„Da oben ist ein Spaziergänger mit Hund. Der schaut schon so komisch. Hier ist eindeutig kein guter Platz, um zu schlafen. Wir müssen was anderes finden“, kommt es von Peter. Das heißt wieder den ganzen Weg zurück und noch mal kurz auf der Karte schauen, ob in der Nähe irgendeine Grünfläche zu finden ist.

Auf der anderen Seite der breiten Stadtstraße ist ein Sportgelände eingezeichnet. Da hier gerade Straßenbauarbeiten durchgeführt werden, ist es gar nicht so einfach dorthin zu gelangen. Wir landen schließlich mitten auf der Baustelle. Dort am Rand, zwischen ein paar Schutthaufen und geparkten Baumaschinen, sehen wir einen großen Baum, unter dem sich bereits ein wenig frühherbstliches Laub gesammelt hat.
„Das ist doch gut hier. Der Baum schützt uns auch vor dem Regen“, wende ich mich hoffnungsvoll an Peter. Es ist schon recht spät, und obwohl der Verkehr auf der nicht weit entfernten Schnellstraße gut zu hören ist, beschließen wir, hier unser Zelt aufzubauen. Inzwischen nieselt es auch noch und der Baum bietet mit seiner dichten Laubkrone etwas Schutz vor der Nässe. Gleich in der Nähe erspähen wir zwar ein paar Wohnhäuser, aber zumindest gibt es hier auf einer Baustelle ganz sicher keine Spaziergänger, die mit ihrem Hund Gassi gehen. Trotzdem versuchen wir, so geräuschlos wie möglich unsere Zeltstangen aufzufalten und das Zelt ohne viel Aufmerksamkeit zu erregen, aufzubauen.

Als wir wenig später in unseren Schlafsäcken liegen, und das Rauschen des Verkehrs, durch den leichten Regen verstärkt, zu uns herüber klingt, versichern wir uns gegenseitig, dass dies eindeutig der beste Schlafplatz ist, den wir unter diesen Umständen finden konnten. Wir surfen noch ein wenig im Internet, um die aktuelle, weltweite Situation in Sachen Corona zu erfahren, geben es dann aber auf, da es einfach zu deprimierend ist. Hier in Neuseeland gibt es inzwischen auch schon einige Corona-Fälle. Wieder einmal verbringen wir eine unruhige Nacht mit vielen düsteren Gedanken und Horrorszenarien, die durch unsere Träume geistern.

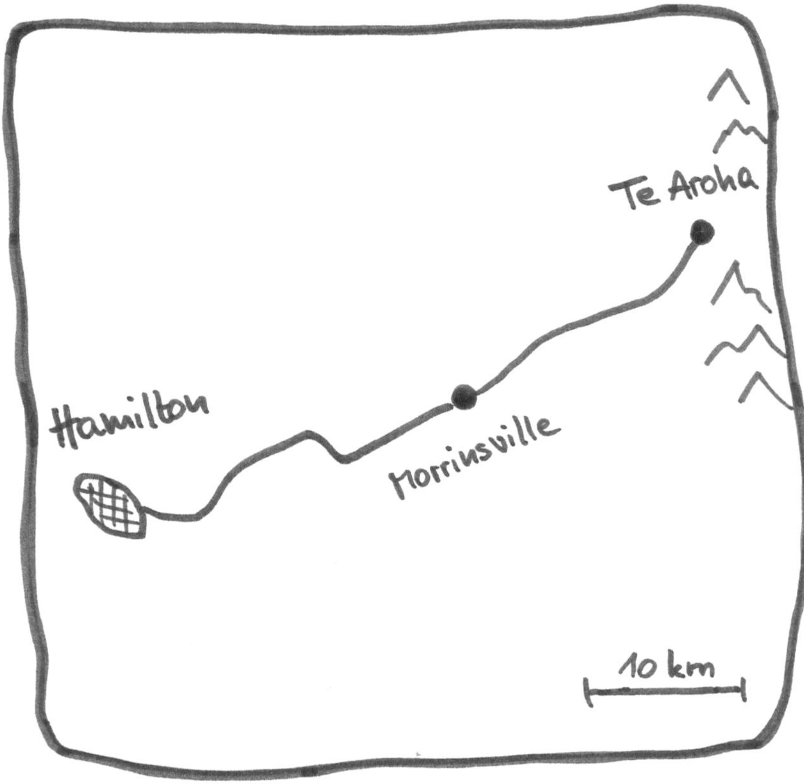

6. Etappe
Hamilton – Te Aroha

Irgendetwas hat mich geweckt. Langsam sickert das Rauschen des Verkehrs in mein Bewusstsein. Jetzt höre ich auch einige Männerstimmen, die von den Bauarbeitern stammen müssen, die hier ihr Tagewerk beginnen. Wieder gibt der große Bagger, der mich geweckt hat, Gas.
„Wir sollten zusehen, dass wir hier verschwinden“, meint Peter, der inzwischen auch schon wach neben mir liegt. Der Morgen-Pendlerverkehr hat offensichtlich eingesetzt. Wir hören das laute Brummen und Brausen von Fahrzeugen, das durch die Nässe der

Fahrbahnen verstärkt wird. Noch dazu tropft es mittlerweile durch die Laubkrone des Baumes, unter dem wir Schutz gesucht haben. Halb verschlafen setzen wir unsere morgendliche Einpack-Routine in Gang.

Es ist noch dämmrig und gerade mal sieben Uhr, als wir unsere Schlafsäcke, Matten, Polster und das nasse Zelt auf die Räder verstauen. Die Bauarbeiter scheinen uns unter dem Baum gar nicht gesehen zu haben, und wir ernten einige erstaunte Blicke, als wir unsere Fahrräder über Schutthügel und entlang der Bauzufahrt zwischen den Baggern durchschieben. Ein riesiger Muldenkipper kommt uns auf dem Kiesweg entgegen, und der Fahrer ruft uns sogar noch ein fröhliches „Guten Morgen" entgegen. Wir tun ganz ahnungslos und fragen scheinheilig nach dem Radweg, als ob wir uns verfahren hätten.

Noch ein wenig verschlafen gelangen wir nach circa dreihundert Metern in das angrenzende Wohngebiet und das Sportgelände, das wir am Vorabend gesucht haben. Graue Wolken hängen tief vom Himmel, und wir spüren schon, dass ein weiterer Regenguss bevorsteht. „Ich muss unbedingt aufs Klo", ist mein erstes Anliegen, und ich habe tatsächlich Glück, dass eine öffentliche Toilette in der Nähe der Sportanlagen zu finden ist. So erleichtert bin ich wenige Minuten später bereit für den weiteren Weg.
„Da vorne rechts müssten wir auf die Straße zur Universität kommen, von wo aus wir stadtauswärts weiterradeln können", hat Peter wieder einmal orientierungsmäßig alles im Griff. Ich radle also hinter ihm her, entlang der breiten Straße durch das Stadtrandviertel von Hamilton, in dem sich die üblichen Einfamilienhäuser aus Holz mit ihren netten Vorgärten aneinanderreihen.

„Oh Shit, es fängt wieder an zu regnen", rufe ich Peter verzweifelt zu, als einzelne Tropfen auf meine Regenjacke platschen.

„Da vorne ist ein Geschäft mit Vordach und ein kleines Café. Komm, wir stellen uns unter.“ Bevor wir richtig nass werden, haben wir das Vordach erreicht und stellen uns samt Rädern in den schmalen trockenen Streifen darunter. Daneben ist das angesprochene Café, bei dem bereits die Eingangstür offensteht. An den beiden dazugehörigen Tischen unter der schützenden Arkade deckt der Kellner gerade die Tischdecken und Zuckerstreuer auf.

„Also reinsetzen will ich mich da nicht. Wegen Corona, und so. Aber wir könnten uns draußen hinsetzen. Es ist ja nicht so kalt.“
„So ein Kaffee wäre jetzt schon was Gutes“, bemerke ich hoffnungsvoll. Wir treten also kurz ein, um unsere Bestellung abzugeben und zu bezahlen. Dann setzen wir uns draußen an einen der Tische und warten, dass man unsere Getränke serviert.

Cafés

In Neuseeland gibt es sehr nette und meist ein wenig alternativ angehauchte Cafés. Die Art der Bedienung, oder eher der nicht vorhandenen Bedienung, ist eigentlich überall die gleiche.
Als Gast kann man sich anhand einer großen Tafel hinter dem Tresen über die angebotenen Getränke und Speisen informieren. Hinter Glasvitrinen oder auf dem Tresen findet man meistens ein Sortiment an Tortenstücken, Cupcakes, Muffins, Scones und Fudges. Die verschiedenen Arten Kaffee gibt es in drei verschiedenen Größen. Die Variante des Flat White ist dabei eine neuseeländische Spezialität, und man hat mir erklärt, dass es sich um ein Zwischending zwischen Latte und Cappuccino handelt. Die Milchmenge macht dabei anscheinend den Unterschied. Der Flat White ist mein

Favorit, und Peter, der keinen Kaffee trinkt, nimmt meistens Schwarztee mit Milch oder heiße Schokolade.

Wer also seine Wahl getroffen hat, muss die Bestellung an der Theke aufgeben und sofort bezahlen. Danach bekommt man meist einen kleinen Steher mit einer Nummer drauf, den man auf seinem Tisch platziert. Sobald die Speisen oder Getränke von einer Servicekraft ausgeliefert werden, muss sie nur nach der zugehörigen Nummer suchen und weiß, wo sie sie abzuliefern hat. Auf diese Weise spart man sich nicht nur Personal, vor allem qualifiziertes Personal, sondern man verhindert auch, dass die Zeche geprellt wird.

Wir packen schon mal unser Tablet aus und surfen über das hier vorhandene WLAN im Internet.
„Lass uns mal schauen, was das Wetter macht, und ob es noch weiter regnet", ist meine erste Sorge. Wie so oft nehme ich das Tablet in die Hand und tippe die entsprechende Suche ein. Durch meine jahrelange Büroarbeit bin ich im Schreiben einfach geübter als Peter. Wir finden heraus, dass sich der Regen gegen Mittag verziehen soll, und der Nachmittag sonniger werden wird. Die Kellnerin bringt meinen Flat White und den Tee für Peter.

Langsam kommen weitere Gäste, die sich im Inneren des Kaffees niederlassen. Es sind die üblichen Studenten, ältere Damen und distinguierte Herren, die in den aufliegenden Zeitungen blättern. Als der Regen nachlässt und fast versiegt, beschließen wir weiter zu radeln.

Es ist inzwischen fast neun Uhr. Wir ziehen unsere Regenjacken über, und ich verstaue das Tablet und unsere Geldbörse wieder in der Lenkertasche meines Fahrrads. Es geht gleich vom Café weg steil

bergan. Zum Glück müssen wir bald links in eine flachere Seitenstraße einbiegen.
„Da vorne ist die Universität. Wie müssen wir von dort weiter?“, frage ich Peter.
„Einfach dieser Straße folgen, dann kommen wir gleich raus auf die kleine Ausfahrtstraße“, kommt prompt seine Antwort. Er hat, wie so oft, den Stadtplan im Kopf.

Tatsächlich endet kurz nach der Uni das besiedelte Gebiet, und die Wohnstraßen gehen in Felder und Wiesen über. Es ist nur mehr sanft hügelig, fast schon flach hier, und wir kurbeln auf einer relativ schmalen Überlandstraße mit wenig Verkehr, bis wir zu einem Bahnübergang kommen und stoppen.
„Ich glaub, ich ziehe die Regenjacke jetzt aus. Es schaut schon viel freundlicher aus, und ich fange sonst noch an zu schwitzen“, teilt mir Peter mit, und ich stimme ihm zu: „Das ist eine gute Idee, dann kann ich gleich am Tablet noch schauen, ob wir an der Kreuzung da vorne geradeaus oder links fahren müssen.“ Nachdem auch ich mich meiner Jacke entledigt und sie hinten mit dem Gummispanner auf der Packtasche befestigt habe, konsultieren wir noch einmal Maps.me und prägen uns die Abzweigungen ein, die wir nehmen müssen. Zuerst entlang der Bahntrasse, dann rechts und kurz danach in der kleinen Ortschaft wieder links. Die große Überlandstraße, in die wir später einbiegen, wird uns zur nächsten Stadt führen. Wir werden uns das zwar merken, aber da die Landschaft in der Realität so anders aussieht, als auf der Karte dargestellt, holen wir meist doch noch mal das Tablet raus, um auf Nummer sicher zu gehen. Hier, kurz nach Hamilton, ist es relativ einfach sich zu orientieren, da die Landschaft flach und überschaubar ist. Es gibt kaum Bäume oder Wälder und die Straßen ziehen sich in langen Geraden durch die landwirtschaftlich geprägte Gegend.

Nach etwa einer Stunde erreichen wir die nächste Kleinstadt namens Morrinsville. Der Verkehr nimmt merklich zu je näher wir dem Zentrum kommen, und wie so oft, wenn wir auf Hauptstraßen fahren, müssen wir regelmäßig in den Rückspiegel schauen. Sobald ein LKW von hinten heranbraust, fahren wir so weit wie möglich an den linken Straßenrand. Wenn dann gleichzeitig ein LKW entgegenkommt, ziehe ich es vor, runter vom Bankett in den Straßengraben zu fahren. Peters Strategie in solchen Situationen ist eine andere. Er macht winkende Handzeichen, um den von hinten heranbrausenden LKW zum Bremsen zu bewegen und fährt weiter in die Straßenmitte, damit sich die Fahrzeuge nicht aneinander und gleichzeitig an uns vorbeiquetschen können. Eigentlich die bessere Strategie, denn meist drosseln die Fahrzeuge wirklich ihre Geschwindigkeit und überholen uns gaaanz, gaaanz vorsichtig. Als wir kurz nach Christchurch eine der längsten Straßenbrücken Neuseelands queren wollten, welche natürlich keinen Fahrradstreifen besitzt und fast zwei Kilometer lang ist, hat Peter seine Methode angewendet. Wir zogen eine kilometerlange Kolonne hinter uns her über die Brücke, aber das war uns wirklich egal.

Gegen halb elf fahren wir in Morrinsville ein, und mittlerweile haben wir beide einen Mordshunger. Frühstück haben wir ja noch keines gehabt. Als wir am Straßenrand einen Gemüsehändler entdecken, der vor seinem Geschäft alle möglichen Obst- und Gemüsesorten in großen Kisten anbietet, biegen wir gleich ab und decken uns mit Bananen, Orangen, Avocados, Äpfeln, Auberginen und Zwiebeln ein. Die nette Dame an der Kasse ist Inderin, und als sie für die leicht braunen Bananen nichts verrechnet, sind wir uns einig, dass wir Inder, die Stadt Morrinsville und Bananen gleichermaßen super finden.

„Jetzt brauchen wir nur noch einen Supermarkt oder eine Bäckerei, dann haben wir alles fürs Frühstück beisammen!". Nur ein kurzes Stück weiter vorne leuchtet uns schon das Schild eines Countdown Supermarktes entgegen, und während Peter draußen vor dem Laden wartet, besorge ich Brot, Käse und Aufstrich für das

Frühstück. Es ist dann gar nicht mehr so einfach, all die Lebensmittel in unseren Satteltaschen unterzubringen, da ich vor lauter Hunger einfach zu viel eingekauft habe.

Wir ziehen voll bepackt in Richtung Zentrum, und hoffen, hier in einem Park ein lauschiges Plätzchen für unser Frühstück zu finden. In einer Seitenstraße hinter dem Hauptplatz finden wir einen winzigen Park mit hohen Bäumen, einem Kinderspielplatz und einigen Picknicktischen und Bänken. Der Park ist umgeben von einem Maschendrahtzaun. Das Zugangstor ist offen, und so machen wir uns auf einem der Picknickplätze breit.

Peter hängt unsere nasse Zeltplane über den Zaun, denn inzwischen lässt sich die Sonne blicken und wärmt nicht nur, sondern kann auch das Zelt trocknen. Währenddessen packe ich alle Lebensmittel aus und platziere unsere Teller, Tassen und Besteck auf dem Tisch. Als Peter unseren Benzinkocher anwirft, fülle ich schon den großen Topf mit Wasser, dass wir von einer kleinen Wasserstelle neben dem Sandkasten holen können. Wie ein Uhrwerk laufen unsere Frühstücksvorbereitungen, denn auch hier weiß, durch monatelange Routine, jeder, was seine Aufgabe ist.

Für mich drängte sich inzwischen wieder einmal ein anderes Problem in den Vordergrund.
„Hast du hier irgendwo ein Klo gesehen? Ich muss inzwischen echt dringend“, frage ich Peter.
„Schau mal da hinten in dem kleinen Betonbau nach“, weist er mit der Hand auf ein kleines Häuschen in der Ecke des Parks. Glück gehabt, dort finde ich wirklich ein zwar nicht sehr sauberes, aber akzeptables WC und komme erleichtert an unseren Platz zurück. Peter ist inzwischen in ein Gespräch mit einer jungen Familie vertieft, die offensichtlich wissen will, woher wir kommen, wohin wir wollen und wie viele Kilometer wir schon geradelt sind. Peter gibt bereitwillig Auskunft, und ich geselle mich mit einem „Hi, guten Morgen“ zu der Gruppe. Als die Neugier der netten Leute gestillt ist,

ziehen sie weiter zum Klettergerüst und der Schaukel, wo ihr kleiner Sohnemann fröhlich herumspringt.

Wir sind froh, dass wir uns endlich über unser Frühstück hermachen können und hauen so richtig rein. Es gibt diesmal leckere Avocado, und ich habe außerdem ein paar Dattel-Scones gekauft, die wir beide gern mögen. Mit vollen Bäuchen sitzen wir noch eine Weile da und trinken ganz viel Tee für den Flüssigkeitshaushalt. Wir schauen noch mal aufs Tablet, um die weitere Route zu fixieren. Wir werden uns einig, dass wir uns in Richtung Coromandel Halbinsel begeben werden. Von dort gibt es eine schnelle Fähre, mit der man in zwei Stunden im Zentrum von Auckland sein kann. Außerdem ist der Wetterbericht für den Teil der Nordinsel besser, und ich hoffe, an einem der schönen Strände noch baden zu können. Peters Gedanken sind so gar nicht bei Strand und Baden, sondern eher bei Auckland und Heimflug. Wieder diskutieren wir eine Weile und beschließen, auf jeden Fall die Entwicklungen im Land genau im Auge zu behalten. Sobald es brenzlig wird, werden wir gleich zum Flughafen fahren.

Jetzt, nach dem Frühstück, verstauen wir alle unsere Sachen wieder und finden ohne Probleme den Weg zur Hauptstraße in Richtung Te Aroha.
Auf den zweiundzwanzig Kilometern bis dorthin können wir wieder eine hohe Dichte an Opossum-Kadavern auf der Straße registrieren. Das ist nichts Neues für uns ....

Oh...Possum

Unsere erste Begegnung mit Opossums machten wir schon am ersten Tag unserer Radreise. Es lag auf circa drei Zentimeter flachgebügelt auf der Hauptstraße und war leider tot. Wir sollten in den tausenden Kilometern, die wir in Neuseeland radelten, noch hunderte dieser Kadaver sehen. Sie waren in verschiedenen Stadien der Verwesung und der Anblick war nicht immer appetitlich. Man musste nur schnell genug ausweichen und dem Hintermann ein lautes „Opossum!!“ zurufen, damit er nicht über das arme Tierchen holperte.

Auf ein lebendes Opossum trafen wir zum ersten Mal in Rotorua und wussten gar nicht, dass es ein Opossum war. Wir lagen nachts in unserem Zelt und hörten alle paar Sekunden ein Rascheln im Gebüsch. Außerdem war ein klackerndes, knurrendes Girren zu hören, dass irgendwie an den Schrei einer Elster erinnerte. Am nächsten Morgen fragten wir Einheimische, ob es hier nachtaktive Vögel gäbe. Sie lachten nur und meinten, dass es wohl ein Opossum gewesen sein muss. Wir googelten den Schrei des Opossums, und tatsächlich hatten wir den Urheber des Lärms gefunden. Die neugierigen Tierchen besuchten uns oft an einsamen Schlafplätzen und raschelten um und auf unseren Fahrrädern herum.

Als wir am Queen Charlotte Trail im Norden der Südinsel auf einem einsamen Zeltplatz übernachteten, sprangen sogar zwei Opossums um unser Zelt herum und ließen uns nicht schlafen. Sie waren in den Zweigen über unserem Zelt und hüpften auf unseren Satteltaschen herum. Bisher hatten wir die eigentlich scheuen und nachtaktiven Tierchen noch nicht zu Gesicht bekommen. Das lag vielleicht daran, dass wir bei Sonnenuntergang immer schon im Zelt lagen. Dieses Mal waren sie aber so frech, dass Peter mehrere laute Schreie ausstieß, was die Beuteltiere nicht stark beeindruckte. Schließlich öffnete er den Zelteingang, schnappte sich einen Zweig der herumlag und schlug damit gegen Äste und unser Zelt.

Fehlanzeige! Auch diese Aktion ließ die beiden Terror-Opossums kalt.

Da hatten wir eine weitere, geniale Idee. Da die Viecher nachtaktiv sind, müssten sie doch sehr lichtempfindliche Augen haben. Wir packten also unseren Fotoapparat aus, machten den Blitz an und knipsten in die Richtung, aus der der Lärm und das Geschrei der Tiere kam. Tatsächlich – nach einem lauten Kreischen kehrte Ruhe ein, und die beiden Störenfriede verzogen sich.

Die Opossums sind eine große Plage in ganz Neuseeland und sind eigentlich die einzigen Feinde der Kiwis, die ja nicht fliegen können. Deshalb läuft eine ganz fiese Giftattacke gegen Opossums. Es werden großflächig Giftpellets abgeworfen, an denen die Tiere sterben sollen. Wir fanden das gar nicht toll, denn deshalb war auch das Wasser in den meisten Bächen und Flüssen nicht genießbar.

Auf den Straßen leisteten die Autofahrer ihren Beitrag zur Ausrottung der Opossums und das sahen wir jeden Tag. Opossum-Leichen pflasterten unseren Weg!

Es ist erst früher Nachmittag, als wir in Te Aroha einrollen, das sich an die steile Flanke des gleichnamigen Berges schmiegt. Der Mount Te Aroha ist Teil einer langen Bergkette, die sich von der Coromandel Halbinsel südwärts erstreckt und dicht mit neuseeländischem Urwald bewachsen ist. Hier lassen sich noch einige der seltenen Kauri-Bäume finden. Die Berge kommen immer näher, und als wir schließlich den Waikato Fluss überqueren, befinden wir uns schon so gut wie im Zentrum von Te Aroha. Bereits im Dezember hatten wir dieses nette Örtchen besucht.

„Lass uns schauen, ob es für die Nacht einen ruhigen Platz in der Nähe des Flusses gibt. Ich hab auf der Karte da so einen bewaldeten Fleck gesehen“, informiere ich Peter. Wir biegen deshalb gleich nach der Querung der Brücke links auf eine kleine Dorfstraße ein und kommen, vorbei an einem Schrotthändler, zum Ufer hinunter.
„Da bei den Brückenpfeilern wäre es zwar trocken, aber auch relativ ungeschützt und einsichtig“, ist Peters Kommentar zu meinem Vorschlag. Und er hat recht.

Wir einigen uns, noch weiterzusuchen und folgen einem kleinen Pfad den Fluss entlang von den Brückenpfeilern südwärts. Hier ist ein gekiester Platz an dem Bootsbesitzer ihre kleinen Motorjachten ins Wasser lassen können.
„Da hinten zwischen den hohen Bäumen schaut es gut aus“, rufe ich Peter hinterher, der bereits in die Richtung davon radelt und hinter ein paar Büschen verschwindet.
„Hier ist ein Spitzenplatz“, höre ich ihn von da hinten irgendwo rufen. Als ich ihn erreiche, steht er auf einer kleinen Lichtung im Gebüsch unter den Weiden am Fluss.
„Da sieht uns keiner, und der Untergrund ist auch optimal“, stellt er fachmännisch fest. Ich bin gleich überzeugt, denn nur ein uralter, offensichtlich schon ewig nicht mehr befahrener Traktorweg führt zu dieser Stelle.
„Super, dann wissen wir, wo wir heute Nacht schlafen können“, merke ich erleichtert an.

Da die Übernachtungsfrage somit geklärt ist, können wir uns auf einen gemütlichen Rest des Nachmittags in Te Aroha freuen. Die Sonne scheint inzwischen herrlich warm, und nur ein paar Wolken drücken sich an die Berggipfel des großen Mount Te Aroha mit seinem riesigen Sendemasten auf der Spitze. Der kleine Ort besteht eigentlich nur aus einer breiten, aber wenig befahrenen Hauptstraße, in der sich Geschäfte und Lokale aneinanderreihen. Vor den Häuserfronten zu beiden Seiten der Straße laden hölzerne Gehsteige zum Schlendern ein, die durch darüber liegende

Holzarkaden vor Regen und glühender Sonnenhitze geschützt sind. Man hat fast den Eindruck, in einer Westernstadt zu sein, denn auch die dichtgedrängten Gebäude haben Holzfassaden und urige Schilder auf den Giebelverblendungen.

Das Prunkstück und der ganze Stolz der Stadt ist aber der kleine Kurpark mit den heißen Quellen und den Gebäuden aus der viktorianischen Zeit. Weiße Holzhäuschen und Pavillons mit kunstvoller Verzierung finden sich verstreut in einem sehr gepflegten Park mit englischem Rasen, der sich den Hang hinaufzieht. Am unteren Ende des Parks führt die Hauptstraße vorbei, und in der Ecke liegt das Tourismusbüro, welches sich harmonisch in das Ensemble einfügt. Gleich daneben, und ebenfalls ein Teil des Parks, sind die Krocketplätze mit einem kleinen Clubheim mit strahlend weißer Fassade. Man fühlt sich in die Zeit zurückversetzt, als in der Mitte des neunzehnten Jahrhunderts die ersten Siedler aus England hier am anderen Ende der Welt ihre Heimat rekonstruieren wollten.

Dieses nette Fleckchen, also den Kurpark, peilen wir an, denn wir wissen, dass es Sitzgelegenheiten und Toiletten und sogar WLAN gibt. Viel ist nicht los an diesem Nachmittag, und wir finden einen einladenden Picknicktisch. Ich breite meine Warnweste auf dem Rasen daneben aus und lege die große Packtasche als Kopfpolster dahinter. Das aufgeklappte Campingstühlchen dient als erhöhte Fußablage, und die improvisierte Relaxliege ist perfekt. Ich ziehe meinen E-Reader heraus und lese am Boden liegend in dem spannenden Historiendrama, das ich zuletzt heruntergeladen habe.

Peter nimmt inzwischen das Tablet zur Hand und findet die neuesten Nachrichten im Internet.
„Das hört sich echt nicht gut an, was da zu Hause los ist. Die machen einen kompletten Lockdown und schließen alle Lokale und Schulen. Man darf keine Leute treffen und nur zum Einkaufen kurz rausgehen. Das ist ja unvorstellbar“, informiert er mich entsetzt.

„Und hier merkt man fast gar nichts und das Leben geht ganz normal weiter. Voll krass!“, entgegne ich empört. Wir haben zwar schon länger bemerkt, dass keine chinesischen Touristen mehr nach Neuseeland einreisen dürfen, und gehört, dass auch der Warenverkehr aus China eingestellt wurde. Ansonsten ist das alltägliche Leben vom Corona Virus hier aber nicht sonderlich beeinträchtigt. Es gibt ja bisher auch nur einige Infektionsfälle in den großen Ballungszentren. Ich fühle mich auf jeden Fall sehr sicher, wo wir sind und sehe mich bestätigt in meiner Meinung, dass wir in Neuseeland bleiben sollen.

„Ich geh kurz rüber in den Supermarkt und hol uns was Süßes“, sage ich zu Peter. „Was soll ich dir mitbringen?“.
„Egal, vielleicht Waffeln?“, bittet er mich. Ich trabe runter zur Hauptstraße, denn der Supermarkt ist direkt gegenüber. An den Auslagen bemerke ich weiße Informationsblätter, die in zwei-Meter-Abständen mit Klebestreifen angebracht sind. Ich lese: „Aufgrund der Corona-Situation haben wir die Öffnungszeiten unseres Supermarktes geändert. Unser Geschäft ist ab sofort erst ab 08:30 und nur mehr bis 17:30 geöffnet. Wir bitten alle Kunden, die Corona Schutzmaßnahmen zu beachten und die Desinfektionsstation am Eingang zu nutzen.“ Wow, das haben wir bisher noch nicht gesehen. Anscheinend sind die Hamsterkäufe mittlerweile so massiv, dass die Supermärkte mehr Zeit brauchen, um ihre Regale wieder zu füllen. Ich desinfiziere also beim Eingang meine Hände und mache mich auf zur Süßigkeitenabteilung. Dabei entgeht mir nicht, dass einige Regale mit Toilettenpapier, Konservendosen und Brot fast komplett leer sind. Shit, wenn Peter das sieht, dann will er sicher nicht mehr raus zur Coromandel Halbinsel, sondern wahrscheinlich am liebsten gleich zum Flughafen. Als ich zu unserem Platz zurückkehre, erzähle ich ihm trotzdem von meinen Beobachtungen, und natürlich ist er einigermaßen beunruhigt über die Zustände.

Wir machen noch einen Spaziergang durch den Ort und schlendern durch Wohnquartiere auf schmalen Gehsteigen an viel zu breiten

Straßen, und diskutieren wieder einmal, wie es mit uns und unserer Reise weitergehen soll. Peter argumentiert inzwischen sehr emotional. Ich versuche mit allen Mitteln, seine Bedenken zu zerstreuen. Vielleicht kann ich ihn doch überreden, noch einige Tage weiterzuradeln. Wir haben ja die Option, von allen Orten in dieser Gegend in kürzester Zeit, zumindest aber innerhalb eines Tages, nach Auckland zu kommen.

Zu unserer üblichen Uhrzeit, circa um 17 Uhr, machen wir uns ans Kochen. Dazu packen wir unseren Kocher aus und legen Zwiebeln, Tomaten und Zucchini bereit. Es soll, wie so oft, Tomatensauce mit Nudeln geben, und während Peter die Zwiebeln kleinschneidet, hole ich das Öl und die Nudeln aus meinen Satteltaschen. Im Nullkommanix ist unsere Tomaten-Zucchini-Sauce fertig.

Campingküche

Unsere Kochutensilien beschränkten sich auf folgende Gegenstände:

1 Topfset bestehend aus
- 1 größeren, niedrigen Topf = Pfanne
- 1 kleineren, hohen Topf – wenig benützt
- 1 größerer hoher Topf = Nudeltopf

1 kleiner Holzkochlöffel
1 Buttermesser
1 Kaffeelöffel
2 Gabeln
2 Blech-Emaille-Tassen mit Fahrradaufdruck
2 tiefe Melaminteller
+ Leatherman = Schneidemesser

Wir beginnen die Zubereitung unserer Mahlzeiten in neunzig Prozent der Fälle mit dem Kochen von Wasser. Zum Frühstück brauchen wir es als Teewasser, zum Abendessen werden Nudeln darin gekocht.

Der nächste Schritt bei der Zubereitung des Abendessens ist das Zerkleinern der Zutaten. Wir nutzen dazu die Unterseite unserer Teller als Schneidebrett und den Leatherman als Werkzeug.

Wenn man, wie wir, nur eine Kochflamme hat, muss man sich gut organisieren.
Wir erwärmen also das Wasser, während wir Zutaten schneiden, und stellen es dann zur Seite, um die Sauce zuzubereiten. Sie kommt nach Fertigstellung auf die Seite, und als nächstes wird das Nudelwasser im großen Topf wieder aufgestellt. Wir sind immer bedacht, dünne beziehungsweise kleine Nudeln mit kurzer Kochzeit zu

kaufen. Das spart nicht nur Benzin, sondern verkürzt auch die Kochzeit, die einem ewig vorkommt, wenn man mit Hunger vor dem Topf sitzt. Deshalb gibt es bei uns häufig dünne Spaghetti, denn die brauchen nicht lange, um al dente zu sein. Sobald die Nudeln durch sind und abgegossen werden, kommt die Sauce nochmals kurz auf die Flamme.

Aus Platzgründen haben wir kein Nudelsieb dabei. Es ist deshalb Peters Aufgabe, das Nudelwasser abzugießen. Dazu muss er mit dem Geschirrtuch den Topf nehmen und einen unserer Teller mit einem kleinen freien Schlitz darauf pressen. Nur die ideale Größe des Ausgusses garantiert, dass das ganze heiße Wasser abgegossen wird, aber keine Nudel entwischen kann. Peter hat das super im Griff und er findet auch immer den idealen Platz, um das Nudelwasser zu entsorgen. Ein kurzer Blick nach links und rechts, nicht dass sich rabiate Hausfrauen oder pingelige Touristen darüber aufregen können, dass das Wasser einfach in die freie Natur geschüttet wird, und dann - schwuppdiwupp, abgegossen.

Unsere Küchenausrüstung ist sehr überschaubar, und Peter hat sogar darauf bestanden, dass wir aus Platz- und Gewichtsgründen nur ein Buttermesser und einen Kaffeelöffel mitnehmen. Mir war das relativ egal, und es fördert natürlich das Miteinander, denn beim Frühstück muss einer jeweils warten, bis der andere sein Brot gestrichen hat, um dann selbst Marmelade oder Honig auf seinem Brot zu verteilen.

Der Löffel ist für uns beide nicht so wichtig, außer wenn es Müsli zum Frühstück gibt. Dann muss Peter die Gabel zum Essen verwenden, denn ich beharre darauf, dass es seine Entscheidung war, nur einen Löffel mitzunehmen. Wir essen gerne ein mit Naturjoghurt am Vorabend *angesetztes Müsli, welches eine recht feste Konsistenz hat. Das kann er zum Glück auch gut mit der Gabel verspeisen.*

Der Abwasch wird mit minimalem Zeit- und Wasseraufwand erledigt. Wir besitzen ein kleines Fläschchen mit einem biologisch abbaubaren Allzweckreinigungsmittel, mit welchem wir alles reinigen - Wäsche, Geschirr und uns selbst. Davon ein paar Tropfen auf den Waschschwamm und mit ein wenig kaltem Wasser im großen Topf spülen wir die beiden Gabeln und Teller, sowie die beiden verwendeten Töpfe. Wenn der Saucentopf zu ölig ist, erhitzen wir das Wasser am Kocher ein wenig, damit sich der schmierige Film löst.

An diesem Abend sitzen wir noch eine Weile am Picknicktisch im Kurpark, wo wir auch gekocht haben und beobachten den Sonnenuntergang. Ich habe bereits vor ein paar Tagen voller Vorfreude beschlossen, dass ich gerne eine Bergtour auf den hinter uns liegenden Hausberg Mount Te Aroha machen möchte. Das Wetter soll am nächsten Tag sonnig sein, und wir besprechen, was wir alles mitnehmen werden und wo wir die Räder inzwischen parken können.

„Wir können im Laden noch ein paar Bananen kaufen. Die Räder parken wir einfach wieder hinter dem Tourismusbüro. Da kann nichts passieren. Auf jeden Fall müssen wir genug Trinkwasser mitnehmen", überlegt Peter laut.

„Alles klar, so machen wir es. Schön langsam sollten wir aber zum Schlafplatz gehen. Es dämmert schon und bis wir das Zelt aufgestellt haben, wird es sonst schon ganz dunkel", entgegne ich. Die Taschen und alle unsere Utensilien werden also wieder auf die Räder gepackt, und wir rollen die zweihundert Meter runter zum Flussufer, wo wir den tollen Schlafplatz am Nachmittag gefunden haben.

Hier ist es tatsächlich sehr ruhig und keine Menschenseele zu sehen. Aus der Entfernung sehen wir nur einige beleuchtete Fenster von Wohnhäusern und auch den Countdown Supermarkt können wir durch die Büsche in der Entfernung ausmachen. Von dort kommen Geräusche, die davon zeugen, dass spätabends noch LKWs abgeladen werden.
„Die liefern jetzt das Brot und Klopapier, weil alles wegen der Hamsterkäufe ausverkauft ist", flüstert Peter mir zu. Das will ich gar nicht wahrhaben und ich will auch nicht glauben, dass unser Fahrrad-Abenteuer wegen so einem blöden Virus zu Ende gehen soll.
„Aber morgen machen wir die Bergtour. Das Wetter soll ja noch mal richtig schön werden", entgegne ich trotzig und versuche einzuschlafen, obwohl mir viele komische Gedanken durch den Kopf streifen.

Am nächsten Morgen erwachen wir wieder durch die Geräusche der Lieferwagen. Es dämmert und Peter schält sich aus seinem Schlafsack und öffnet den Reißverschluss am Zelteingang, um draußen Wasser zu lassen. Als er wieder zurück ins Zelt kommt, stelle ich die übliche Frage: „Und, wie ist es draußen?".
„Voll neblig und ungemütlich. Wir hätten vielleicht nicht so nah am Fluss zelten sollen. Das Zelt ist auch ganz feucht."

Tatsächlich ist das Zelten in der Nähe eines Flusses so eine Sache. Dort ist es normalerweise immer ein paar Grad kälter, als zum Beispiel in einem Wald und jetzt, wo es langsam Herbst in Neuseeland wird, gibt es öfter einmal Morgennebel. Die Temperatur war in dieser Nacht schon richtig frisch. Wir haben nicht umsonst eine zusätzliche Decke über unsere Schlafsäcke geworfen. Ein Blick auf Peters Fahrradcomputer zeigt uns, dass es bereits halb acht Uhr ist. Wir bauen das Zelt ab und auch ich muss ins Gebüsch, um mich zu erleichtern.

Als wir wieder beim Kurpark ankommen, schaut es schon viel freundlicher aus. Die Sonne löst langsam den Nebel auf, und nur vereinzelt hängen noch Nebelfetzen über den riesigen Bäumen am Gipfel des Mount Te Aroha. Auch das morgendliche Treiben vor dem Countdown Supermarkt und entlang der Hauptstraße hat eingesetzt, wobei es sich auf ein paar Schüler auf dem Weg zur Schule und ein paar Arbeiter, die mit ihren großen Pickups einen Coffee to go im kleinen Kaffeehaus holen, beschränkt.

Die Sonne wärmt schon ein wenig, und wir platzieren uns wieder auf einer Parkbank in der Nähe der Krocket-Felder, wo wir Wasser für unser Frühstück kochen. Während wir unseren Tee und ein Honigbrot verspeisen, sehen wir schon die ersten Krocket-Spieler herannahen. Offensichtlich ist heute Krocket-Sonntag, und wir beobachteten wie die ganz in weiß gekleideten Pensionisten die Utensilien für das Spiel aus ihrem schönen, weißen Clubhaus holen. In Zeitlupe platzieren sie die bunten Stangen und holen die klobigen Schläger und Bälle aus dem Häuschen. So wie sich bei uns die Stockschützen gerne in Gruppen zum Spielen treffen, nutzen auch hier die Senioren den Sport als Vorwand, um ein Schwätzchen zu halten und etwas Gemeinsames zu tun.

Wir beäugen das Gewusel ein wenig, und packen dann den Proviant für unsere Wanderung in die Mini-Rucksäcke, die wir für solche Gelegenheiten dabei haben. Etwas Brot und Käse, zwei Bananen und zwei Müsliriegel müssen reichen, denn wir haben ja ausgiebig gefrühstückt. Schließlich parken wir die Fahrräder mit den Satteltaschen wieder beim Tourismusbüro, das inzwischen auch schon geöffnet hat. Die Wertsachen, also unsere Geldgürtel mit Pass, Kreditkarten, Bankkarten sowie unser Tablet verstauen wir auch in den Rucksäcken, und nehmen sie mit auf den Berg, denn diese Dinge wollen wir immer dabeihaben. Die Wanderwegtafeln haben wir schon am Vortag gesehen und wissen in etwa, in welche Richtung wir losmarschieren müssen. Wir genießen die ungewohnte Bewegung und setzen in recht zügigem Tempo einen Fuß vor den anderen, obwohl es von Beginn an recht steil bergauf geht.

Der Weg verläuft zuerst durch hohes Gebüsch und später durch dichten Laubwald durchsetzt mit den üblichen Farnbäumen. Da es am Vortag geregnet hat, ist der laubbelegte Waldboden sehr feucht, und die Wurzeln am Weg lassen uns einige Male fast ausrutschen. Nach etwa fünfundvierzig Minuten kommen wir zu einem Aussichtspunkt und haben zum ersten Mal eine schöne Sicht über Te Aroha und die sich dahinter erstreckende Waikato Ebene mit ihren grünen Wiesen und Äckern. Auch den Flusslauf des Waikato River kann man von hier aus gut erkennen.

Bisher haben wir keine anderen Wanderer getroffen, doch hier am Aussichtspunkt treffen wir auf ein junges Pärchen, mit dem wir ins Gespräch kommen, da sie gleich bemerken, dass wir keine Neuseeländer sind. Wir halten Abstand, sind wir doch inzwischen durch die Medien und die vorherrschenden Maßnahmen sehr vorsichtig geworden. Noch dazu hat die junge Frau offensichtlich eine Erkältung oder Grippe. Sie muss immer wieder Niesen und die Nase putzen. Nach einer kurzen Unterhaltung über das Woher und Wohin setzen wir unseren Weg fort und stapfen weiter bergauf durch den dichten Wald.

Der Weg zieht sich in weiten Serpentinen bergan. Leider will die Sonne uns den Weg nicht erhellen. Im Gegenteil, wir bemerken, dass die Wolken immer dichter werden, je höher wir kommen. Zum Teil meinen wir sogar, schon ein paar Tropfen zu spüren.
„Der Weg zieht sich ja noch richtig“, wendet sich Peter an mich. Auch ich muss schon etwas außer Puste zugeben: „Hätte ich auch nicht gedacht, dass der Gipfel noch so weit weg ist.“
Nach etwa zweieinhalb Stunden haben wir es dann aber geschafft, und erreichen ein kleines Gipfelplateau, auf dem sich die große

Sendestation mit einem riesigen Sendemasten befindet. Wir umrunden das eingezäunte Areal und erreichen einen grasbewachsenen Hügel mit einer Art Gipfelmonument, wo wir ein paar weitere Berggeher antreffen. Es sind einige Einheimische, aber auch ein Touristenpärchen, welches wir sprachlich als Franzosen oder Kanadier identifizieren können. Wir lassen uns auf einem betonierten Absatz nieder und genießen endlich die Aussicht auf die umliegenden Hügel und Berge sowie auf die zerklüftete Küste der Coromandel Halbinsel im Nordosten.

Wenn wir auf einem Aussichtspunkt stehen, versuchen wir gerne, die reale Landschaft aufgrund der auf den Landkarten dargestellten Berge, Täler, Flüsse und Orte zu identifizieren. „Schau, dort in dem Tal verläuft die Straße auf der wir zur Coromandel Küste kommen. Und siehst du dort den Ort? Bis dorthin könnten wir radeln, denn da gibt es einen netten Campingplatz", informiere ich Peter. Er ist nicht gerade euphorisch bezüglich meines Kommentars, und mir wird wieder einmal bewusst, dass er ganz andere Pläne hat.

Nachdem wir unsere Käsebrote, Bananen und Müsliriegel verspeist haben, machen wir uns wieder auf den Weg ins Tal. Da der Hinweg mit vielen nassen Wurzeln und lehmigen Tritten durchsetzt war, beschließen wir für den Abstieg die zwar längere, aber dafür befestigte Zufahrtsstraße zum Sender zu nehmen. Dieser folgen wir in weiten Kurven vorerst auf der Rückseite des Gipfels talwärts. So kommen wir in ein einsames Seitental, von wo aus die Straße, später asphaltiert, wieder zum Ortsrand von Te Aroha führt. Um zu unseren Rädern und zum Kurpark zu gelangen, müssen wir laut Wegweiser wieder von der Straße abbiegen und landen auf einem Waldpfad, der sich sehr steil und rutschig durch dichtes Gebüsch und Regenwald abwärts schlängelt. Wir kommen an kleinen Wasserfällen vorbei und wandern entlang einer uralten Wasserleitung, bis wir nach einer gefühlten Ewigkeit endlich die ersten Häuser erblicken. Gott sei Dank hat es nicht mehr geregnet, aber der Himmel präsentiert sich noch immer mit dichten grauen Wolken.

Es ist bereits fünfzehn Uhr als wir wieder bei unseren Rädern ankommen. In den Toiletten hinter der i-SITE wechseln wir unsere Kleidung und waschen uns den Schweiß der anstrengenden Wanderung von der Stirn.

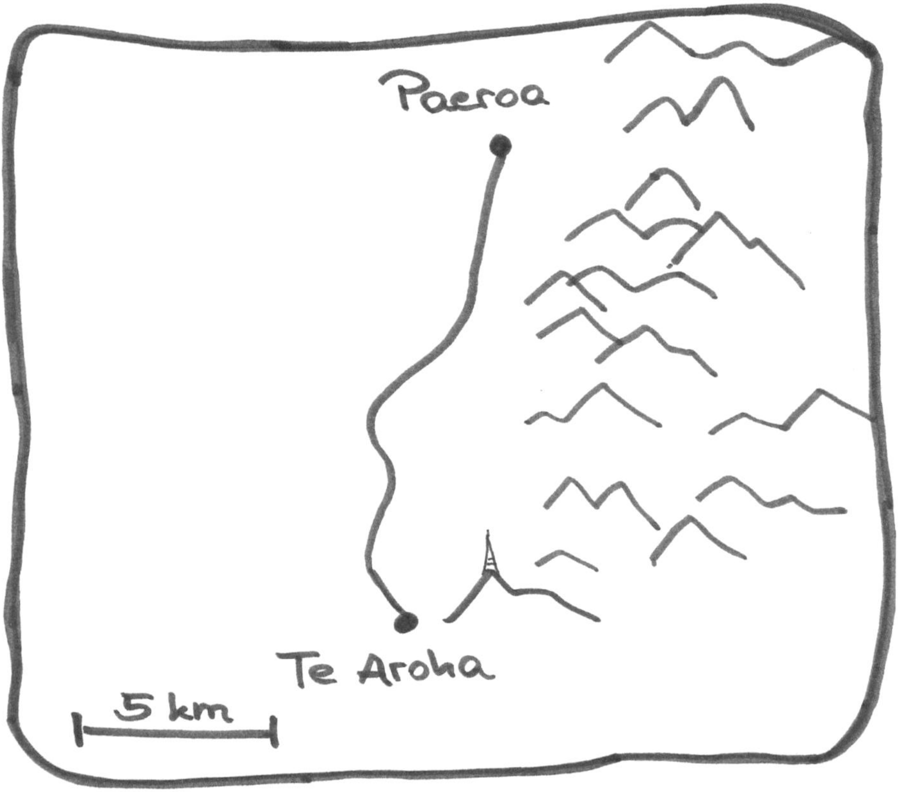

7. Etappe

Paeroa

Wir entscheiden, an diesem Nachmittag noch die etwa fünfundzwanzig Kilometer bis zum nächsten Ort, namens Paeroa, zu radeln. Die einzelnen Sonnenstrahlen, die durch die Wolken brechen, motivieren uns. Dass es in Paeroa einen Campingplatz gibt, und somit auch eine Dusche, spricht zusätzlich dafür, die Strecke an diesem Tag noch hinter uns zu bringen.

„Dieses Mal nehmen wir aber die Hauptstraße, und nicht den Radweg entlang der alten Eisenbahnstrecke", beschließt Peter, und ich kann ihm nur zustimmen. Damals, im Dezember, waren wir auf dem Waikato Rail Trail zwischen den beiden Orten unterwegs und haben uns einige Male über die komplizierte Streckenführung und den anstrengenden Kiesuntergrund geärgert.

Nach der langen Wanderung wollen wir uns die Quälerei nicht antun und wählen die Hauptstraße, auf der an diesem Sonntag sowieso kaum Verkehr herrscht. Die Straße weist nur leichte Steigungen auf, und wir kommen rasch vorwärts in Richtung Norden, wo wir etwa eineinhalb Stunden später den Ortsrand von Paeroa erreichen. In Vorfreude auf eine warme Dusche lege ich gleich noch einen Zahn zu und peile zielstrebig den ein wenig außerhalb gelegenen Campingplatz an. Beim ersten Aufenthalt in Paeroa wollten wir schon auf diesem Campingplatz übernachten, aber damals regnete es so stark, dass wir dann doch ein Zimmer in einem Motel genommen haben. Dieses Mal ist es trocken, und wir haben uns schon ausgemalt, wo und wie wir unser Zelt aufstellen werden.

An der Zufahrt zum Campingplatz gibt es Einfamilienhäuser und kleine Betriebe. Als wir auf die Einfahrt zuhalten, stutzen wir ein wenig, denn das Tor ist geschlossen. Wir nähern uns, und sehen mit Schrecken, dass an dem breiten Gatter Flugblätter angebracht sind. Auf ihnen steht geschrieben, dass der Campingplatz aufgrund der Corona-Pandemie bis auf Weiteres für Reisende und Besucher geschlossen ist.
„Das darf doch nicht wahr sein“, ist mein verzweifelter Kommentar, und Peter faucht halb geschockt und halb triumphierend: „Siehst du, wie ich gesagt habe: Das wird noch richtig schlimm hier!“. Zum Entsetzen über diese Tatsache kommen noch unsere Müdigkeit und der Hunger. „Was sollen wir jetzt machen?“, fragen wir uns gegenseitig und radeln mit hängenden Köpfen die dreihundert Meter in Richtung Ortszentrum zurück.

An der Kreuzung beim Fluss sehen wir einige Camper auf einem Parkplatz neben einem Toilettenhäuschen stehen und radeln auf sie zu. Ein älterer Herr, der gerade damit beschäftigt ist, irgendetwas aus der Ladeluke seines Wohnmobils auszuladen, erregt unsere Aufmerksamkeit, und wir kommen neben ihm zum Stehen.
„Wissen Sie, ob man hier auch zelten darf? Der Campingplatz im Ort hat wegen Corona geschlossen. Wir wissen jetzt nicht wohin“, sprechen wir ihn an.
„Fragt mal gegenüber an der Tankstelle nach. Dort ist die Zahlstelle für diesen Übernachtungsplatz. Vielleicht können die euch weiterhelfen“, meint er lakonisch.
Wir kreisen noch einmal rund um den Parkplatz und suchen erfolglos nach einer eventuell vorhandenen Dusche zwischen den Toiletten.

Schließlich rollen wir zur Tankstelle, und ich betrete den kleinen Verkaufsraum, in dem es das übliche Sammelsurium an Snacks, Süßigkeiten und Fahrzeugersatzteilen zu kaufen gibt.
„Hallo, wir sind zwei Radler auf der Suche nach einem Campingplatz. Der örtliche Campingplatz ist geschlossen, und wir fragen uns, ob wir nicht vielleicht dort drüben wo die Camper stehen unser Zelt aufschlagen können?“, frage ich den jungen Verkäufer hinter dem Tresen mit hoffnungsvollem Blick.
„Na klar, könnt ihr dort zelten. Es kostet zwölf Dollar die Nacht.“
„Kann man denn auch irgendwo duschen?“, will ich noch wissen. Er grübelt kurz und teilt mir mit, dass es beim örtlichen Waschsalon eine Duschmöglichkeit gäbe.

Das überrascht mich nicht, denn auch in den USA haben wir schon bei Waschsalons geduscht, die diesen Service manchmal anbieten. Irgendwie ist das ja auch ein lohnendes Geschäftsmodell, denn Leute, die sich keine Waschmaschine leisten können, haben vielleicht auch keine Dusche zu Hause. In Europa wären wahrscheinlich einige Obdachlose über diesen kombinierten Service froh.

Ich springe kurz raus und informiere Peter über das Angebot. Wir beschließen, es so zu machen. Die zwölf Dollar wechseln ihren Besitzer und ich erhalte einen Beleg, mit dem wir offiziell als Campingplatzbenützer geduldet werden. Der nette Junge von der Tankstelle beschreibt mir noch den Weg zum Waschsalon. Wir wollen als Erstes die Körperpflege erledigen, um dann gemütlich zu kochen und unser Zelt an einem geeigneten Platz aufzustellen.
„Er hat gesagt an der zweiten Abzweigung von der Hauptstraße links rein. In der Straße muss der Waschsalon sein!“, informiere ich Peter.

Wir machen uns schnell auf den Weg, denn mittlerweile ist es bereits nach siebzehn Uhr und wir wissen, dass viele Geschäfte und Einrichtungen zu dieser Uhrzeit schließen. Das Wetter ist inzwischen auch nicht besser geworden, und graue Wolken ballen sich am Himmel. Wir spüren schon wieder ein paar Tropfen. Die Temperaturen sind leider auch nicht gerade geeignet, um einen Abend im Freien zu verbringen. Als wir noch zuversichtlich in die angegebene Straße einbiegen, meinen wir zuerst, die falsche Abzweigung erwischt zu haben, denn es ist eine trostlose Seitenstraße mit keinem Geschäft oder Restaurant weit und breit. Wir wollen schon fast wieder umdrehen, als Peter ruft: „Da hinten, das könnte es doch sein!?“. Wir nähern uns dem angesprochenen Gebäude und die Enttäuschung ist groß. Es ist der Waschsalon, aber er ist definitiv geschlossen, und das schon länger.
„Oh Mann, das darf doch jetzt nicht wahr sein!“, rufe ich verzweifelt. Wir stehen da und schauen uns entgeistert an.
„Was haben wir denn heute für ein Pech. Hat sich denn alles gegen uns verschworen?“, bringt es Peter auf den Punkt.
„Lass mal überlegen. Wo könnten wir sonst eventuell duschen? Vielleicht in einem Hotel oder einer Pension. Gibt es hier nicht ein Hallenbad, wo man nur kurz eine Dusche nehmen kann?“, denke ich laut nach.

Wir wollen die Hoffnung nicht aufgeben und weiter nach einer Duschmöglichkeit suchen. Gott sei Dank ist Paeroa nicht groß, und

vor allem das Zentrum hat man in wenigen Minuten abgeradelt. Leider finden wir nirgends ein Hallenbad und auch die i-SITE, in der wir nachfragen wollen, ist bereits geschlossen. Wir stehen also mitten im Zentrum und schauen uns um.
„Hey, da vorne ist doch dieses urige Hotel. Die haben sicher nicht viele Gäste, und vielleicht gibt es ein Etagenbad, das wir benützen dürfen?“, sage ich in einem letzten Versuch, die Hoffnung doch nicht aufzugeben.

Das Paeroa Hotel hat seine besten Zeiten hinter sich und die Beschriftung auf der abblätternden Holzfassade ist schon fast ganz verblichen. Gerade deshalb hoffe ich, dass man uns die Bitte nach einer kurzen Dusche nicht abschlagen wird. Ich nehme also unser Schicksal in die Hand, betrete mit forschem Schritt das Gebäude und befinde mich unmittelbar in einem Gastraum mit einer langen Theke und einigen Tischen in dunklen Nischen. Es wirkt wie ein uriges englisches Pub, und wie in so einer Lokalität wahrscheinlich üblich, sind auch hier im Paeroa Hotel die Gäste ausschließlich männlich, trinkfreudig und wenden dieser hereinschneiende Fremden ausnahmslos ihre von Neugier gezeichneten Gesichter zu.

Offensichtlich passiert es nicht oft, dass eine Touristin in engen Fahrradhosen nach einer Dusche fragt, und dementsprechend befremdet ist der Barmann, dem ich mein Anliegen umständlich erkläre.
„Da muss ich den Boss rufen“, ist sein kurzer Kommentar, als er doch noch kapiert hat, was ich will. Ich warte geduldig an der Bar, und nicke den Stammgästen so nett wie möglich zu, woraufhin sie sich prompt wieder den im Raum verteilten Fernsehbildschirmen zuwenden.
„Wie kann ich helfen?“, empfängt mich kurze Zeit später ein großer massiger Typ, dem man an der Nase ansieht, dass er selbst gerne ein Gläschen mit seinen Gästen trinkt. Mein Charme prallt völlig an ihm ab, denn als ich nach der Dusche frage, ist sein einziger Kommentar: „Sorry, das ist hier nicht möglich.“ Niedergeschlagen

ziehe ich ab und muss Peter, der draußen wartet, von meinem Misserfolg berichten.

„Warum machen wir es uns denn eigentlich so schwer? Lass uns doch einfach ein Zimmer nehmen", ist Peters Vorschlag, und meine Laune bessert sich schlagartig.
„Ja, klar. Wir sind so auf's Zelten fixiert, dass wir daran gar nicht gedacht haben! Lass uns in dem netten Motel bei der Ortseinfahrt fragen", stimme ich begeistert zu. Ich sehe bereits ein großes, weiches Bett vor mir und ein eigenes Badezimmer mit Heißwasser bis zum Abwinken.

Beim letzten Aufenthalt in Paeroa haben wir ja auch schon ein Zimmer genommen. Anfang Dezember waren wir wegen des anhaltenden Regens im Paeroa Motel gelandet. Dieses Mal will ich zu dem anderen örtlichen Motel, denn das haben wir entdeckt, als wir damals durch den Ort geschlendert sind. Es ist viel moderner und einladender.

Wir schwingen uns also wieder auf die Räder und erreichen nach wenigen Metern die Einfahrt des Pedlars Motels, welches offensichtlich erst kürzlich komplett renoviert worden ist. Wir stellen unsere Räder vor der Rezeption ab, und sogleich kommt ein netter, großgewachsener Mittfünfziger auf uns zu und fragt, ob er uns helfen könne. „Wir würden gerne hier übernachten. Habt ihr noch ein Zimmer frei?", fragen wir. Als er den Kopf schüttelt und uns informiert, dass das Motel komplett voll sei, macht sich wieder Verzweiflung breit. Ob er uns denn nicht helfen könne, ein Zimmer im Ort zu bekommen, fragen wir ihn da. „Es gibt noch zwei weitere Motels hier im Ort. Das Casa Mexicana und das Paeroa Motel. Wobei..., ich glaube das Casa Mexicana hat wegen Corona geschlossen. Der Chef war in seiner Heimat Mexiko auf Urlaub und konnte nicht mehr zurückreisen", informiert er uns. „Oh wow, das ist ja Wahnsinn", antworten wir entsetzt. Hat dieses blöde Corona Virus auch hier schon das Leben lahmgelegt? Zumindest einen

Campingplatz und ein Motel hat es auf jeden Fall lahmgelegt. „Meinen Sie, dass im Paeroa Motel noch ein Zimmer frei ist?“, fragen wir den zuvorkommenden Besitzer, der daraufhin kurz dort anruft und uns mitteilt, dass es noch Zimmer gibt.

Das Paeroa Motel ist am anderen Ortsende, gar nicht weit von dem Stellplatz, für den wir schon die Übernachtungsgebühr bezahlt haben. „Meinst du wir kriegen das Geld zurück, wenn wir jetzt doch im Motel schlafen?“. Wir machen einen kurzen Abstecher zur Tankstelle, und als wir dem Angestellten von unserer Misere mit der Dusche berichten, gibt er uns tatsächlich die zwölf Dollar zurück, ha!

Wir finden uns im Paeroa Motel ein, das fast direkt gegenüber der Tankstelle liegt. Es ist ein typisches einstöckiges Motel, das schon ein wenig in die Jahre gekommen ist. Die Zimmer reihen sich bungalowartig aneinander und die Zimmertüren gehen ohne Schwellen direkt auf den asphaltierten Vorplatz hinaus. Neben jeder Tür ist als kleines Zugeständnis an die Gemütlichkeit, ein winziger Grünstreifen mit etwas Gras und ein paar Blumen zu finden.

Wir betreten die kleine Rezeption, die nichts anderes ist, als ein Raum mit einem schmalen, brusthohen Tresen am Anfang der Zimmerreihe. „Guten Abend!“, rufen wir laut in Richtung Büro oder Wohnung, oder was immer sich hinter der halb geöffneten Tür befindet. Einen Moment später steht der Chef vor uns. Er ist ein kleiner, hagerer Typ mit leicht angegrautem Haar, der etwas verlebt aussieht, und dem man an der Nasenspitze und auch an den zahlreichen Tätowierungen an seinen Unterarmen ansieht, dass er entweder viele Jahre zur See gefahren ist oder früher einmal ein Weltenbummler gewesen sein muss. Damit erklärt sich auch, dass seine Frau, an die wir uns vom letzten Aufenthalt erinnern, eine recht junge und energische Asiatin ist. Sie ist die gute Seele des Hauses, und wir können beobachten, dass sie für die Reinigung zuständig ist.

„Wie kann ich helfen?“, fragt uns der gute Mann. Wir erklären ihm, dass wir ein Zimmer für eine Nacht benötigen, und zu unserer großen Freude, nickt er und sagt: „Kein Problem“.

Wir sollen nur noch das Meldeformular ausfüllen. Bei der Gelegenheit erinnern wir ihn daran, dass wir bereits im Dezember hier übernachtet haben. Er behauptet zwar, sich zu erinnern, macht aber nicht den Eindruck, dass er das wirklich tut. Wir können uns aussuchen, ob wir Zimmer 4 oder 6 haben möchten, und wir entschieden uns in einer Anwandlung von Sentimentalität für Zimmer 6, welches wir bereits damals bewohnt haben. Es ist nur ein paar Meter von der Rezeption entfernt, und als wir unsere Räder darauf zuschieben, meint Peter verschwörerisch: „Die Rädern nehmen wir aber auf jeden Fall über Nacht mit hinein ins Zimmer“.

Bei unserem letzten Besuch waren wir auf dubiose Gestalten aufmerksam geworden, die frühmorgens mit einem Pickup mit Vollgas an allen Zimmern vorbeigerast sind. Auch das Gezeter eines Beziehungsstreits war damals unangenehm durch die Wand vom Nachbarzimmer herübergeklungen. Das machte für uns keinen guten Eindruck, weshalb man auch Fahrraddiebstähle nicht ausschließen konnte.

Nachdem wir die Räder vorerst draußen abgestellt und das Zimmer geöffnet haben, fallen wir mit einem tiefen Erleichterungsseufzer auf das große, weiche Doppelbett. Eigentlich ist das Zimmer ja richtig nett. Wenn man es betritt, befindet sich links der Eingangstür ein großes Fenster mit dichten Stores und davor das breite Doppelbett. In der Ecke direkt rechts oberhalb der Tür ist ein kleiner Flachbildfernseher an der Wand montiert. Gleich gegenüber der Tür steht ein winziger Tisch mit zwei Stühlen und rechts davon befindet sich eine Art Kochnische, eigentlich nur ein Schrankverbau mit einem kleinen Waschbecken. Daneben gibt es einen Wasserkocher und sogar ein Körbchen mit einem kleinen Sortiment an Teebeuteln und Päckchen mit löslichem Kaffee, Milchpulver und Zucker. In die

Wand oberhalb der Sitzgelegenheit ist ein kleines Fenster eingelassen, durch das man den Hinterhof, beziehungsweise die hinter dem Haus liegende Brachwiese überblicken kann. Von dieser kleinen Küche geht links die Tür ins Badezimmer ab, welches ein längliches Zimmer mit Waschbecken im vorderen Bereich und einer Dusche am hinteren Ende ist.

„Ich würde am liebsten gleich duschen gehen“, ist mein laut ausgesprochener erster Gedanke. „Wie machen wir es mit dem Essen?“, füge ich noch hinzu.
„Sollen wir was kochen? Dann setze ich inzwischen Wasser für Nudeln auf“, antwortet Peter. Während ich die Wohltat einer heißen und endlosen Dusche genieße, hat Peter unseren Kocher angeworfen und macht draußen vor dem Zimmer Wasser warm. Er will nicht riskieren, einen Feueralarm mit den Flammen unseres Benzinkochers auszulösen, weshalb er die Kochstelle kurzerhand nach draußen verlegt hat.

Bis das Wasser zum Kochen kommt, geht auch Peter unter die Dusche, und ich schneide inzwischen Zwiebeln und unseren restlichen Blumenkohl, den wir noch vom Einkauf im Gemüseladen vor zwei Tagen übrighaben. Peter hat den Fernseher angemacht, und so kann ich, während ich das Essen vorbereite, aus den Nachrichten entnehmen, dass rund um den Globus die Corona Pandemie das Leben im Würgegriff hat. Die News aus Europa sind gar nicht erbauend und fast könnten einem der Appetit und auch die Lust am Reisen vergehen.
Ich werfe die Zwiebeln ins Öl und gieße kurze Zeit später die gewürfelten Tomaten aus der Dose dazu. Etwas Würze und den Blumenkohl dazu und dann alles köcheln lassen. In diversen Gemüsevariationen ist das ein Menü, das es sehr oft während unserer Reise zu essen gibt.

Peter kommt noch dampfend von der heißen Dusche aus dem Badezimmer. „Boah, das war fein! Was gibt es Neues?“, fragt er mit Blick zum Fernseher.
„Nichts, was man gerne hören möchte. In Europa schaut es schlimm aus“, antworte ich.
„Wir müssen unbedingt nachher daheim anrufen und nachfragen, wie es geht und was da los ist“, schlägt Peter vor. Ich nehme die köchelnde Sauce vom Kocher und stelle das Wasser für die Nudeln wieder drauf, damit es voll zum Kochen kommt und wir die Nudeln hineinwerfen können. Kurz darauf ist unser Menü fertig und wir genießen es, wieder einmal in einem Zimmer eine Mahlzeit einzunehmen.

Während wir essen läuft noch immer der Nachrichtenkanal, und wir sind mit den Gedanken voll bei den Nachrichten und gar nicht bei unseren Nudeln.
„Mann oh Mann, in Neuseeland steigen die Zahlen aber auch ganz schön“, ist Peters Kommentar zu einer eingeblendeten Statistik, auf der eine steile Kurve die Zahl der Infizierten anzeigt. Mittlerweile ist es schon fast sieben Uhr abends und die Dämmerung hat eingesetzt. Ich erledige den Abwasch in der kleinen Kochnische, und wir gönnen uns noch eine Tasse Tee zur Beruhigung und um uns aufzuwärmen. Nach draußen wollen wir nicht mehr, denn wir haben bisher den ganzen Tag im Freien verbracht.

Wir genießen es stattdessen, halb zugedeckt auf dem Bett zu lümmeln und fernzusehen. Den Nachrichtensender können wir aber nicht zu lange eingeschaltet lassen, denn das deprimiert uns zu sehr. Natürlich diskutieren wir wieder einmal, wie sich die aktuelle Situation auf uns und unsere Reise auswirken wird und wie es wohl mit uns weitergehen kann. Aufgrund der Ereignisse und Vorkommnisse dieses Tages bin ich auch schon so weit, dass ich keinen Wert mehr auf den Besuch der Coromandel Halbinsel lege.
„Morgen möchte ich auf jeden Fall zum Flughafen fahren, um mal zu

sehen, wie die Situation mit Flügen ist“, beschließt Peter, und ich kann und will dem nichts mehr entgegensetzen.

Als es acht Uhr abends wird und es draußen schon ganz dunkel ist, rufen wir per Videoanruf bei meinen Eltern an. Vor etwa dreieinhalb Monaten haben wir sie auch genau aus diesem Zimmer angerufen, denn es war der Geburtstag meiner Mutter gewesen. Damals gratulierten wir ihr und waren so voller Vorfreude auf die vor uns liegenden Monate. Jetzt sind wir einigermaßen beunruhigt, als wir von ihr hören, dass in Österreich das ganze Leben lahmgelegt worden ist, und alle Leute dazu aufgefordert sind, zu Hause zu bleiben. Die vielen Toten sind ein weiteres Thema, das nicht zu unserer Beruhigung beiträgt. Einfach unvorstellbar! Wir schildern unsere Situation und was wir an diesem Tag erlebt haben.

„Im Fernsehen sagen sie, dass der Außenminister alle Österreicher auffordert, vom Ausland nach Hause zu kommen“, ist Mamas Kommentar.
„Mach dir keine Sorgen. Hier merkt man noch nicht viel, obwohl wir heute das erste Mal einen geschlossenen Campingplatz vorgefunden haben. Wir radeln morgen zum Flughafen. Der ist nur circa neunzig Kilometer von hier. Dann werden wir beschließen wie es weitergeht. Wir geben euch auf jeden Fall Bescheid“, versuchen wir sie zu beruhigen. Die besorgten Gesichter meiner Eltern sind unscharf und in seltsamer Belichtung auf dem Bildschirm unseres Tablets zu sehen. Bei der Verabschiedung versprechen wir, uns am nächsten Tag zu melden, oder zumindest eine Nachricht zu senden.

Nach diesem Anruf ist es beschlossene Sache, dass wir am nächsten Morgen so früh wie möglich aufbrechen werden, um noch am selben Tag den Flughafen zu erreichen. Wir diskutieren die verschiedenen Möglichkeiten durch, die wir haben und entwerfen unter anderem einen Plan B, für den Fall, dass wir in Neuseeland bleiben müssen. Dann wollen wir einen Campingbus mieten oder auch kaufen und uns auf einem ideal gelegenen Campingplatz oder sonst einem Parkplatz einrichten, wo es gute Versorgungsmöglichkeiten gibt. Ich sehe uns schon im äußersten Norden der Nordinsel, wo die Winter nicht so kalt sind, ausharren und auf den nächsten Sommer und das Ende der Pandemie warten. Wir haben im Internet inzwischen sogar schon recherchiert, wie und wo man günstig Campingbusse kaufen kann. Da sich im neuseeländischen Herbst viele Urlauber oder Langzeitreisende wieder in Richtung Heimat auf den Weg machen, ist das gar nicht so abwegig. Dass wir den gebuchten Weiterflug nach Fiji nicht antreten können werden, ist uns inzwischen auch klar, denn die Einreise nach Fiji aus Neuseeland ist laut Nachrichten nicht mehr erlaubt. Das wird sich wohl bis zu unserem geplanten Abflug am 19. April auch nicht ändern.

So viele unvorhersehbare Umstände und so viel Unsicherheit. Wir suchen die Sicherheit in den entworfenen Plänen, und ich weiß mit Bestimmtheit, dass für Peter der Heimflug an erster Stelle steht. Ich selbst hoffe insgeheim, dass wir doch in Neuseeland bleiben werden, und dass Corona hier nicht so schlimm zuschlagen wird wie in Europa. Um auf andere Gedanken zu kommen, ziehe ich mein Tagebuch heraus und lese über die Anfangstage unserer Reise, als wir hier in Paeroa vorbeikamen.....

Nach der ersten Nacht am Campingplatz "International Airport" haben wir uns einen netteren Campingplatz ausgesucht und die nächsten 4 Tage in Auckland verbracht. Wir nutzten die Zeit zur Akklimatisierung und Jetlagbehebung und radelten kreuz und quer durch die Stadt. Außerdem organisierten wir uns eine SIM-Karte und diverse Reiseutensilien.
Die Stadt stellte sich als sehr hügelig heraus, und so machten wir in diesen Tagen 170 km und 1.400 Höhenmeter.

Am 01.12. ging es dann endlich los. Wir radelten durch die Vorstadt von Auckland und kamen bei einem indischen Sportfest vorbei, wo wir gratis essen konnten. Leider war es sehr windig und die Sonne brannte ganz schön runter. Wir holten uns beide einen Sonnenbrand. Unseren ersten Schlafplatz fanden wir bei einer Schule in der Nähe von Hunuau bzw. am Rande des dazugehörigen Sportplatzes. Dort hinter einem Busch schlugen wir unser Zelt auf und nach einer Katzenwäsche gingen wir früh schlafen.

Der zweite Fahrtag führte uns auf ruhigen Überlandstraßen von Hunuau nach Miranda an der Bay of Plenty, wo es heiße Quellen gibt. Dort hatte Peter einen Holiday Park rausgesucht, der einen Hot Pool hat. Das Wetter war recht durchzogen (also wolkig mit vereinzelten Schauern) und noch immer windig. Den Holiday Park erreichten wir schon kurz nach Mittag, genossen die Einrichtungen dort und hingen in der Küche und am Pool ab.
Für unser Zelt, das wir erst abends aufstellten, suchten wir einen windgeschützten Platz.

Am 03.12. machten wir uns auf zum Hauraki Trail (einer ehemaligen Eisenbahnlinie, die zum Radweg umgebaut worden war) und mussten gegen den Seitenwind ankämpfen, der hier in der Nähe des Meeres sehr stark wehte. Bei einem Fotostopp hat der Wind Peters Fahrrad fast umgekippt, weshalb er seine Kamera fallen ließ, und diese prompt kaputtging. Zum Frühstück wollten wir Brot und nahmen dafür sogar ein paar Kilometer mit Gegenwind in Kauf. Nach dem zweiten Frühstück hatten wir den Wind im Rücken, und trotz Schotteruntergrund kamen wir gut voran. Nach ca. 50 km waren wir in Paeroa und wollten nach einem Ortsrundgang im dortigen Holiday Park einchecken. Als wir wegen eines überraschenden Regenschauers frierend und nass dort ankamen, verwies man uns auf eine überflutete Zeltwiese und einen zugigen Unterstand mit Grillplatz zum Kochen. Die netten, warmen Sozialräume durften wir aus uns unerklärlichen Gründen nicht benutzen. Deshalb beschlossen wir, ein Zimmer im nahen Paeroa Motel zu nehmen, um eine Stunde nach Check-in festzustellen, dass die Sonne wieder rauskam.
Egal, wir genossen die Zeit im Zimmer, und an diesem Abend riefen wir Mama an, die Geburtstag hatte.

Am nächsten Tag ging es weiter auf dem Hauraki-Trail, der jedoch ziemlich sinnlos war, da er schlechten Untergrund hatte und direkt neben der Straße verlief. Deshalb sind wir aus Gründen der besseren Rollfähigkeit kurzerhand auf die Straße ausgewichen. Am Nachmittag erreichten wir die nette kleine Stadt Matamata, wo wir uns im Stadtpark einen Schlafplatz ausgeguckt haben. Wir kochten dort, gingen einkaufen und schlenderten ein wenig herum. Matamata ist das Zentrum von Mittelerde und auch bekannt als Drehort für Hobbiton.

Am 05.12. wollten wir in Richtung Rotorua fahren und haben eine wenig befahrene Straße gefunden, um die Fahrt an der Hauptstraße zu vermeiden. Wir dachten eigentlich, dass wir es nicht in einem Tag schaffen würden, aber dann ging es doch besser als gedacht. Naja, ehrlich gesagt war die Fahrt eher abenteuerlich, denn die ruhige Leslie Road stellte sich als Forststraße heraus, die relativ steil verlief, und die uns durch den rauen Untergrund einige Kräfte abverlangte. Vor allem das Ende war tricky, denn man hatte große Erdhaufen auf der Straße verteilt, um die Durchfahrt zu verhindern. Das war für uns natürlich kein wirkliches Hindernis, denn Peter trug unsere Räder einfach drüber. Schließlich waren wir nachmittags am Lake Rotorua und fanden einen idyllischen Holiday Park ca. 10 km außerhalb der Stadt, wo wir den Tag gemütlich ausklingen ließen.

Am nächsten Tag hatten wir uns bei einem Warm Shower Host angemeldet und vertrödelten den Tag in der City Rotorua bei durchwachsenem Wetter. Peter kaufte sich eine neue Kamera und wir verscherbelten die alte für 12 Euro im Pfandleihhaus. Am Abend um 18:30 kamen wir bei unseren Hosts, Jim und Lisa (mit den Kindern Millie und Dylan) an. Nach einem kurzen Schwatz und einer Tasse Tee bauten wir unser Zelt im Garten auf und verbrachten eine Gratis-Nacht.

Am 07.12. haben wir früh zusammengepackt, uns verabschiedet und sind los. Wir wollten aber noch in Rotorua bleiben und haben beim nahegelegenen Redwood Forrest gefrühstückt und eine Wanderung durch den Wald mit gigantischen Bäumen gemacht. Danach sind wir mit den Rädern über Stock und Stein zu einem Aussichtspunkt, wo man Geysire sehen konnte, und von wo der Weg weiter durch den Wald zum neuen BMX Park von Rotorua führte. Anschließend sind wir nochmals in die Stadt und haben im Stadtpark unter Dach gepicknickt, da wieder ein paar Schauer durchzogen. Um ca. 19:30 sind wir zum Redwood Forrest zurück, wo wir unter einem großen Baum abseits vom Weg unser Zelt aufschlugen und schliefen.

Die Nacht unter dem Baum war herrlich, doch am 08.12. wollten wir wieder auf einen Campingplatz gehen. Deshalb haben wir gleich morgens beim großen Holiday Park von Rotorua eingecheckt. Dort machten wir Frühstück, haben Wäsche gewaschen und den Vormittag vertrödelt. Am Nachmittag sind wir zur Skyline Seilbahn geradelt und wollten von dort auf den Berg bzw. zur Bergstation der Seilbahn wandern. Leider ließ man uns nicht, denn die Jungs von der Seilbahn, die uns auf halber Strecke in einem Auto entgegenkamen, wiesen uns darauf hin, dass das Wandern hier verboten sei, und wir woanders raufgehen sollten. Hier dürfe man nur mit der Seilbahn hoch.
Also kehrten wir um und suchten einen anderen Weg rauf. Das zog jedoch eine lange Anfahrt mit dem Fahrrad nach sich, weshalb wir unser Vorhaben schließlich aufgaben. Außerdem zogen immer wieder Schauer durch, weshalb wir dann doch zum Campingplatz zurückgeradelt sind und den restlichen Nachmittag

und Abend im gemütlichen Aufenthaltsraum verbracht haben. Unser Zelt hatten wir Gott sei Dank unter Bäumen aufgestellt, denn in dieser Nacht entlud sich ein mächtiges Gewitter über uns. Es blitzte und donnerte und der Regen kam trotz Blätterdach in Strömen runter.

Am Montag, 09.12. mussten wir erst mal alles trocknen bevor wir nach dem Frühstück in Richtung Waikite Valley Hot Springs losgeradelt sind. Es waren ca. 48 km und wir machten unterwegs noch eine Gipfeltour auf den Rainbow Mountain. Schon um 15:00 waren wir beim Campingplatz und konnten dort noch in den heißen Pools baden.

Fotos:

Seite 111
oben: Erste Tage in Auckland, welches wir per Fahrrad erkundeten.
unten: Auf ruppigen Straßen geht es los durchs Land.

Seite 112
oben: Die Bedienung unseres Benzinkochers hat Peter voll im Griff.
unten: Kühe, Kühe, Kühe – wo sind hier die Schafe?

Seite 113
oben: Die gemütliche Innenausstattung unseres Zeltes.
unten: Wieder einmal eine staubige Schotterstraße, wie so oft!

Seite 114
oben: Mit 25kg Gepäck aufwärts kann ich noch immer lachen.
unten: Ein typischer Stopp unterwegs zum Abendessen.

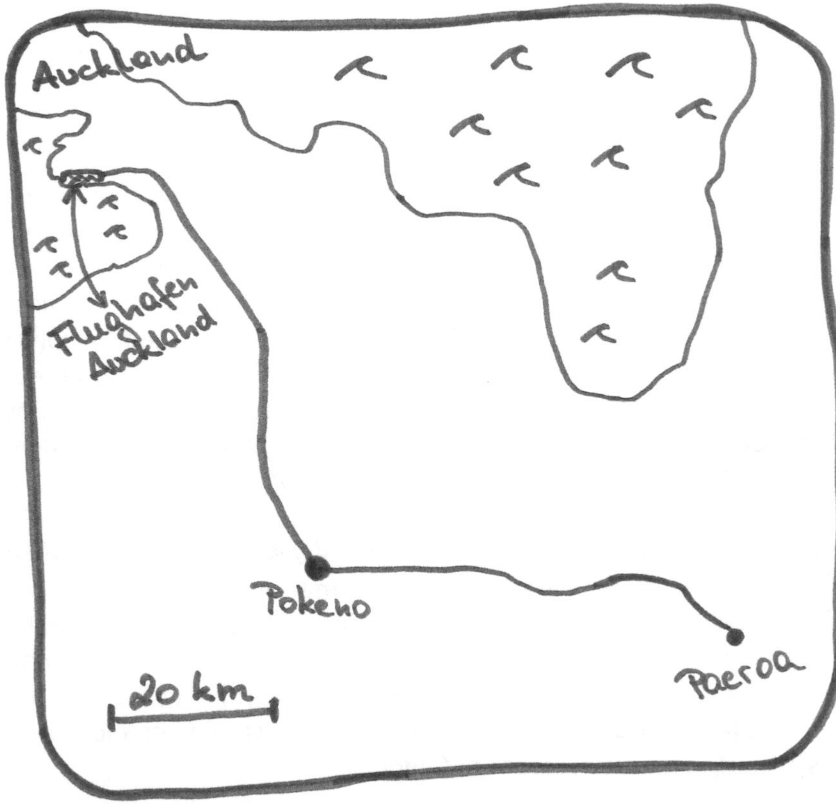

7. Etappe

<u>Paeroa - Flughafen Auckland</u>

An diesem Abend in Paeroa schlafen wir beide spät ein. Nicht nur ich drehe mich immer wieder unruhig im Bett um und spiele in Gedanken unsere Möglichkeiten und Pläne durch. Auch Peters Atemzüge sind nicht so tief und entspannt wie üblich, woraus ich schließe, dass auch er von Überlegungen und dem Nachdenken über Alternativen wach gehalten wird. Irgendwann müssen wir dann doch in unserem riesigen Doppelbett eingeschlafen sein, denn ich erwache im dämmrigen Zimmer, welches wir durch das Zuziehen der dicken Vorhänge noch verdunkelt haben. Ein Blick auf das Tablet verrät mir, dass es kurz nach sieben Uhr früh ist. Peter ist sicher ebenfalls wach. Auch heute ist die Antwort auf mein „Wie hast du geschlafen?", nicht ein positives, vorfreudiges „Super!", sondern ein verschlafenes und bedrücktes „Nicht so gut!".

Irgendwie beflügelt uns der Entschluss, zum Flughafen zu radeln aber doch, und als wir die Vorhänge zur Seite schieben, und uns ein von Morgenrot erleuchteter, wolkenloser Himmel grüßt, sind wir fast schon wieder guter Dinge. Die Fahrräder haben wir über Nacht samt Satteltaschen in die Lücke zwischen Bett und Sitzplatz gequetscht, um sie nicht draußen vor dem Zimmer, und somit auf der Zufahrt zu den Zimmern, stehen lassen zu müssen. Das Frühstück fällt kurz aus. Wir kochen Teewasser mit dem Wasserkocher und essen einen Teller voll Müsli mit Milch.

Nur eine halbe Stunde nachdem wir aufgewacht sind, stehen die Räder reisefertig gepackt vor dem Zimmer. Unsere Übernachtung haben wir gleich beim Check-in bezahlt und so können wir ohne Zwischenstopp in den Tag radeln. Wir haben bereits am Vorabend die ideale Strecke zum Flughafen ausfindig gemacht. Da das Straßennetz in dieser Gegend nicht so eng ist, war es nicht sehr schwierig die richtige Route zu finden.

Es ist Sonntagmorgen und dementsprechend sind kurz vor acht Uhr kaum Autos und schon gar keine LKWs unterwegs. Wir nehmen die Überlandstraße von Paeroa in Richtung Nordwesten, hinein in die Ebene des Waikato Flusses. Die Bergkette der Coromandel Halbinsel lassen wir hinter uns liegen, meine Träume von Strandspaziergängen und lauen Herbsttagen am Meer ebenso. Wie immer ist es schön, wieder auf dem Fahrrad zu sitzen und mit jedem Treter in eine neue, unbekannte Landschaft und Umgebung einzutauchen. Das Radeln ist uns in den letzten Monaten so in Fleisch und Blut übergegangen, dass wir jede andere Fortbewegungsart als ungewöhnlich erachten. Gott sei Dank ist an diesem Morgen kein Wind zu spüren. Ein unbändiger Westwind hatte uns in dieser Gegend im Dezember schwer zu schaffen gemacht. Dem war sogar Peters neue Kamera zum Opfer gefallen war.

Wir sind also heilfroh, dass wir heute in völliger Windstille und unter einem fast wolkenlosen Himmel zwischen den flachen Feuchtwiesen in Richtung Auckland dahinkurbeln können. Wir kommen durch kleine Dörfer, die alle mit wenigen Häusern, einer kleinen Kirche und meistens einem Landmaschinenhändler aufwarten können.

Die Kuhweiden sind wie überall in Neuseeland wie ein Hochsicherheitstrakt mit einem hohen Zaun mit sieben Drähten gesichert. Für uns noch immer ein unglaublicher Frevel, wenn man bedenkt, dass in Österreich gerade mal ein hüfthoher Draht dafür sorgt, dass das liebe Weidevieh nicht ausbricht. Natürlich muss man berücksichtigen, dass in Neuseeland die Kühe das ganze Jahr über im Freien sind, und die Weidezäune nicht im Winter entfernt werden müssen. Ein Bauer hat uns auf unsere Rückfrage hin erzählt, dass die sieben Drähte, davon zwei Stacheldrähte und einer mit Strom, von der Regierung so vorgeschrieben seien. Unsere einzige Erklärung dafür ist, dass hier irgendein Minister gleichzeitig Besitzer einer großen Zaunfirma sein muss. Wie so einige der in Zusammenhang mit der Landwirtschaft gemachten Beobachtungen, hinterließ uns auch diese mit ungläubigem Kopfschütteln. Nun ja, mittlerweile haben wir uns an die Gepflogenheiten gewöhnt, beziehungsweise bringt uns so leicht Nichts mehr zum Staunen.

Landwirtschaft

Bevor wir unsere Reise angetreten haben, hat mir Peter von seinen Neuseeland-Eindrücken von vor 25 Jahren erzählt, als er mit einem Freund bereits dieses Land bereist hatte. Er erzählte mir von alternativen, kleinen Farmen, Tausenden von Schafen und ökologischer Landwirtschaft.

Was wir auf den beiden Inseln jedoch zu sehen bekamen, war zum größten Teil etwas komplett anderes. Unter dem Motto „Think Big" haben die neuseeländischen Bauern nicht nur ihre alten, gemütlichen Autos gegen riesige schnelle Pickups getauscht, sondern auch Schafe gegen Kühe, alte Traktoren gegen Hochleistungserntemaschinen und kleine Bauernhöfe gegen riesige Milchbetriebe.

Im Gespräch mit ein paar Einheimischen fanden wir heraus, dass diese Entwicklung hauptsächlich auf das finanzielle Engagement chinesischer Milchpulver-Produzenten zurückzuführen ist. Diese haben in landwirtschaftliche Betriebe und Milchpulverfabriken in Neuseeland investiert, und haben die landwirtschaftliche Produktion komplett verändert.

Milchfarmen sind zumeist riesig und werden von einheimischen Landwirten betrieben, die als Angestellte das Melken der Kühe in immensen Melkautomaten und das Instandhalten der Zäune überwachen. Die Kühe stehen auf den Weiden auf kleinem Raum oft so dicht beieinander wie bei uns in einem Stall. Kuhställe gibt es keine, denn das Klima lässt es zu, die Tiere das ganze Jahr im Freien zu halten. Riesige Milchlaster fahren Tag und Nacht, um die Unmengen an Milch von den

Betrieben abzuholen und in die Milchfabrik zu bringen. Dort wird dann Milchpulver daraus gemacht, welches vor allem nach China exportiert wird.

Für uns war diese Art der intensiven Landwirtschaft ein ständiger Fels des Ärgernisses. Natürlich gab es auch rühmliche Ausnahmen, und vor allem auf der Südinsel fanden wir noch einige Schaffarmen und Bio-Gemüse-Bauern. Diese sind aber mittlerweile die Ausnahme.

Am westlichen Ende der weiten Waikato Ebene erheben sich in der Ferne sanfte Grashügel, und wir haben bereits auf der Karte gesehen, dass wir nach den ersten fünfundzwanzig Kilometern im Flachen wieder eine Hügellandschaft durchqueren müssen. Inzwischen hat der Verkehr zugenommen. Es sind Autos mit Passagieren im besten Sonntagsstaat, die uns überholen oder entgegenkommen, und ich bin überzeugt, dass es Kirchgänger sind, die von ihren entlegenen Farmen unterwegs ins nächste Gotteshaus sind. Dazwischen brausen immer wieder die üblichen Milchlastwagen an uns vorbei, die ihre weiße Fracht bei den Farmen einsammeln und zu den riesigen Milchpulverfabriken kutschieren.

Nach etwa eineinhalb Stunden liegt der erste Anstieg vor uns. Die Straße zieht sich nicht mehr als lange Gerade durch die Landschaft, sondern verschwindet in einer weiten Kurve zwischen den Hügeln. Unser Tempo verringert sich, als wir unsere ca. 35 kg schweren Räder mit jedem Treter ein wenig weiter vorantreiben. Der weiße Begrenzungsstreifen am Fahrbahnrand ist dabei der rote Faden und das Ankerseil, an dessen Ende unser Ziel auf uns wartet.

Wir haben uns in letzter Zeit ein System zurechtgelegt, mit dem wir auf langen Strecken zügig vorankommen. Wir wechseln die Führungsposition alle fünfzehn Minuten. Peter hat die Uhr auf seinem Fahrradcomputer im Blick und kündigt jeweils den nächsten Wechsel an. „Noch sieben Minuten bis zum Wechsel", ruft er mir dann von vorne zu, oder, „Wechsel in 30 Sekunden!". Daraufhin mache ich mich bereit, mit ein paar kräftigen Stößen das Tempo zu erhöhen und ihn nach einem aufmerksamen Blick auf den Verkehr hinter uns, zu überholen. Wenn er nach vorne muss, dementsprechend umgekehrt. Durch diese Methode vergeht die Zeit schneller und jeder von uns muss einmal die Führung übernehmen und dem anderen Windschatten geben. Die hintere Position birgt aber auch ein gewisses Risiko, denn irgendwie sind wir uns nie sicher, ob die heranbrausenden Autofahrer uns wirklich bemerken. Selbstverständlich haben wir von Anfang unserer Reise an immer Warnwesten getragen, wenn wir auf öffentlichen Straßen unterwegs waren. Man weiß aber trotzdem nie, ob einen ein abgelenkter Autofahrer wegen eines Blickes auf sein Handy oder irgendwelche andere Faktoren nicht doch übersieht.

Autofahrer

Neuseeländer sind, nach eigener Einschätzung, die schlechtesten Autofahrer der Welt. Tatsächlich ist es so, dass Neuseeländer unglaublich nette und zuvorkommende Menschen sind, sobald sie sich aber hinter ein Lenkrad setzen, kommen die schlechtesten Seiten an ihnen zum Vorschein. In den vier Monaten auf Neuseelands Straßen haben wir uns eigentlich täglich über die Rücksichtslosigkeit der Autofahrer und die Gefährlichkeit des Straßenverkehrs geärgert.

Wir hatten so gut wie immer das Gefühl, dass wir von den Autofahrern als Störfaktor auf den Straßen wahrgenommen wurden. Die Straßen sind sowieso schon so eng, und dann nehmen so blöde Radfahrer auch noch den Platz weg.

Ob es nun der Ärger über Radfahrer, die schlechten Fahrkenntnisse oder bei Auto fahrenden Touristen die Schwierigkeit mit dem Linksverkehr waren, irgendwie fühlten wir uns auf den Straßen permanent bedroht. Wir wurden oft geschnitten, mit Zentimeterabständen überholt, angehupt oder sogar aus Autofenstern beschimpft.

Peter ging schließlich dazu über, dass er die Hand rausstreckte, um den Fahrzeugen zu signalisieren, dass sie mit dem Überholen zu warten hätten.
Als passionierter Radfahrer, und mit seinem Fahrrad-Unfall im letzten Jahr noch vor Augen, reagierte er extrem auf den motorisierten Verkehr. Wir waren uns einig, dass Radfahren auf Neuseelands Straßen kein wirklicher Genuss ist. Deshalb suchten wir so oft wie möglich Routen abseits vom Verkehr.

Als wir also an diesem Morgen in Richtung Auckland radeln, praktizieren wir wieder unser Wechselspiel und im Nu haben wir die ersten vierzig Kilometer bewältigt. Der Highway, der, wie fast alle in Neuseeland, nur aus zwei Fahrspuren besteht, führt uns jetzt am späten Vormittag in einem stetigen bergauf und bergab in Richtung Westen, und wir haben schon lange Paeroa und die dahinter liegende Bergkette aus den Augen verloren. Mittlerweile wieder leicht schwitzend, kämpfen wir uns einen langen Anstieg hinauf und werden uns einig, bei nächster Gelegenheit eine Rast zu machen.

Am höchsten Punkt des Straßenstücks sehen wir eine Tankstelle mit angeschlossenem Einkaufsladen vor uns. Wir biegen links rein und decken uns mit Bananen und Keksen ein, die wir genüsslich auf der kleinen Bank neben der Eingangstür verspeisen. Inzwischen ist wieder Wind aufgekommen und hat aus dem Süden dicke Wolkenbänke mitgebracht. Mit dem Sonnenschein ist es vorerst vorbei. Die Temperaturen sind aber warm, und so sind wir schon zufrieden, dass kein Regen vom Himmel fällt. Hier an der Tankstelle ist ein Kommen und Gehen, und wir bleiben eine Weile sitzen und beobachteten das Treiben. Da ist eine Familie, die mit Wohnanhänger unterwegs ist und vermutlich von einem langen Wochenende am Meer zurückkommt. Dahinter ein Pärchen auf einem Motorrad, das wahrscheinlich eine Ausfahrt ins Umland von Auckland macht und außerdem eine Gruppe junger Leute, die in einem riesigen Pickup ausgelassen und grölend vor der Tankstelle haltmacht.

„Wie lange haben wir noch bis zum Flughafen?“, frage ich Peter.
„Ich denke so circa fünfzig Kilometer werden es schon noch sein“, antwortet er. Wie immer will ich es genau wissen, hole das Tablet aus meiner Lenkertasche, und aktiviere die Routenberechnungsfunktion der Kartensoftware.
„Es sind noch genau dreiundfünfzig Kilometer, wenn wir die direkte Strecke nehmen. Da geht es aber noch mal ganz schön bergauf“, bemerke ich etwas genervt.
„Lass mal schauen.“
Wir stecken die Köpfe zusammen und studieren die Karte. Ganz genau prägen wir uns die Ortsnamen und Abzweigungen ein, die wir nehmen müssen.
„Wir sehen am besten zu, dass wir vom Highway so schnell wie möglich wegkommen. Wenn er vierspurig wird, dürfen wir mit den Rädern sowieso nicht drauf bleiben. Dann können wir durch den Ort da fahren und von dort durch das Siedlungsgebiet bei Pokeno“. Peter ist nicht nur ein Orientierungsgenie, sondern auch gut im Kartenlesen. Fast so gut wie ich! Wir haben beide keine Schwierigkeiten, fast überall auf der Welt zu einem Ausgangspunkt zurückzufinden. Oft liefern wir uns regelrechte

Orientierungsschlachten, in denen ein jeder behauptet, den kürzeren oder besseren Weg zu kennen. Beliebt sind auch unsere Himmelsrichtungsdiskussionen, die immer wieder aufflammen, und bei denen jeder meint, genau zu wissen, wo denn hier Norden sei. Wahrscheinlich wäre es am besten, wir hätten immer einen Kompass dabei. Aber auch dann würden wir wahrscheinlich noch darüber diskutieren, wer bei seiner Einschätzung am nächsten gelegen ist.

Nachdem wir uns gestärkt und noch die Toilette der Tankstelle aufgesucht haben, geht es wieder weiter. Wenige Kilometer später biegen wir in eine große Hauptstraße ein, und der Verkehr nimmt dementsprechend zu. Wir radeln stoisch weiter und versuchen, uns nicht durch die immer schneller an uns vorbeibrausenden Autos verunsichern zu lassen. Wie gut, dass keine LKWs unterwegs sind.

Die Straße wendet sich nach Norden und wird immer breiter. Die Aussicht, die sich hinter dem nächsten Hügel bietet, ist nicht gerade erbauend. Vor uns liegt eine weite Ebene, im Norden begrenzt von einer hohen Bergkette, die wir offensichtlich durchqueren müssen. Was noch schlimmer ist: dicke, schwarze Wolken nähern sich aus Südwesten und verheißen nichts Gutes.
„Oh Shit, da vorne kommt ein Gewitter. Siehst du die Regenschleier? Ob wir da noch davonkommen?“. Ich bin nicht gerade zuversichtlich, dass wir dem Gewitter davon radeln können, denn auch der Wind hat aufgefrischt. Zu unserem Glück kommt er von hinten und treibt uns den Hügel bergab. Wir nehmen den Schwung in die Ebene mit und versuchen, uns so weit links wie möglich auf der mittlerweile neu ausgebauten und jetzt sehr breiten Fahrbahn zu halten. Unser Tempo ist mit Wind inzwischen richtig flott, und irgendwie habe ich die Hoffnung, dass wir doch nicht in den Regen kommen werden. Die vereinzelten Tropfen, die ich kurz später auf den Unterarmen spüre, versuche ich zu ignorieren und radle im höchsten Gang mit maximalem Tempo vorneweg.

Irgendwann muss ich aber einsehen, dass die Tropfen immer dicker und häufiger werden. Kurz vor einer schmalen Brücke steuere ich bei einem winzigen Kiesplatz den Fahrbahnrand an. „Ich ziehe meine Regenjacke an!“, rufe ich Peter zu, der hinter mir auch zum Stehen gekommen ist, und ziehe meine Regenjacke aus der hinteren Satteltasche. Peter tut es mir gleich.

Nur Sekunden später kündigt ein lautes Donnergrollen das schnelle Herannahen des Gewitters an. Das ist wirklich sehr ungewöhnlich, denn in den ganzen Sommermonaten in Neuseeland haben wir kaum jemals ein Gewitter gesehen. Wahrscheinlich liegt es daran, dass die Inseln so schmal sind, dass sich keine Gewittertürme aufbauen können, denn der Wind bläst sie gleich wieder weg.

Jetzt aber bricht das Unwetter direkt über uns aus, und wir befinden uns weit weg von jeglicher Siedlung, sind dem herunterprasselnden Regen völlig ausgeliefert. Links und rechts der Straße erstrecken sich nur weite Wiesen und Felder und irgendwo in der Ferne ein paar Baumgruppen. Es bleibt uns also nichts anderes übrig, als weiter in die Pedale zu treten um so schnell wie möglich an irgendeinen trockenen Ort, ein Vordach, eine Tankstelle oder einen Schuppen zu kommen. Schon spüre ich, dass meine Regenjacke Wasser durchlässt, denn an meinen Unterarmen klebt bereits der feuchte Stoff. Auch meine Schuhe sind alles andere als wasserdicht, weshalb meine Socken sich bereits mit Wasser vollsaugen.

Die uns überholenden Autos fahren wegen des starken Regens nicht mehr so schnell und halten halbwegs Abstand, sodass wir zumindest nicht von seitlichen Wasserfontänen getroffen werden. Wobei – das wäre inzwischen auch schon egal. Wir radeln wie wild und rufen uns durch Wind und Regen zu.
„Da vorne könnte ein Gebäude kommen. Da ist eine Zufahrt!“.
„Nein, das ist ein Firmengelände mit einem großen geschlossenen Gatter.“

„Wir müssen weiter. Bis zum nächsten Ort kann es doch nicht mehr so weit sein!“.

Inzwischen sind wir drei oder vier Kilometer geradelt und der Wolkenbruch hält in ungeminderter Stärke an. Die Straße vor uns steigt wieder an, und wir können das hohe Tempo nicht länger beibehalten. Wir sind nicht nur durch den Regen komplett feucht, sondern auch durch den Schweiß der sich unter der dichten Regenkleidung ansammelt, und in Strömen den Rücken und am Hals herunter rinnt. Wir radeln also an dem Firmengelände vorbei und müssen noch weiter bergauf. Die Kapuze meiner Regenjacke, die ich zusätzlich zum Helm übergestülpt habe, lässt nur ein eingeschränktes und von Wassertropfen getrübtes Blickfeld zu. Trotzdem sehe ich vor uns auf einer Anhöhe zwischen Bäumen einen Kirchturm hervorblitzen. Mittlerweile sind wir in die Nähe des Ortes gekommen, wo der Highway vierspurig wird, und ich kann mich erinnern, dass wir hier von der Hauptstraße weg biegen müssen. War das nicht bei einer Kirche gewesen? Auf jeden Fall rufe ich Peter zu: „Da vorne kommt eine Kirche. Da müssen wir doch einen Unterstand finden!“.

Nach wenigen Metern zweigt eine kleine Straße vom Highway in Richtung Kirche ab. Leider ist diese schmale Nebenstraße noch um einiges steiler als der Highway, und die letzten Meter bis zur Kirche können wir nur mehr im Schneckentempo und mit verzweifelter Anstrengung vorwärts kommen. Endlich sind wir oben an der kleinen Holzkirche, die zwischen einigen großen Bäumen steht. Peter düste mit dem Fahrrad gleich darauf zu und rüttelt an der Eingangstür. Sie ist geschlossen. Inzwischen bin ich auch bei ihm angekommen.
„Das darf doch nicht wahr sein! Gibt es hier nicht einmal ein Vordach?“. Er umrundet das Gebäude und kommt aufgelöst wieder auf mich zu.

„Nichts. Hier kann man nirgends unterstehen. Wir können höchstens noch ein wenig unter den Bäumen Schutz suchen, aber da tropft es auch schon wie verrückt runter.“

Mein Blick schweift in die Umgebung, und da sehe ich ein paar Meter weiter entlang der Straße ein Haus.
„Komm, fahren wir mal weiter!“, schlage ich deshalb vor. Das nette Einfamilienhaus, umgeben von einem kleinen Garten, steht nicht weit weg von der Kirche. Wir radeln gerade daran vorbei, als die Haustür aufgeht, und eine Frau einen Teppichvorleger in den herunterprasselnden Regen ausschüttelt. Sie sieht uns und hebt ihre Hand wie zum Gruß. Wir winken zurück und in unserer Verzweiflung biegen wir einfach in die Zufahrt zum Haus ein. Unter dem kleinen Vordach, das gerade mal unseren beiden Rädern Platz bietet, kommen wir zum Stehen, und die Bewohnerin schaut uns freundlich und neugierig entgegen.

Die Frau ist in den Vierzigern, blond und etwas füllig, und sagt mit einem mitfühlenden Lächeln: „Wo kommt ihr denn her?“.
„Wir sind auf dem Weg von Paeroa nach Auckland. Sorry, dürfen wir uns bitte unterstellen bis der schlimmste Regen vorbei ist?“, fragen wir hoffnungsvoll.
„Na klar! Ich bringe euch Handtücher, damit ihr euch ein wenig trocknen könnt.“ Die nette Frau kommt nach ein paar Sekunden mit zwei Handtüchern in der Hand wieder. Wow! Das ist ja ein Service. Wir können kaum fassen, dass wir auf einen so netten Menschen getroffen sind.

Natürlich ist uns klar, dass wir das Wohnhaus wegen der allgegenwärtigen Coronagefahr nicht betreten wollen. So stehen wir also mit den Handtüchern und Donna, so hat sich unser Regen-Engel vorgestellt, vor der Haustür und erzählen von unserem Woher und Wohin. Von drinnen hören wir ein Baby weinen.

„Oh, musst du rein zu deinem Baby?“, frage ich, worauf sie lacht, „Nein, das ist das Baby von meiner Tochter, die gerade mit der Familie auf Besuch da ist.“

Wir unterhalten uns richtig nett mit Donna und erzählen ihr, dass wir auf dem Weg zum Flughafen sind, wo wir mal schauen wollen, wie es mit Flügen aussieht.
„Falls es keine Flüge mehr gibt, wollen wir ein Wohnmobil kaufen oder mieten und die Zeit hier in Neuseeland verbringen“, erklären wir ihr.
„Wenn ihr dann einen Platz braucht, könnt ihr gerne wieder bei uns vorbeischauen. Wir haben ein großes Grundstück. Da könnt ihr gerne ein Wohnmobil parken.“ Wir können kaum glauben, wie freundlich sie ist, aber wir hoffen doch, dass wir nicht auf das Angebot zurückkommen müssen.

Die Unwetterfront ist inzwischen weitergezogen, und es regnet nur mehr leicht, aber es regnet. Unsere Zuversicht, an dem Tag noch zum Flughafen zu kommen, schwindet dahin. Mittlerweile ist es schon nach Mittag und wir haben noch über fünfundvierzig schwere Kilometer bei Nässe vor uns. Das sind keine guten Aussichten. Wir sind gerade mit Donna am Diskutieren, als ein großer Pickup mit einem leeren Ladeanhänger in die Zufahrt einbiegt. Ein junger und ein älterer Mann sitzen in der Fahrerkabine, und Donna erklärt: „Da kommen ja Miles und Ken. Wir hatten gestern eine Geburtstagsparty, und sie haben gerade die Bänke und Tische mit dem Anhänger weggebracht.“ Als wir das Gespann sehen, haben wir beide den gleichen Geistesblitz. Peter und ich sehen uns an und unsere Augen werden groß.
„Was meinst du, sollen wir fragen, ob sie uns samt Fahrrädern ein Stück in Richtung Flughafen bringen?“, äußere ich meine Gedanken.
„Ja, das wäre der Hammer, denn sonst schaffen wir das heute nicht mehr!“.

Bei ihrem Eintreffen haben sich die beiden Männer vorgestellt, und wir erfahren, dass Miles Donnas Mann ist, und Ken der Freund der Tochter, der am Vortag Geburtstag gefeiert hat. Miles ist ein richtiger Hüne von mindestens einem Meter neunzig und mit einem gemütlichen Waschbärbauch. Er strahlt eine anpackende Kompetenz aus. Da er einen ebenso freundlichen und hilfsbereiten Eindruck wie seine Frau macht, trauen wir uns zu fragen.
Und, naja..., natürlich können sie nicht nein sagen, zu zwei regentriefenden Radfahrern, die verzweifelt unter ihren Fahrradhelmen hervorgucken und nach einer Mitfahrgelegenheit fragen.
„Na klar, fahr ich euch“, kommt es von Miles. „Das Auto gehört zwar mir, aber der Anhänger gehört Ken hier. Wie ist es Ken? Brauchst du ihn, oder kann ich ihn für die Fahrt noch haben?“, wendet er sich an den jungen Burschen, der beteuert, dass es gar kein Problem wäre, und er den Anhänger gerne für diesen Zweck zur Verfügung stellt. Wir können gar nicht so schnell schauen, sind unsere Räder auf dem Anhänger verstaut. Unter tatkräftigem Einsatz von Peter, der gleich rauf springt und daran macht unsere Drahtesel so gut wie möglich zu fixieren, sind wir bald abfahrbereit. Die Satteltaschen montieren wir ab und klemmen sie unter die Räder auf der Ladefläche. Da sie sowieso wasserdicht sind, ist das gar kein Problem. Wir verabschieden uns aufs herzlichste von Donna, der wir versprechen, uns auf jeden Fall zu melden, sobald wir wissen wie es mit uns weitergeht.

So finden wir uns nur eine Stunde nachdem wir geglaubt haben, das Unwetter würde uns komplett davon spülen, in einem schnell brausenden Pickup auf dem Weg zum Flughafen wieder. Wir werden in nicht einmal einer Stunde dort sein.

Auf der Fahrt unterhalten wir uns angeregt mit Miles über Corona, aber auch über Neuseeland und über ihn und seine Familie. Er arbeitet bei einer Baufirma. Er und Donna haben insgesamt drei Kinder, die aber alle schon erwachsen sind. Wir sind auf der

Autobahn unterwegs, die inzwischen richtig breit und sechsspurig durch dichtes Siedlungsgebiet in Richtung Auckland und Flughafen führt. Wir überqueren einige Hügel und Anhöhen und schätzen uns glücklich, dass wir hier nicht radeln müssen. Zwar hat der Regen inzwischen aufgehört und die Sonne blinzelt durch einige Wolkenlücken, aber noch immer trieft der Regen von allen Bäumen, und riesige Wasserlachen zeugen vom vorüber gezogenen Regenguss.

Als nach etwa einer Stunde Fahrt auf der Autobahn die ersten Hinweisschilder in Richtung Flughafen zu sehen sind, bitten wir Miles, uns doch einige Kilometer vor dem Flughafen rauszulassen. Die letzten Kilometer können wir auch radeln, und er muss nicht so weit und so lange mit uns durch die Gegend fahren. Es wäre nicht Miles, wenn er nicht den Vorschlag sofort in den Wind schlagen würde.
„Das kommt gar nicht infrage. Es ist nicht mehr weit, und außerdem kann ich beim Flughafen am besten wenden. Das geht hier nirgends so gut. Überhaupt kein Problem!“. So oft haben wir auf unserer Reise über die neuseeländischen Pickup-Fahrer geflucht, die uns mit ihren Anhängern viel zu knapp überholt haben. Jetzt sitzen wir in einem solchen Pickup und sind hin und weg von der Hilfsbereitschaft und Nettigkeit seines Fahrers.

Es hat aufgrund des starken Verkehrs fast eineinhalb Stunden gedauert, bis wir kurz vor der Zufahrt zum Flughafenterminal ankommen. Wir bitten Miles, uns bei einer Tankstelle rauszulassen, damit wir unsere Räder auf dem dortigen großen Vorplatz wieder bepacken können. Während Miles und Peter die Räder los zurren und unsere Taschen vom Anhänger laden, hole ich einen Hundertdollar-Schein aus dem Geldgürtel. Verlegen will ich das Geld in Miles große Pranke legen, als wir uns mit hundertmal „Danke“ verabschieden. „No way! Auf keinen Fall!“, stößt er fast schon beleidigt hervor, und weigert sich, irgendeine Bezahlung für seinen Fahrdienst anzunehmen. Wir tauschen noch unsere E-Mail-Adressen aus, verabschieden uns herzlich, und kurze Zeit später finden wir uns zu zweit auf dem Tankstellenparkplatz nur wenige Hundert Meter vom Flughafen wieder.

Wir sind guter Dinge, denn die Sonne ist wieder rausgekommen und wärmt uns. Außerdem sind wir am Flughafen, wo wir uns endlich erkundigen können, ob es Flüge gibt. Wir entledigen uns kurzerhand unserer feuchten Kleidung und ziehen uns direkt neben der Tankstelle, um. Die triefenden Jacken, Regenhosen und Shirts hängen wir zum Trocknen über die Fahrräder und den Maschendrahtzaun der Tankstelle.

Als von irgendwo der Geruch nach Pizza herüberweht, läuft uns beiden das Wasser im Mund zusammen.
„Soll ich uns was Leckeres aus der Tankstelle holen?“, schlage ich deshalb vor. Peter ist von meinem Vorschlag begeistert, und so mache ich mich auf den Weg zum Tankstellenshop, in dem es eine kleine heiße Theke gibt. Leider ist die Auswahl enttäuschend. Nur frittiertes Fleisch oder Pies, weshalb ich spontan zu einer Sechserpackung Doughnuts greife. Peter mag Süßes eigentlich immer, und diese Leckerei mit Schokoglasur ist sicherlich nach seinem Geschmack. Seine Begeisterung hält sich aber in Grenzen, da der Pizzageruch einfach zu verführerisch war. Trotzdem verspeisen wir die süßen, fettigen Kringel im Nullkommanix.

Als wir so Doughnuts essend auf unseren kleinen Campingstühlen am Tankstellenparkplatz sitzen, bemerken wir ein paar Meter weiter ein kleines Auto mit geöffneten Türen, in dem ein Pärchen in unserem Alter sitzt. Sie sind gerade am Telefonieren, und aus dem akzentlastigen Englisch kann ich hören, dass sie Deutsche sind. Wir nähern uns in der Hoffnung, irgendwelche Neuigkeiten in Sachen Corona oder Flüge zu erfahren. Als sie schließlich den Anruf beenden, sprechen wir sie an. „Seid ihr gerade dabei, einen Heimflug zu organisieren?“. Die beiden wirken relativ verzweifelt und berichten uns, dass sie bereits vor ein paar Tagen ihren

Rückflug auf heute umgebucht haben. Dieser Flug ist aber einfach wieder annulliert worden, und gestern haben sie dann einen weiteren Flug für heute gebucht, der aber ebenso nicht mehr existent sei. „Wir haben online schon einige Tickets bezahlt, und jetzt stehen wir wieder ohne Heimflug da“, erzählen sie uns. Wow, das hört sich ja richtig böse an.

Aber wir haben ja einen Plan und den teilen wir den beiden auch mit: „Wir gehen zu einem Fluganbieter oder Reisebüro direkt im Flughafen, da können wir sicher sein, dass der Flug auch wirklich stattfindet.“ Was uns das deutsche Pärchen dann aber mitteilt, haut uns ein wenig aus den Socken und bringt unsere Planung ganz schön durcheinander.
„Da habt ihr aber Pech, denn das Flughafenterminal darf man nur mit einem gültigen Flugticket für denselben Tag betreten. Das gesamte Flughafengelände ist ab dort vorne“ – sie deuten mit dem Finger in Richtung Zufahrtsstraße – „komplett abgeriegelt. Naja, vielleicht kommt ihr mit den Rädern durch. In das Gebäude kommt ihr aber auf keinen Fall!“. Unsere Kinnladen fallen uns nach unten, und wir können kaum glauben, was wir da hören. Das wollen wir uns selbst anschauen! So leicht lassen wir uns durch den Bericht von zwei verunsicherten Reisenden nicht aus dem Konzept bringen.

Wir zögern also keine Sekunde, packen zusammen und radeln unverzüglich auf das nur ein paar Hundert Meter entfernte Terminal zu. Tatsächlich – am nächsten Kreisverkehr ist eine Straßensperre errichtet, und drei Warnwesten tragende Ordner stoppen alle Fahrzeuge, die sich nähern. Offensichtlich will man ein Verkehrschaos am Flughafen vermeiden und beschränkt deshalb die Zufahrtsmöglichkeiten. Wir fühlen uns mit unseren Rädern nicht betroffen, und radeln mit unschuldiger Miene an den Ordnern vorbei, was auch ohne Probleme oder irgendeinen Kommentar toleriert wird. Langsam rollen wir von dort in Richtung Terminal und sehen schon auf dem großen Parkplatz gegenüber den Eingängen eine Unmenge an Wohnmobilen stehen und Gruppen von

Touristen, die miteinander diskutieren oder mit Zetteln in der Hand über die große Asphaltfläche hasten.

Das ist auf keinen Fall ein übliches Szenario. Die Verzweiflung kann man den Gesichtern ablesen, und wir kreisen mit den Rädern zwischen den Fahrzeugen. Als uns eine Dreiergruppe, bestehend aus Vater, Mutter und jugendlicher Tochter, entgegenkommt, stoppen wir sie. Zuerst auf Englisch fragen wir: „Seid ihr auch auf der Suche nach einer Flugbuchung?". In gebrochenem Englisch kommt als Antwort, dass sie keinen Flug haben. Wir erkennen schnell, dass wir wieder einmal auf deutschsprachige Reisende getroffen sind, und schwenken auf Deutsch um. „Oh, wir sind aus Österreich. Da können wir auch Deutsch sprechen", ist dabei der übliche Spruch. Offensichtlich erleichtert, gleichsprachige Genossen getroffen zu haben, berichtet uns die Familie, die eindeutig aus Sachsen stammt (auch diesen Dialekt können wir identifizieren), dass sie eigentlich nur auf Besuch bei der Tochter wären, die für ein halbes Jahr in Neuseeland arbeitet und reist.

German Kids

Das Phänomen der deutschen Jugend, die für ein paar Monate oder gar ein ganzes Jahr nach Neuseeland kommt, um zu arbeiten und zu reisen, ist uns nicht neu. Wir haben herausgefunden, dass es vor allem in Norddeutschland sehr beliebt ist, gleich nach dem Abi nach Neuseeland oder Australien zu fliegen. Neuseeland bewilligt Tausende solcher Work and Travel-Visa für Jugendliche, um genügend Ernte- oder Hofhelfer zu haben. Auf Milchfarmen, Obstfarmen oder Weingütern werden die jungen Leute wochenweise je nach Bedarf engagiert. In wenigen Wochen können sie sich genügend Geld sparen, um ein paar Monate durch

Neuseeland zu reisen. Diese German Kids, die meist zwischen achtzehn und zwanzig Jahre alt sind, kaufen sich gleich zu Beginn ihres Abenteuers einen kleinen Campingbus, und leben während ihrer Zeit in Neuseeland darin.

Fast alle diese Fahrzeuge haben einen blauen Aufkleber, der bescheinigte, dass das Auto „selfcontained", also autark, ist. Dazu muss nur ein mobiles Camping-Klo und ein Abwassertank eingebaut sein. Dieser Sticker ist der Freifahrtschein ins Glück und garantiert den Reisenden, dass sie gratis auf vielen idyllischen und schönen Parkplätzen übernachten können.

Die Jugendlichen informieren sich in den sozialen Medien über gebrauchte Camper, Arbeitsstellen und die schönsten Gratis-Stellplätze. Wir haben auf solchen Parkplätzen an schönen Seen oder Flüssen oder in der Nähe von bekannten Tourismusorten oft bis zu sechzig solcher Kleinbusse stehen sehen. Die wenigen dort vorhandenen, öffentlichen WCs waren ganz schön am Anschlag, denn natürlich benützten die Jugendlichen ihr Campingklo nicht, sondern nutzten die WCs als Waschraum, Toilette und zum Wäschewaschen.

Auch auf günstigen Campingplätzen checkten manche der jungen Reisenden ein, wo wir oft mit ihnen ins Gespräch kamen. So erfuhren wir, dass teils ganze Schulklassen das Work and Travel Visum in Anspruch nahmen, und die Klassenkameraden sich oft in Neuseeland wieder trafen. Meistens waren es zwei Jungs oder zwei Mädchen, beste Freunde, die dieses Abenteuer gemeinsam unternahmen. Sehr selten waren es aber auch junge Pärchen.

Für viele ist es gar nicht leicht, zum ersten Mal so lange von zu Hause weg zu sein, und dann auch noch am anderen Ende der Welt. Dementsprechend sind manche Kids recht ratlos, wie sie kochen, waschen und Ordnung halten sollen. Im Gästebuch eines Campingplatzes lasen wir einmal einen Eintrag, der in etwa wie folgt lautete: „Diese German Kids machen dauernd Lärm und Partys, kochen wie die Schweine und räumen überhaupt nicht auf. Ohne ihre Mami wissen sie nicht, wie sie sich zu benehmen haben!". Wir mussten über diesen Kommentar sehr lachen und bezeichneten die Jugendlichen fortan nur mehr als German Kids.

Dass dieses Phänomen in Neuseeland mittlerweile zur Plage wird, konnten wir während unserer Zeit dort öfter wahrnehmen. Anscheinend will der Staat die Möglichkeit ein Work and Travel Visum zu erhalten zukünftig auch beschränken, und das würde unserer Meinung nach nicht schaden.

Die deutsche Familie am Flughafen erzählt uns bereitwillig von ihrem Dilemma, dass sie ein Wohnmobil gemietet hatten und eigentlich erst nächste Woche nach Hause fliegen sollten. Jetzt suchen sie händeringend nach einer Möglichkeit, den Flug umzubuchen, wissen aber nicht, wie sie das anstellen sollen. Wir empfehlen ihnen, in ein Reisebüro zu gehen, denn dort kann man am ehesten weiterhelfen. „Aber wir sprechen kaum Englisch und wissen nicht, wo wir hier ein Reisebüro finden!", antworten sie besorgt. Wir können da jetzt auch nicht helfen, wünschen ihnen noch viel Glück und verabschieden uns.

Die chaotischen Zustände am Flughafen, die sehr an den Spruch „die Ratten verlassen das sinkende Schiff" erinnern, lassen unsere

Zweifel schwinden. Es ist keine Frage mehr, dass auch wir versuchen werden, so schnell wie möglich von hier weg und nach Hause zu kommen.

Deshalb rollen wir noch ein Stück weiter und beobachten die Szenen am Terminaleingang. Hier sind nur mehr zwei Eingänge geöffnet; die anderen sind mit Absperrbändern unzugänglich gemacht. Einige Schilder mit Pfeilen weisen den Weg zu den Glasschiebetüren, die funktionieren, und vor denen jeweils zwei Flughafenbedienstete die Tickets der Reisenden genau begutachten. Außerdem gibt es große Hinweistafeln mit Anweisungen zum Coronaschutz. Abstand halten und Masken tragen sind ab dem Terminaleingang Pflicht. So harmlos der Virus bisher in der neuseeländischen Provinz auf uns gewirkt hat, so massiv und gefährlich präsentiert er sich hier, wo ein Sammelsurium an Menschen eine hohe Ansteckungsgefahr darstellt.

Wir nähern uns einer Maori-Frau, die offensichtlich die Hauptaufsicht über die Zugangskontrolle hat, und sagen ihr, dass wir für eine Flugbuchung unbedingt das Terminal betreten möchten. „Sorry, der Zutritt ist wirklich nur mit aktuellem Flugticket möglich. Ihr müsst euch ein Reisebüro in der Stadt suchen, um einen Flug zu buchen, oder eine Online-Buchung machen“, kommt ihre unmissverständliche Antwort. Da hilft wohl auch kein Bitten und Betteln. Wir ziehen uns auf den Parkplatz zurück, an dessen Rand wir auf eine Picknickbank zusteuern. Hier lassen wir uns nieder, packen unser Tablet aus und suchen Infos über Flüge oder Reisebüros in der Nähe.
Für den Fall, dass der Plan mit der Flugbuchung nicht aufgeht, recherchieren wir aber auch, wo es einen Wohnmobilverleih in der Nähe gibt. „Wenn wir keinen Flug bekommen, dann verfolgen wir die Idee mit dem Wohnmobil. Wir mieten einfach eines für ein paar Wochen. Das kann jetzt, wo die Hauptsaison vorbei ist und alle Touristen abreisen, doch nicht so teuer sein“, äußert Peter seine Gedanken laut.

Da es ein Sonntag ist, wird uns schnell klar, dass wir kein offenes Reisebüro finden werden. Deshalb konzentrieren wir uns vorerst auf die machbaren Unterfangen: Wohnmobilverleih suchen, Wäsche waschen, Abendessen kochen. Unsere Kartensoftware zeigt uns gleich in der Nähe des Flughafens einige Wohnmobilvermietungen an, was natürlich daran liegt, dass alle Touristen mit dem Flugzeug ankommen und sofort ihre Campingfahrzeuge übernehmen wollen. Das mit dem Wäschewaschen ist nicht so einfach, denn der Flughafen von Auckland liegt auf einer Halbinsel in circa dreißig Kilometern Entfernung vom Stadtzentrum. Einige Stadtrandgebiete erstrecken sich aber fast bis zum Flughafen hin, und dort kundschaften wir in einer machbaren Entfernung von unserem Standort einen kleinen Waschsalon aus. So schnell, wie sich am Vormittag dunkle Wolken am Himmel zusammengebraut haben, so schnell ist es hier in der Gegend von Auckland wieder strahlend schön, sonnig und warm geworden. So radeln wir bei herrlichem Wetter und einigermaßen enttäuscht, dass wir nichts erreicht haben, vom Flughafen weg.

Erstaunlicherweise finden wir tatsächlich einen Radweg, der abseits von der großen, mehrspurigen Flughafenzufahrt quer durch das Industriegebiet mit Lagerhäusern und Speditionen in Richtung Stadt führt. In dem Gewirr von großen Betonflachbauten müssen auch irgendwo die Wohnmobilvermietungen sein. Nachdem wir uns in dem Labyrinth von Nebenstraßen ein wenig verfahren haben, stehen wir nach zwanzig Minuten tatsächlich vor einem großen, eingezäunten Gelände mit Unmengen von Wohnmobilen darauf. Die Zufahrt und der Eingang sind offensichtlich darauf ausgelegt, dass die ankommenden Touristen hier ihre Fahrzeuge übernehmen können. Es gibt einen großen Rezeptionsbereich mit Sitzgruppen, Kaffeeautomaten und Trinkbrunnen.

Wir treten ein und steuern auf eine junge Mitarbeiterin zu, der wie unser Anliegen vortragen. Da dieses so gar nicht ihren üblichen

Arbeitsanforderungen entspricht, ist sie dementsprechend unkooperativ.
„Sie haben keine Reservierung? Sie wollen vielleicht ein Wohnmobil ab morgen für längere Zeit mieten? Äh, ich rufe kurz meinen Kollegen!", ist ihre Reaktion. Wir stehen also Däumchen drehend herum, holen uns einige Becher Wasser und bedienen uns großzügig aus der Süßigkeitenschüssel beim Empfang bis die junge Dame uns wieder zu sich an den Tresen ruft.
„Äh, hallo! Mein Kollege ist hier am Apparat", ruft sie zu uns rüber. Sie drückt mir den Hörer in die Hand und ein eher skeptischer Mitarbeiter aus der Reservierungsabteilung teilt mir mit, dass er aufgrund von Corona nicht persönlich mit uns sprechen könne, aber dass wir für ein kleines Vermögen gerne eines ihrer Wohnmobile mieten können.

„Die spinnen ja total. Da können wir ja ein Wohnmobil kaufen für die Summe, die uns das für drei Wochen kosten würde!", teile ich Peter entrüstet mit, als ich aufgelegt habe.
„Naja, aber zumindest wissen wir, dass wir eines bekommen könnten", entgegnet er. Auch wahr! Wir nehmen eine Visitenkarte mit, und schwingen uns wieder in den Sattel.

„Da vorne müssen wir links, um zur Autobahn zu kommen und dann parallel zur Autobahn bis zur nächsten Kreuzung an der Überführung. Dort dann rechts drüber und immer der Straße entlang. Nach etwa zwei Kilometern müsste der Waschsalon auf der linken Seite zu sehen sein", gebe ich Peter eine Anfahrtsbeschreibung zum nächsten Stopp – Waschsalon. Wir sind so circa die einzigen Radfahrer in diesem Teil der Stadt.

Als wir die Autobahn überqueren, befinden wir uns zumindest wieder in einem Wohngebiet mit Parks, Vorgärten und kleinen Tante-Emma-Läden. An Größe und Zustand der Wohnhäuser merkt man zwar, dass es nicht die beste Wohngegend ist, aber wer will auch schon an der Flughafeneinflugschneise wohnen. Wir radeln und radeln und irgendwie haben wir das Gefühl, dass sich die letzten zwei Kilometer ewig ziehen. „Nach der nächsten Kurve muss es kommen", bemerke ich hoffnungsvoll. Doch alles, was wir dort finden, ist eine relativ heruntergekommene kleine Geschäftszeile mit einem indischen Obstladen, einem Handyshop und einem urigen Friseursalon.

Da es inzwischen schon mitten am Nachmittag ist, haben wir Hunger und Durst. An den enorm großen Wassermelonen vor dem Obstladen kommen wir deshalb nicht vorbei. Wir kaufen ein riesiges Stück, und fragen den netten indischen Besitzer, wo denn hier der Waschsalon sei. „Der ist gleich nebenan", informiert er uns. Was? Wo? Tatsächlich! Wir haben das etwas nach hinten versetzte Gebäude nicht gesehen, das sich ein Reifenhändler und der Waschsalon teilen.

Die Umgebung ist nicht gerade Beverly Hills, aber der Waschsalon ist riesig und hat eine große Anzahl an Waschmaschinen und Trocknern. Außer uns ist nur noch eine Maori Familie anwesend, die samt Kind und Kegel den Sonntagnachmittag im Waschsalon verbringt und vier riesige Körbe voll Wäsche wäscht. In diesem Tempel der Reinlichkeit gibt es sogar eine Art Büro, in dem ein junger Inder über Zucht und Ordnung wacht und die Jetons, die man einwerfen muss, verkauft. Da der Salon zwei Eingänge hat, parken wir unsere Räder auf der Rückseite des Gebäudes, welche gleichzeitig die Zufahrt zu einer Autowerkstatt ist.

Die Werkstatt ist am Sonntag natürlich geschlossen, weshalb die Parkplätze davor zu unserer vollen Verfügung stehen. Aus unseren Satteltaschen holen wir alle verschwitzten Shirts und Radlerhosen, gebrauchte Unterwäsche und auch unsere Leintücher, Handtücher, Geschirrtücher und sonstige benützte Wäschestücke raus, und sammeln alles in Peters großer gelber Tasche. Damit betreten wir den Waschsalon durch den Hintereingang und holen uns die Jetons beim Juniorchef. Zum Glück wird dort auch Waschmittel portionsweise verkauft, denn wir schleppen natürlich keine Großpackung Waschpulver quer durch Neuseeland. Wäsche und Waschmittel in die Trommel, Programm eingestellt, Jeton eingeworfen und....Start.

Während die Wäsche also lustig ihre Runden in der Trommel dreht, lassen wir uns mit unseren Campingstühlen im Schatten der Autowerkstatt auf dem Asphaltplatz nieder. Hier wird die halbe Riesenmelone mit Genuss verspeist. Für uns gibt es bei großem Durst gepaart mit etwas Hunger nichts Besseres, als eine saftige, süße Wassermelone. Während wir da so sitzen, kommt immer mehr Kundschaft zum Waschsalon, und wir beobachten das bunte Treiben von schlurfenden Pensionisten, genervten Jungfamilien und spielenden Kindern. Aufgrund der Corona-Situation halten wir uns aber so gut wie möglich auf Abstand und betreten den Waschsalon nur kurz, um die Wäsche von der Waschmaschine in den Trockner zu befördern.

Nach einer weiteren halben Stunde ist unsere Wäsche fertig und wir falten alles ordentlich zusammen und verstauen jedes Teil an seinem angestammten Platz. Ordnung muss sein! Da dieser zweite Punkt der Tagesordnung erledigt ist, geht es jetzt daran, einen Platz zum Kochen und Schlafen zu finden.
„Auf dem Weg hierher, sind wir an einem Park nahe der Autobahn vorbeigekommen. Schauen wir da mal hin; vielleicht gibt es eine Baumgruppe oder ein Gebüsch, wo wir unser Zelt aufschlagen können", ist mein Vorschlag.

Wir radeln also wieder zurück in Richtung Autobahn, müssen aber feststellen, dass der besagte Park nur eine große Rasenfläche mit Wohnhäusern rundherum ist. Das ist definitiv kein idealer Schlafplatz. „Wieso fahren wir nicht zurück zu der großen Grünfläche hinter den Lagerhäusern, dort wo die Wohnmobilvermietungen waren?", schlägt Peter vor.

Wir machen uns dorthin auf den Weg. Es sind ein paar Kilometer, aber die riesige Brachfläche, die zum Teil als Parkanlagen konzipiert ist, ist viel besser geeignet. Hier gibt es große, weite Wiesen, aber auch viel hohes Gebüsch und ein paar Bäume. Das Gelände ist so groß, dass man die Firmen und Häuser rundherum kaum ausmachen kann. Durch eines der Gatter im Holzzaun betreten wir das Areal und erkunden das Gelände mit den Rädern auf den hier vorhandenen Trampelpfaden. Wir treffen vereinzelt auf Spaziergänger mit Hunden oder Familien mit Kindern.

„Da vorne ist eine hohe Hecke mit ein paar Büschen, die einen idealen Sichtschutz bieten", wendet sich Peter an mich.
„Ja, von mir aus. Aber schau, da sind wir recht nah an der Straße. Vielleicht suchen wir doch noch weiter", antworte ich. Wir rollen also kreuz und quer herum und haben ein paar mögliche Zeltplätze gefunden, sind aber nicht ganz zufrieden mit der Auswahl.
„Lass uns erst kochen, und dann schauen wir weiter. Wenn wir nichts Anderes finden, gehen wir eben dort hinten hin, wo der Strommast zwischen dem Gebüsch steht", sagt Peter.

Die Wassermelone ist inzwischen durch, und wir können schon wieder etwas Essbares gebrauchen. Leider gibt es hier keine Parkbänke oder Picknicktische, an denen wir kochen können, weshalb wir in einer kleinen Senke auf der offenen Wiesenfläche unsere Stühle neben einem Holzzaun platzieren und zu kochen beginnen. In so einer Situation benützen wir unsere großen Packtaschen als Ablagefläche für Zutaten, Teller und Besteck. Während ich Zwiebeln zerkleinere, wirft Peter den Benzinkocher an. Wieder einmal Nudeln mit Sauce, was sonst. Im Nu haben wir unser Abendessen gekocht, und noch schneller verspeist. Zum Glück gibt es hier keine Sandflies, obwohl die Vegetation dafür prädestiniert wäre.

Sandflies

Für Reisende, die Angst vor kriechenden und schlängelnden Tieren haben, ist Neuseeland ein Paradies. Wir haben in den ganzen vier Monaten keine einzige Spinne oder Schlange gesehen. Und das liegt daran, dass es sie hier einfach nicht gibt. Man kann getrost in jedes Gebüsch krabbeln und ohne Bedenken jeden Stein oder Ast bewegen.
Vor gefährlichem oder giftigem Getier muss man sich hier nicht fürchten. Sie trüben nicht das Urlaubsfeeling und das entspannte Reisen.

Das übernimmt ein viel kleineres Tierchen, das mit seinen subtilen Mitteln so manchen schönen Strand und manche herrliche Küstenlandschaft zur Hölle werden lässt. Es ist klein und schwarz und sieht aus wie eine harmlose Fruchtfliege – nur etwas fülliger um die Mitte. Vor allem in feuchten Gebieten und bei üppiger Vegetation fühlen sich die kleinen Biester richtig wohl. Sehr ärgerlich ist dabei, dass man zuerst nicht spürt, dass sich so eine Sandfly auf einem niedergelassen hat. Erst wenn der Stich zu jucken beginnt, wird einem klar, dass man das Opfer einer fiesen Attacke geworden ist.

Außerdem treten die Viecher nicht einzeln, sondern natürlich in großen Schwärmen auf, weshalb es nicht lange dauert bis man komplett zerstochen ist. Das einzig wirksame Mittel gegen Sandflies ist, erst gar keine nackte Haut anzubieten. Wir saßen deshalb so manches Mal mit langen Hosen, Socken und langärmligen Shirts an irgendeinem Strand oder See und verjagten durch nervöses Wedeln mit unseren Händen, jene Sandflies, die es dann auf unsere Gesichter abgesehen hatten.

Die Opfer von Sandflies erkennt man an zerbissenen Füßen, Waden und Schienbeinen, denn das ist die Lieblingsangriffsfläche der niedrig fliegenden Insekten. Der größte Fehler ihrer Opfer ist es, an den Bissen zu kratzen. Dann werden sie rot, entzündet und jucken noch mehr.

Man hat uns gesagt, dass sich Sandflies am liebsten auf schwarzer Kleidung niederlassen, was sehr schlau ist, da man sie darauf nicht so schnell sehen kann.

Entlang der Westküste auf Neuseelands Südinsel waren die meisten Sandflies zu finden. Aus diesem Grund haben wir während der dortigen Radetappen kaum Stopps gemacht, denn sobald wir dies taten, saßen sofort unzählige Sandflies auf uns und unserer Kleidung.

Durch ihr geringes Gewicht, haben sie keine Chance bei Wind, ihre Opfer gezielt anzufliegen, weshalb sie dann nicht zu finden sind.

Zum Glück sind wir auf unserer Reise nur an wenigen Orten diesen Terror-Fliegen begegnet.

Vereinzelte Spaziergänger und Gassigeher mit Hund kommen an unserem Platz vorbei und grüßen nett. Was sich die wohl denken, wenn sie uns bei unseren Fahrrädern so sitzen sehen; mit den Tellern voll Tomatenspaghetti auf den Knien? Während ich den Abwasch erledige, der an diesem Platz ohne fließend Wasser nicht sehr gründlich ausfällt, macht sich Peter zu Fuß noch einmal auf, um die Schlafplatzfrage zu klären. Er ist einige Zeit unterwegs. Ich habe inzwischen schon das Geschirr verstaut und schmökere in Maps.me herum, um ein Reisebüro zu finden.

Als Peter zwischen den Büschen wieder auf mich zukommt, ist meine hoffnungsvolle Frage, „Und?“. Wie so oft in den langen Jahren, die ich Peter kenne, ist seine Antwort „Du glaubst nicht, was ich gefunden habe!“. Er ist der beste Sucher und Finder, den ich kenne und ich freue mich immer, wenn er von einer seiner Touren mit dieser Antwort zurückkommt.
„Da hinten ist ein idealer Platz, der ganz versteckt und ruhig zwischen zwei Reihen Gebüsch liegt. Da kommt keiner hin. Da findet uns niemand“, teilt er mir triumphierend mit.
„Super, dann lass uns hier noch Zähne putzen und aufs Klo gehen, bevor wir zu dem Schlafplatz wechseln.“ Wir erledigen unser Geschäft irgendwo hinter einem Baum und putzen uns im Stehen neben den Fahrrädern die Zähne. Danach packen wir wieder alle Taschen auf die Räder, und es geht auf zum Schlafplatz.

Inzwischen dämmert es schon, obwohl es erst sieben Uhr abends ist. Von weitem sehen wir noch zwei Spaziergängerinnen durch den Park schlendern. Der Platz ist super, denn die hohen Büsche formen fast ein Dach, mit dem wir auch vor Niederschlag geschützt sind. Wir sehen uns noch einmal um und parken unsere Fahrräder in dem Heckenversteck. Dann lösen wir die Taschen und bauen so lautlos wie möglich unser Zelt auf. Da ich für die Innenausstattung des Zeltes zuständig bin, liegt es an mir die Schlafmatten, Leintücher, Schlafsäcke und Polster zu platzieren und vorzubereiten. Peter ist für außen zuständig, was das Befestigen der Zeltplane, das Verstauen der Satteltaschen und das diebstahlsichere Parkieren und Tarnen der Fahrräder beinhaltet.

Bevor wir uns beide ins Zelt zurückziehen, muss ich aber noch mal für kleine Mädchen und suche ein einsames, etwas abseits gelegenes Fleckchen hinter der Hecke. Da höre ich zwei Personen reden und sehe zwischen den Zweigen die zwei Frauen, die im Halbdunkel offensichtlich noch eine Runde durch den Park machen. Ich schleiche mich nach erledigtem Geschäft zum Zelt und flüstere: „Psst, sei mal leise. Da kommen noch zwei Spaziergängerinnen!“.

Es ist uns natürlich bewusst, dass dies hier kein Zeltplatz ist, weshalb wir nicht unbedingt entdeckt werden wollen. Jedoch muss auch gesagt werden, dass uns noch nie irgendjemand in Neuseeland von einem wilden Zeltplatz vertrieben hat, auch wenn wir wahrscheinlich oft von Passanten bemerkt wurden.

Diesmal bleiben wir unbemerkt und als wir im Zelt liegen, haben wir sowieso keine Bedenken mehr, dass jemand vorbeikommen und uns stören wird. Es ist ja inzwischen schon finster, und wer würde im Dunkeln quer durch einen Park spazieren? Außerdem hat es wieder leicht zu nieseln begonnen, und bei so einem Wetter gehen wirklich nur Hartgesottene vor die Tür.

Wir liegen also fein in unserem Nest und wie so oft, wenn wir durch Dunkelheit oder Wetter dazu gezwungen sind, schon früh im Zelt zu liegen, packen wir das Tablet aus und surfen im World Wide Web oder befragen Maps.me nach der idealen Route zum nächsten Reisebüro. „Vorhin, als du unterwegs warst, habe ich kurz geschaut, und in dem Stadtteil dort ein paar Reisebüros gefunden. Das ist am wenigsten weit von hier!“, informiere ich Peter. Wir finden heraus, dass es immerhin fast neun Kilometer bis zu diesen Reisebüros sind. Was soll‘s! Mittlerweile schrecken uns solche Distanzen überhaupt nicht mehr.

Wieder diskutieren wir eine Weile über die Zukunft, unsere Reisepläne, und wie dieser Virus wohl unsere Welt verändern wird. Von der netten Dame im Konsulat in Auckland haben wir eine WhatsApp-Nachricht erhalten. Wir sollen uns doch bitte melden, sobald wir selbst eine Heimreise gebucht haben. Außerdem finden wir auf der Seite des österreichischen Außenministeriums wieder den Hinweis an alle Reisenden, so schnell wie möglich den Heimweg anzutreten. Inzwischen sind wir beide mehr als bereit für die Rückreise.

Für die Zeit zu Hause legen wir uns auch einen Plan zurecht. Da unsere Wohnung für längere Zeit vermietet ist, planen wir, die erste Zeit der Quarantäne und Selbstisolation auf der Hütte zu verbringen. Die Hütte ist ein uriges Wochenenddomizil in den Bergen oberhalb des Rheintals, welches Peters Vater in den sechziger Jahren gebaut hat. Fließend Wasser aus eigener Quelle, eine Photovoltaikanlage und viel Natur rundherum. Die Hütte war nach dem Tod von Peters Vater viele Jahre unbewohnt und wurde nur für kleine Grillfeste und kurze Wochenendnachmittage genützt. Wir werden uns diese Oase wohnlich richten und malen uns in unserem kleinen Zelt in Neuseeland aus, wie schön wir es dort haben werden.

Bis dahin sind aber noch einige Hürden zu nehmen, und in dieser Nacht liegen wir noch lange im Zelt wach. Was wird der morgige Tag bringen? Können wir einen Flug nach Europa buchen? Oder müssen wir die nächsten Wochen, vielleicht Monate in einem Wohnmobil irgendwo in Neuseeland hausen? Fragen über Fragen...und irgendwann sind wir doch eingeschlafen.

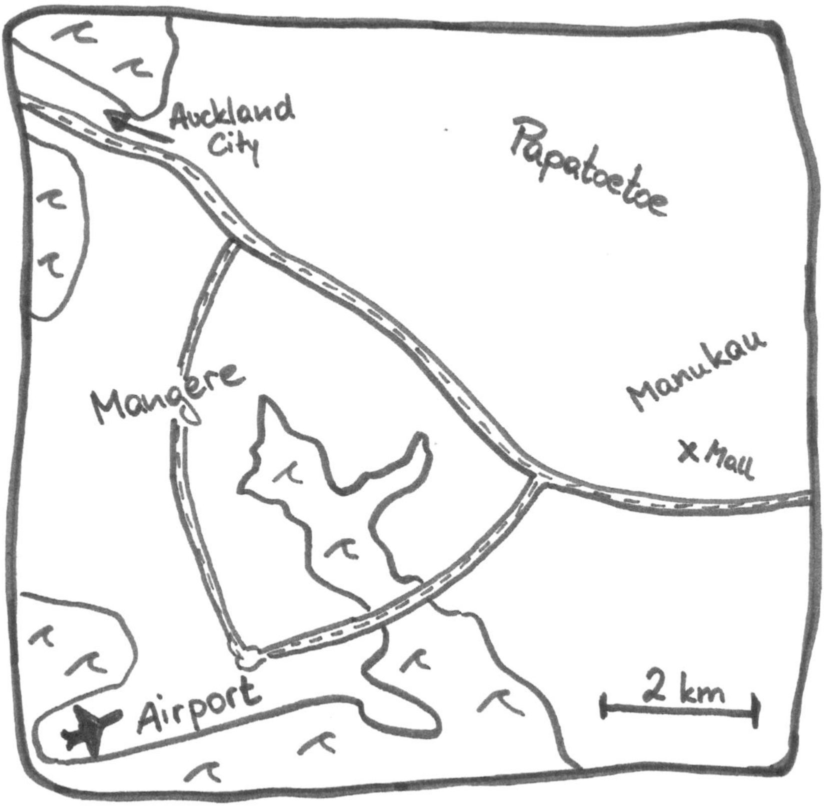

9. Etappe

Papatoetoe – Manukau

Es ist noch fast dunkel, als ich am nächsten Morgen wach werde. Wie so oft frage ich mich, wie spät es wohl ist. Meine Uhr hat bereits am Anfang der Reise ihren Geist aufgegeben. Ich habe es als Zeichen gesehen und die defekte Uhr irgendwo ganz tief in einer Satteltasche verstaut. Jetzt öffne ich den Reißverschluss meines Schlafsacks und taste nach der Lenkertasche, die mitsamt den Wertsachen im Zelt bei meinen Füßen postiert ist. Darin befindet sich unser Tablet, das mir als Notfalluhr zuverlässig die Zeit anzeigt.

Es ist sechs Uhr siebenunddreißig. Und es nieselt. Ganz leise höre ich den feinen Regen auf unsere Zeltplane prasseln und zwischendrin ein paar dickere Tropfen, die von den überhängenden Ästen herunter platschen. Kein guter Morgen. Leider meldet sich auch meine Blase zuverlässig wie eine Schweizer Taschenuhr.

Während ich im Halbdunkel meine Regenjacke aus dem Kleiderbündel raussuche, welches auch am Fußende des Zeltes liegt, murmle ich in Peters Richtung: „Ich muss aufs Klo." Peter brummt ein wenig und öffnet das Zelt auf seiner Seite, die eigentlich immer die Ausgangsseite ist. Unser Kuppelzelt hat zwei Ausgänge, aber wir benützen immer nur einen. Nachts verstauen wir auf der anderen Seite unter der Zeltapsis unsere leeren Packtaschen. Deshalb muss ich immer über Peter drüber klettern, wenn ich nachts mal wieder raus muss. Bei trockenem Wetter ist das keine große Sache. Jetzt aber muss ich versuchen, die feuchte Außenplane nicht zu berühren, so in meine vor dem Eingang stehenden Schuhe zu schlüpfen und in gebückter Haltung die Regenjacke über mein kurzes Schlafshirt zu ziehen. Endlich draußen suche ich nicht erst nach einem versteckten, weit entfernten Plätzchen, sondern erleichterte mich nur ein paar Meter vom Zelt entfernt neben einem Strauch. Hier hocke ich und nehme die neblige, graue Wolkensuppe wahr. Was für ein Tag. Irgendwo in weiter Ferne sehe ich den gelben Schein von Neonscheinwerfern eines Firmengeländes in der Nähe und höre sogar die Geräusche von Baggern und startenden Lastwagen. So schnell wie möglich krieche ich wieder zurück ins Zelt, und in meinen feinen Schlafsack.

„Wie ist es draußen?", fragt mich Peter.
„Grau in grau, und es nieselt", murmle ich in meinen Schlafsack, als ich mich darin wieder einrolle.
„In dem Fall stehen wir noch nicht auf?".
„Nö, ich will noch ein bisschen dösen", gebe ich zurück und bin schon fast wieder eingeschlafen. Aber irgendwie ist bei all unseren Vorhaben für diesen Tag an Nochmals-Einschlafen nicht zu denken.

Auch Peter ist nicht mehr müde und setzt sich auf. „Komm, lass uns aufstehen. Wir haben heute noch viel vor.“

Wir ziehen uns also halb im Sitzen an, stopfen unsere Schlafsäcke in die Hüllen, rollen die Liegematten zusammen und quetschen sie in die Hüllen. Und dann stehen wir vor der großen Herausforderung, das Zelt halbwegs trocken abzubauen. Jeder der einmal bei Regenwetter gezeltet hat weiß, dass es fast nichts Schlimmeres gibt, als ein nasses Zelt. Wenn dann auch noch fraglich ist, ob man das Zelt irgendwo trocknen kann oder doch abends wieder zwischen die feuchten Planen krabbeln muss, dann bleibt einem nur, eine Blitzaktion zu starten.

Peter ist schon mit Regenkleidung draußen bei den Rädern bis ich drinnen alles zusammengefaltet, gepackt und in die Taschen verstaut habe. Dann stelle ich die Taschen vor das Zelt und krabble ebenfalls heraus. „So. Wir lösen zuerst das Überzelt, ziehen die Stangen raus und falten die Plane mit der feuchten Seite nach innen zusammen. Dann bauen wir das Innenzelt so zügig wie möglich ab!“, übernimmt Peter das Kommando. Für ordentliches Zusammenlegen haben wir dann doch keine Zeit, und so stopft Peter das Zelt einfach irgendwie zusammengerollt in seine große Packtasche.

Mit ein paar Handgriffen haben wir unsere Räder wieder bepackt und rollen quer über die feuchten Wiesen in Richtung des Gatters, durch das wir gestern den Park betreten haben.
„Radeln wir links in Richtung Industriegebiet. Da gibt es vielleicht irgendeine Möglichkeit, unter einem Dach im Trockenen zu sein“, überlegt Peter laut. Wir fahren also durch die graue, nasse Nebelsuppe in Richtung Flughafen. Irgendwo dort in der Nähe des gestern besuchten Wohnmobilverleihs könnten wir vielleicht sogar ein kleines Café zum Aufwärmen und Trocknen finden. Ein feiner Tee oder Kaffee wäre noch eine Draufgabe.

Dieser Plan löst sich in Regen auf, der kurz später noch ein wenig zulegt. Wir flüchten unter das erste Vordach, das wir finden können. Es ist die überdachte Laderampe einer leerstehenden Firma, und wir sind schon froh, dass wir zumindest ein paar Quadratmeter trockenen Boden finden. Wir packen unsere Stühle aus und machen Wasser warm. Peter hängt die triefende Zeltplane über ein Geländer, damit zumindest die größte Feuchtigkeit abtropfen kann, und der Wind die Plane eventuell sogar ein wenig trocknet.

Da sitzen wir also mit unseren Tassen in der Hand, und starren noch ein wenig schlaftrunken in diesen unwirtlichen Morgen. Der Berufsverkehr hat inzwischen eingesetzt. Von unserer Rampe aus blicken wir rüber zur circa zwanzig Meter entfernten Straße, auf der schon einige LKWs unterwegs sind, welche durch die Pfützen am Straßenrand pflügen. Nur Peters kleines Radio verbreitet ein wenig Stimmung mit launigen Songs aus dem Frühstücksradio.
„Laut Internet müsste es bald aufhören zu regnen. Dann bleibt es den restlichen Tag voraussichtlich trocken. Vielleicht sogar ein wenig Sonne“, informiere ich Peter nach einem Blick auf die Wetterseite im Internet. Auch der Wettermann im Radio macht Hoffnung auf einen gar nicht so miesen Tag im Großraum Auckland.

Wir harren noch ein wenig aus, und kurz nach acht haben wir tatsächlich das Gefühl, dass der leichte Regen, nur mehr ein kleines Tröpfeln ist. Wir packen zusammen, werfen das leider noch immer feuchte Zelt in die Tasche und machen uns auf den Weg zum Reisebüro. Ich habe es übernommen, den Stadtteil zu finden, in dem es gleich ein paar Reisebüros gibt. Dieser liegt zwar etwa zehn Kilometer entfernt, aber näher gibt es gar nichts. Es geht wieder über die Autobahnüberführung, wie gestern und vorbei an den mittlerweile vertrauten Waschsalon und Obstgeschäft. Dahinter erstreckt sich ein riesiges Wohngebiet mit Einfamilienhäusern, durch das wir unseren Weg bis hin zu einer Eisenbahnüberführung ohne Probleme finden.

Hinter der Bahnlinie befinden wir uns plötzlich in einem indischen Stadtteil mit einem kleinen urigen Geschäftsviertel. Nicht nur die zahlreichen Inder auf der Straße, sondern auch die Art und Beschriftung der Restaurants und Läden erinnert uns sofort an unser Lieblingsland. Als wir an einem verlockenden Gewürz- und Imbissstand vorbeikommen, können wir nicht widerstehen und kaufen uns einen kleinen indischen Snack. Das hebt unsere Stimmung noch weiter und wir fragen einen netten Passanten nach der Straße, wo unser Reisebüro laut Internet sein soll. Er verausgabt sich mit einer detailreichen Beschreibung, von der wir die Hälfte nicht verstehen und aus der wir uns bald mal ausklinken. Sein Akzent und Genuschel ist so stark, dass wir daraus kaum ein englisches Wort identifizieren können.

Nachdem er sich verabschiedet hat, ziehen wir also wieder unser Tablet raus und suchen in der Kartensoftware unseren Standort und unser Ziel heraus. Wir sind gar nicht mehr so weit weg. Inzwischen ist es nur mehr bewölkt und tatsächlich nicht mehr nass. Ein weiterer Pluspunkt! Nach einigen Abzweigungen zwischen Wohnhäusern, Parks, Schulen und Kirchen, biegen wir von der St. Georges Street in die 3rd Street in Papatoetoe ein. Dieser Vorort von Auckland ist an diesem Montag entweder wegen Corona oder einfach nur, weil es Montag ist, fast wie ausgestorben. Außerdem zeugen die teils leerstehenden Geschäftslokale und die vielen heruntergekommenen Gebäude davon, dass es nicht unbedingt die beste Gegend von Auckland sein dürfte. Tja, und prompt ist eines der ausgeforschten Reisebüros in der Hauptgeschäftszeile von Papatoetoe nicht mehr existent. Nur eine leere, mit Zeitungspapier verklebt Auslage und ein schief hängendes Schild darüber lassen erahnen, dass hier einmal ein Reisebüro war.
„Das darf doch nicht wahr sein!“, ist Peters Kommentar zu der Misere.
„Da vorne nach dem KFC rechts rein. In der Straße müsste auch noch ein Reisebüro sein“, versuche ich seinen emotionalen Ausbruch zu beschwichtigen.

Wir sind die einzigen Radler auf dieser Straße. Außer uns sind nur ein paar rostige Pickups und verbeulte, alte Kleinwagen unterwegs. Auch hier sind hauptsächlich Inder anzutreffen. Ob wir in dieser Gegend noch ein Reisebüro finden werden, in dem wir unseren Heimflug buchen können? Wir zweifeln beide.

In der angesprochenen Seitenstraße kann ich nach intensiver Suche tatsächlich ein kleines Büro mit großem Schaufenster und einem Travel Agency Schild ausfindig machen. Wir stellen also unsere Räder davor ab und sind voller Zuversicht, denn wir sehen eine kompetent aussehende Inderin hinter einem Schreibtisch im hinteren Bereich des Büros sitzen. Als wir aber eintreten wollen, müssen wir feststellen, dass die Eingangstür verschlossen ist. Wir rütteln ein wenig an der Tür, für den Fall, dass sie vielleicht klemmt, was bei so einem alten Gebäude leicht möglich wäre. Außerdem überprüfen wir die neben der Tür angeschlagenen Geschäftszeiten. „Eigentlich müsste doch geöffnet sein!?“, wende ich mich fragend an Peter.

Inzwischen hat sich die nette Dame erhoben und kommt auf die Eingangstür zu. Jedoch öffnet sie nicht wie von uns erwartet die Tür, um lang ersehnte Kundschaft einzulassen, sondern macht diese nur einen Spaltbreit auf, um uns etwas abweisend folgende Frage zu stellen: „What do you want?“ ...What do you want???? Na, was werden wir wohl von ihr wollen? Ein Pfund Hackfleisch wahrscheinlich! Wir schauen uns gegenseitig an, und schließlich informiere ich die gute Frau, dass wir Touristen sind – was sie wahrscheinlich auch schon bemerkt hat – und ein Flugticket buchen wollen. Daraufhin teilt sie uns mit, dass sie keine Flugtickets mehr ausstelle. Sie könne uns da leider nicht weiterhelfen.

Auf unsere Frage hin, wo es denn hier ein Reisebüro gibt, in dem man noch ein Flugticket kaufen kann, empfiehlt sie uns nach „Manakamo“ zu fahren. Als wir nachfragen wie wir dort wohl hinkommen, deutet sie auf die Hauptstraße und in die Richtung aus

der wir gekommen sind. Sie präzisiert: „Diese Straße drei Kilometer geradeaus, dann seht ihr auf der rechten Seite Manakamo.“ Sie schließt ihre Tür so schnell wie möglich, und wir stehen draußen auf der Straße an diesem grauen Montagmorgen. Ich ziehe wieder einmal unser Tablet raus und versuche auf dem Kartenprogramm den angegebenen Ort zu finden.
„Also lass mal schauen, wenn wir die 3rd Street zurückfahren an der George Street vorbei noch weiter und weiter, dann kommt auf der rechten Seite..... weißt du was da kommt?“, frage ich Peter lachend. „Da kommt die Manukau Mall!! Das hat sie gemeint. Mensch dieses indische Englisch ist ja echt schwer zu verstehen. Und schau! Da ist tatsächlich ein Reisebüro in dieser Mall eingezeichnet. Oh Mann, hoffentlich haben die offen!“.

Wir machen uns also wieder auf den Weg und radeln und radeln, und irgendwie will diese Mall nicht kommen. Die Strecke kommt uns endlos vor. Das einzig Gute ist jedoch, dass sich die Gegend eindeutig verändert und wir in einen vornehmeren Stadtteil kommen. Hier gibt es ein paar imposante Firmengebäude, Autohändler mit schnieken Ausstellungsräumen und noblen Automarken und neue, luxuriös aussehende Wohnblocks.

Tatsächlich finden wir uns nach etwa einer halben Stunde vor der großen Mall wieder, die im neuseeländischen Vergleich wirklich ganz nobel und neu aussieht. Die Hoffnungen steigen, und wir suchen im Parkhaus einen überdachten Parkplatz für unsere Räder, denn irgendwie sieht es schon wieder nach Regen aus. Wir stellen die Räder samt Gepäck neben dem Eingang eines Modegeschäfts ab, das direkt vom Parkhaus zugänglich ist. Nachdem wir das Geschäft durch den Haupteingang in Richtung Mall-Innenhalle wieder verlassen haben, befinden wir uns in einem zweistöckigen, marmorverkleideten Atrium, um das herum alle Geschäfte angeordnet sind.

Wir machen uns auf den Weg zum anderen Ende der Mall, wobei wir am Restaurantbereich vorbeikommen und die guten Gerüche nach indischem, chinesischem und thailändischem Essen unsere Mägen wieder zum Knurren bringen. Aber wir haben eine Mission; und da muss das gute Essen hintanstehen. Als wir schon fast verzweifeln und meinen, es gäbe gar kein Reisebüro hier, sehen wir am Ende des Ganges im oberen Stock ein schickes, modernes Reisebüro und halten darauf zu. Hurra! Dieses vielversprechende Büro ist die Filiale einer landesweiten Reisebürokette, die wir schon kennen. An den bei Reisebüros üblichen Beratungstischen sehen wir schon einige Personen sitzen. Es sind Pärchen und Einzelpersonen, und sie sehen verdächtig nach Touristen aus, die ebenso händeringend wie wir versuchen, einen Flug nach Hause zu ergattern.

Was für ein Glück! Einer der Beratungstische wird eben frei. Eine junge Mitarbeiterin verabschiedet sich gerade von einem älteren Pärchen, und wir schnappen uns gleich die Stühle, die noch von unseren Vorgängern warm sind.
„Hi! Einen kleinen Moment noch bitte. Ich bin gleich bei euch“, sagt die junge Dame zu uns und tippt noch irgendetwas in ihren PC. Nach wenigen Sekunden dreht sie sich uns zu und fragt: „So. Wie kann ich euch helfen?“.

Wir informieren sie, dass wir Touristen sind und uns über Flüge nach Europa erkundigen wollen. „Wann wollt ihr denn fliegen?“, kommt ihre Rückfrage, worauf wir uns kurz ansehen, und Peter mit „So bald wie möglich!“ antwortet. Daraufhin erklärt sie uns, dass es gar nicht mehr so leicht sei, ein Ticket nach Europa zu bekommen. Erstens fliegen nicht mehr so viele Fluglinien nach Europa, und zweitens haben so gut wie alle Flüge einen Zwischenstopp in Australien, welches ab Dienstag, also morgen Mittag, die Grenzen für den Transit schließen wird. Wir sind schockiert. Oh, mein Gott! Wir haben nicht gewusst, dass es so kritisch aussieht. „Tja, und außerdem sind die Flüge, die es noch gibt, schon sehr ausgebucht.

Es gibt nur mehr Business Class Plätze. Soll ich danach für euch suchen?“, fragt sie.

Uns wird schon ganz anders. Wieder schauen wir uns gegenseitig an und beraten kurz auf Deutsch miteinander.
„Was meinst du?“, fragt Peter.
„Naja, kommt darauf an, was es kostet. Um jeden Preis muss ich nicht fliegen. Sonst bleiben wir halt doch noch hier.“
„Jetzt schauen wir einmal, was sie findet. Dann können wir noch immer entscheiden“, und zu Sharon – so hat sie sich bei uns vorgestellt – gewandt, sagt er auf Englisch „Es kommt darauf an, mit wie viel wir rechnen müssen.“
„Gestern war ein deutsches Pärchen hier, denen ich zwei Tickets für 10.000 Euro verkauft habe.“ Ehhhm! Was??? Wieder ein Blick zwischen Peter und mir, bei dem vier Augenbrauen fast den Haaransatz erreichen.
„Bitte schau mal, was es für Möglichkeiten für morgen gibt“, sagt Peter dann zu ihr. Ich bin noch zu schockiert, um richtig denken zu können. Eines ist aber zum Glück Fakt: wir haben genug Geld auf dem Konto, um uns so eine Luxusrückreise leisten zu können. Oder sollen wir doch einen Privatjet chartern? Für diese Summe müsste das doch möglich sein!? Haha!

Da sitzen wir also und harren der Dinge während Sharon in ihren PC stiert und mit flinken Fingern immer wieder irgendwas tippt. In erwartungsvoller Spannung sitzen wir da und warten darauf, was ihr Computer wohl ausspucken wird. Mit unterdrückter Nervosität, und um Sharon beim Finden eines günstigen Tickets nur nicht zu stören, versuchen wir uns inzwischen flüsternd gegenseitig von der Notwendigkeit des Rückflugs und der Unmöglichkeit unseres Verbleibens in Neuseeland zu überzeugen.
Wie sollen wir hierbleiben, wenn es einen Lockdown wie in Europa gäbe? Würden wir überhaupt noch ein Wohnmobil leihen oder kaufen können? Würde uns das nicht genauso viel kosten wie die Tickets? Wohin können wir uns wenden, wenn wir krank werden?

Wie lange wird die ganze Pandemie überhaupt dauern? Wir kommen zu dem Schluss, dass der Rückflug die einzige Option ist, auch wenn wir dafür einen Großteil unseres Reisebudgets für das nächste Jahr opfern müssen.

Als Sharon endlich zu tippen aufhört und ihren Stuhl in unsere Richtung dreht, hängen wir beide an ihren Lippen, über denen sich ein großes unübersehbares Muttermal befindet.

„Also. Da ihr mir gesagt habt, dass ihr ein Visum für die USA besitzt, konnte ich jetzt noch zwei Business Class Plätze für folgende Verbindung blocken.“ Und sie erklärt uns, dass wir morgen, also am letzten Tag, an dem Australien bis mittags noch einen Transit für Reisende zulässt, ganz früh von Auckland nach Sydney fliegen können. Von dort, nach zwei Stunden Aufenthalt, weiter nach San Francisco und dann nach circa sechs Stunden Aufenthalt von dort nach Frankfurt.
„Wie viel kostet das dann?“, ist meine Frage, und ich rechne mit dem Schlimmsten.
„Insgesamt, also für beide, zweiundzwanzigtausendachthundert Neuseelanddollar“, kommt es lapidar von ihr, als ob das ganz normal wäre. Den Wechselkurs haben wir beide im Kopf. Wir rechnen der Einfachheit halber eigentlich immer mal 0,6, aber der Kurs ist in den letzten Wochen gefallen, weshalb wir uns angewöhnt haben, circa die Hälfte des Betrages und ein wenig mehr zu rechnen. Das waren zwölftausend Euro. ZWÖLFTAUSEND!! Wir sind doch keine Millionäre!

„Okaaayy…“, kommt es zögernd von Peter. „Irgendwas Günstigeres gibt es nicht?“, fügt er hinzu.
„Sorry, aber ich bin schon froh, dass ich diese Verbindung mit viel Glück zusammenbringen konnte“, antwortet Sharon. Peter und ich schauen uns an und versuchen irgendwie zu einer Einigung zu kommen. „Das ist aber verdammt viel Geld!“, stelle ich fest, worauf

Peter antwortet: „Ja, aber Karina, was sollen wir tun? Wir müssen nach Hause. Für mich gibt es keine andere Lösung!".

Mir ist schnell klar, dass Peter seine Entscheidung getroffen hat; und Peter ist unschlagbar im Argumentieren und hat einen starken Willen. Da ich innerlich ja auch schon sehr am Zweifeln bin, hat er mich deshalb schnell auf seiner Seite. „Na was soll's, das Geld haben wir ja. Also gut, lass uns das durchziehen", entgegne ich.
„Gut, wir buchen", wenden wir uns wieder an Sharon, die unsere Zwiesprache inzwischen geduldig abgewartet hat. Schließlich kauft man nicht jeden Tag Flugtickets für den Preis eines Kleinwagens. Was jetzt aber noch zu klären ist: „Wie können wir zahlen?", fragen wir unsere Nothelferin.
„Mit Kreditkarte oder Debitkarte oder in bar", informiert sie uns.

Da wir, wie schon oben kurz festgestellt, keine Millionäre sind und keine Kreditkarte in Platin oder Gold besitzen, bricht bei uns kurz Panik aus.
„Was haben wir eigentlich für ein Limit bei unseren Kreditkarten? Wie viel Bargeld haben wir noch? Shit, wir haben keine Debitkarte!", sind die ersten Gedanken, die uns durch den Kopf schießen.
„Lass mal überlegen, ich habe zwei Kreditkarten, noch einiges an Bargeld und ich kann auch noch vom Geldautomat abheben", fasst Peter seine Möglichkeiten zusammen.
„Hmmm, ich habe nur eine Kreditkarte, kaum Bargeld und kann auch noch vom Geldautomat was holen. Meinst du das geht sich aus?"

So kommt es, dass wir zuerst einmal unsere Pässe rausholen, damit Sharon unsere persönlichen Daten korrekt für die Ticketausstellung eingeben kann. Sie macht sich gleich eine Kopie, wahrscheinlich auch, um unsere Identitäten eindeutig feststellen zu können, falls die Karten nicht gedeckt sind.

„Also gut, dann fangen wir mal an“, sagt sie, und ich schiebe ihr meine silberne Kreditkarte rüber.
„Wie viel können wir von der nehmen?“, ist ihre eindringliche Frage.
„Naja, ich habe vor kurzem eine Zahlung gemacht, aber so knapp unter viertausend Euro müssten möglich sein“, informiere ich sie. Sie rechnet den Betrag in Dollar um, tippt in ihrem Lesegerät den Betrag ein, schiebt meine Kreditkarte rein, und ich bestätige mit meiner PIN.

Eine kurze Minute des Bangens, dann spuckt die kleine Maschine mit einem ruckenden Rattern den Beleg aus.
„Jup, das hat funktioniert“, freut sich Sharon mit mir. „Wie sieht es mit einer Debitkarte aus?“, fragt sie, und irgendwie hoffen wir, dass unsere Bankkarten als Debitkarte durchgehen werden, um damit einen Großteil bezahlen zu können. Als sie aber die Karte einsteckt, den Betrag eintippt und ich mit meiner PIN bestätigen will, wird schnell klar, dass das nicht funktionieren wird. „Gut, dann gehe ich kurz zum Geldautomat, um Bargeld zu holen“, beschließe ich. Sharon weist mir den Weg zum nächsten Geldautomat. „Gleich raus aus dem Reisebüro links zwischen dem Dessous-Shop und der Süßigkeitenbar.“

Peter wartet inzwischen, und ich benötige in meiner Nervosität fast drei Versuche, um dem ATM die mickrige Summe von siebenhundert dreißig Dollar zu entlocken. Nach fast fünfzehn Minuten kehre ich wieder ins Reisebüro zurück. Mit dem restlichen Bargeld, das ich noch im Geldgürtel habe, komme ich auf etwas über eintausendeinhundert Dollar. Sharon stellt einen Empfangsbeleg für den Betrag aus und nimmt die Scheine entgegen.
„Dann sind wir jetzt bei insgesamt sechstausendachthundert Dollar“, fasst sie zusammen. „Sonst noch irgendeine Geldquelle?“, fügt sie fragend hinzu.
Peter schaltet sich ein und meint: „Hast du nicht mehr Bargeld? Mann bin ich froh, dass ich vor ein paar Tagen noch eine große Summe abgehoben habe. Siehst du, vorausdenken zahlt sich aus!“.

Natürlich ist Peter der Planer von uns beiden, der sich gerne zwei oder dreifach absichert. In diesem Fall hat er wirklich einen Riecher gehabt.
„Nein, ich habe nicht mehr Bargeld. Vielleicht ist mein Kreditkartenlimit aber sogar noch ein wenig höher. Sharon, bitte versuch noch mal einen Betrag mit Kreditkarte".
„Wie viel? Noch mal fünftausend?".
„Ja, vielleicht klappt es."

Die Enttäuschung ist groß, als der blöde Apparat nach der üblichen Prozedur seine Zustimmung verweigert und die Transaktion ablehnt. „Eventuell geht es mit weniger. Lass uns mal zweitausend versuchen." Karte stecken, Betrag eintippen, PIN eintippen und.......hurra. Für mich fast unglaublich können wir meiner Kreditkarte tatsächlich noch die zweitausend Dollar entlocken.

Inzwischen ist es fast elf Uhr vormittags und wir bekommen langsam Panik, ob wir den Gesamtbetrag wirklich aufbringen können. Jetzt ist Peter dran. Er zählt seinen Bargeldschatz aus dem Geldgürtel auf den Schreibtisch. „Eintausenddreihundert", stellte Sharon fest, als sie das Geldbündel nachzählt.
„Ich hol jetzt auch noch so viel wie möglich aus dem Geldautomat", sagt Peter. „Wie hoch ist das Tageslimit? Wie viel hast du gerade geholt?" fragt er.
„Siebenhundert dreißig", antworte ich, und so macht sich Peter auf, um seinen Barbetrag noch aufzustocken. Zurück am Schreibtisch wird auch dieses Geldbündel übergeben, und wir erhalten noch einen Beleg für diese Zahlung.
„So, dann die Kreditkarten." Mit entschlossenem Gesichtsausdruck präsentiert Peter seine beiden Kreditkarten. Was für ein Glück, dass er zwei Kreditkarten hat. Dabei war das eigentlich nur ein Versehen der Bank zu Hause, die ihm eine länger gültige Karte organisieren sollte, und ihm stattdessen eine zusätzliche Karte aufgeschwatzt hat.

„Wie viel können wir von denen abbuchen?“, fragt Sharon. „Machen wir mal jeweils fünftausend Dollar, oder?“.
„Ja, passt“, bestätigt Peter.

Innerhalb kürzester Zeit ist unser Guthaben bei Sharon um zehntausend Dollar gestiegen. Das ist ja schon mal sehr positiv. Konnte es insgesamt vielleicht reichen?
„Wie sieht es aus? Fehlt noch viel?“, fragen wir nach. Auf unsere Fragen hin tippt Sharon alle Bargeldbeträge und Kreditkartenbelege in ihren Rechner, hebt ihren Kopf und verzieht leicht ihre Mundwinkel. „Naja, da fehlen noch zweitausenddreihundertfünfzig Dollar.“

Du meine Güte. Woher sollen wir das Geld nehmen? Alle Karten und Bargeld sind ausgeschöpft. Mir kommt eine Idee.
„Können wir den Betrag vielleicht überweisen und die Überweisungsbestätigung gilt als Zahlung?“, frage ich hoffnungsvoll.
„Sorry, aber das können wir nicht machen“, entgegnet sie. Wir sitzen jetzt schon fast drei Stunden hier und sind so knapp davor.
„Ich kann doch mein Limit online hinaufsetzen“, fällt Peter plötzlich ein, „oder ich rufe meinen Bankberater an, damit er das macht. Mit der blöden Zeitverschiebung kann ich ihn aber erst in acht Stunden erreichen“, ärgert er sich. Oh, mein Gott! Was tun? Wir ziehen also unser Tablet mit der Banking-App raus und versuchen irgendwie das Limit von Peter raufzusetzen, sind aber nicht in der Lage, da man dazu eine Bestätigungs-SMS aufs Handy bekommt. Die Handynummer ist aber eine österreichische, und die haben wir auf der Reise nicht dabei.

Verzweiflung macht sich breit.
„Morgen können wir zahlen, denn dann ist Peters Limit erhöht. Geht das?“, ist unsere bittende Frage an Sharon.
„Leider. Ohne den Gesamtbetrag kann ich das Ticket nicht ausstellen. Kennt ihr denn niemanden, der euch mit seiner Kreditkarte aushelfen könnte?“, antwortet sie. Auf diese Idee wären

wir nie gekommen. Ja klar! Aber wen können wir in unserer Not anrufen? Es ist kurz vor Mittag in Neuseeland, also kurz vor Mitternacht in Österreich, und wahrscheinlich sind alle Verwandten und Bekannten bereits im Bett. Wen können wir also rausklingeln? Und wer von denen hat eine Kreditkarte? Der Erste, der uns einfällt, ist Peters Bruder, mit dem wir in der letzten Woche bezüglich Corona ein paar Mal in Kontakt waren. Wir versuchen also einen WhatsApp-Anruf, denn zumindest gibt es WLAN hier im Reisebüro. Natürlich antwortet er nicht, was fast logisch ist, denn er ist erstens ein tiefer Schläfer und geht außerdem meistens schon kurz nach einundzwanzig Uhr ins Bett.
„Keine Antwort!“, informieren wir Sharon, die uns mitleidig anschaut.
„Ihr könnt gerne unsere Telefonleitung benützen“, schlägt sie uns vor. Wow, das ist echt freundlich, denn übers Internet ist die Erreichbarkeit noch unwahrscheinlicher.

Wen sollen wir also sonst anrufen? Oh ja, unsere Freundin Gaby! Sie ist in allen Lebenslagen kompetent und immer hilfsbereit. Ich diktiere Sharon also die österreichische Handynummer, und sie wählt für uns und reicht mir dann den Hörer rüber. Welche Enttäuschung, als sich nur der Anrufbeantworter meldet.
„Komm, wir probieren es noch bei Mama und Papa“, sage ich zu Peter, und gebe Sharon die Festnetznummer meiner Eltern an, die hoffentlich helfen können. Obwohl, eigentlich bin ich mir gar nicht sicher, ob sie eine Kreditkarte haben. Das Telefon läutet und läutet, aber offensichtlich liegen die beiden auch in tiefem Schlaf. Wir geben es auf.
„Das darf doch wohl nicht wahr sein!“, hadert Peter mit den Umständen.

„Weißt du was? Wir rufen mal deinen Neffen Raimund an. So junge Leute sind doch lange wach. Der nimmt sicher ab und er hat doch auch noch eine Kreditkarte von seinem Urlaub letztes Jahr“, schlage ich vor. Mittlerweile hat mir Sharon das Telefon rübergeschoben,

damit ich selbst wählen kann. Ich tippe also Raimunds Nummer ein und höre es anklingeln.
„Bitte, bitte, bitte“, murmle ich vor mich hin. Und...."Hallo?“, kommt es fragend aus dem Hörer, und ich habe Raimund in der Leitung. „Raimund, super dass du abhebst. Hier sind Karina und Peter. Wir brauchen dringend deine Hilfe!“. Wir sind so froh und euphorisch, dass wir fast laut heraus lachen. Ich gebe Peter den Hörer, und er erklärt kurz unsere Situation. Der gute Junge gibt bereitwillig seine Kreditkartennummer durch, meint aber „Ich habe aber diesen Monat schon was mit Karte bezahlt. Ich glaube, mehr als tausendzweihundert Euro sind nicht mehr drauf.“
„Du bist der Beste. Das Geld bekommst du gleich zurück, wenn wir zu Hause sind“, versichert ihm Peter. Sharon kann der Kreditkarte kurze Zeit später tatsächlich zweitausend Dollar entlocken. Juhu, Juhu! Teure Heimat wir kommen!

Wir sind gedanklich schon halb im Flieger, als uns Sharon wieder auf den Boden der Tatsachen zurückholt.
„Es fehlen noch vierhundert Dollar.“ WAS??? Oh nein, das kann doch nicht wahr sein. Wo sollen wir jetzt noch vierhundert Dollar hernehmen? Der Geldautomat gibt nichts mehr her, wir haben unsere letzten Bargeldreserven zusammengekratzt, und einen Überfall können wir auf die Schnelle auch nicht machen. Soll unsere Heimreise tatsächlich an umgerechnet zweihundert Euro scheitern? Ist es hier drinnen plötzlich so heiß, oder kommen unsere Schweißausbrüche von der Panik, die gerade in uns aufsteigt.
„Was machen wir jetzt?“, frage ich Peter. Er stützt seinen Kopf in die Hände und fährt sich nachdenklich über die Stirn.
„Wir probieren jetzt einfach noch mal eine von deinen Kreditkarten!“ sage ich auf Deutsch zu Peter. Wir teilen Sharon den Plan mit, und sie nimmt also nochmals Peters Karte zur Hand und steckt sie ins Kartengerät. Wir sitzen mit angespannten Gesichtszügen ihr gegenüber und starren auf die kleine Maschine. Ein kleine Ewigkeit vergeht und plötzlich.....ratter ratter ratter.

„Yesss“, freut sich sogar Sharon und grinst uns an. Gott und VISA haben also doch ein Erbarmen mit uns. Wir fallen uns vor Erleichterung gegenseitig in die Arme fast so, als hätten wir im Lotto gewonnen.

Diesen Vormittag im Reisebüro werden wir wohl nicht so schnell vergessen. Und als uns Sharon am Ende alle Belege und die Tickets in einem kleinen Mäppchen übergibt, sind wir uns auch sicher, die liebe Sharon nie zu vergessen. Wir versprechen ihr, uns zu melden, sobald wir sicher zu Hause angekommen sind. Mit unseren Tickets in der Hand und jeweils sechstausend Euro weniger auf dem Konto marschieren wir aus dem Reisebüro und schauen uns an. „Wir fliegen morgen heim!?“. Fast ungläubig müssen wir uns gegenseitig bestätigen, dass es wirklich wahr ist, dass die letzten drei Stunden wirklich passiert sind.
Sobald feststeht, dass wir in wenigen Tagen wieder in Österreich sein werden, malen wir uns auch schon aus, was wir dann tun werden und wie wir unseren Alltag gestalten können. Zurückschauen und mit dem Unmöglichen hadern ist keine Option.

Wir stapfen also kurz nach Mittag wieder zurück zu unseren Rädern. Den Restaurantbereich der Mall wollen wir, trotz Hunger, nicht besuchen, denn wir wollen Menschenansammlungen meiden und uns der Gefahr, mit Corona angesteckt zu werden, nicht aussetzen. „Wir kaufen uns einfach in einem Supermarkt irgendwas zu essen“, beschließt Peter. Wir finden den Weg durch das Shoppinglabyrinth zu unseren Rädern, die noch immer wohlbehalten neben dem Ausgang auf uns warten.
Unsere Stimmung ist euphorisch. Irgendwie sind wir nur mehr froh, dass die große Frage, wie wir denn nach Hause kommen, endlich geklärt ist. Da ist es uns mittlerweile auch schon egal, dass der Himmel regengeschwängert und bewölkt und unsere Geldtaschen leer sind.

Wir planen bereits unsere nächsten Schritte, und darin ist Peter, wie schon erwähnt, ein Meister.
„Wir müssen Schachteln und Verpackungsmaterial organisieren, damit wir die Räder einpacken können. Gott sei Dank ist im Business Class Ticket das Gepäck kein Problem. Die Räder können wir ohne Bedenken mitnehmen, aber wegen der Transportverpackung müssen wir noch schauen", lässt er mich an seinen Überlegungen teilhaben.
Wir haben bald eine Strategie, wie wir diesen Nachmittag noch nutzen können, um am nächsten Morgen abflugbereit zu sein. Wir werden zum Flughafen fahren, dort auf irgendeinem geeigneten Platz die Räder verpacken, und unsere Satteltaschen reisefertig machen. Dann wollen wir einen Platz zum Schlafen suchen und in vierundzwanzig Stunden sind wir schon im Flieger irgendwo über der Südsee in Richtung San Francisco unterwegs. Unglaublich!

Doch zuerst finden wir uns auf den Straßen von Manukau wieder, und leider hat der Wettergott kein Erbarmen, und sendet einen Regenschauer, der uns nur wenige Hundert Meter von der Mall entfernt dazu zwingt, Schutz unter dem Vordach einer kleinen Geschäftszeile zu suchen. Wir drücken uns so knapp wie möglich an die Auslage eines leerstehenden Lokals und versuchen, nicht nur uns, sondern auch unsere Räder halbwegs ins Trockene zu bringen. Beim Einbiegen in den einstöckigen Komplex haben wir schon gesehen, dass es hier eine Bäckerei gibt. Unser Unterstand ist gleich neben diesem herrlich duftenden Genusstempel, und während wir dort stehen und darauf warten, dass der Regen aufhört, kommen immer wieder Autos, deren Besitzer aus der Bäckerei kleine Kartons oder Säckchen mit Backwaren tragen.

Da ist es kein Wunder, dass wir kurzerhand beschließen, unsere Campingstühle auszupacken, uns hier niederzulassen und in der Bäckerei ein paar Leckereien zu holen.
„Holst du was für uns?", kommt es flehentlich von Peter, und natürlich bin ich immer parat, um ihm eine „Überraschung" zu

bringen. Wenn Peter mich bittet aus einem Laden eine „Überraschung“ mitzubringen, ist mir klar, dass ich vor allem nach Manner Waffeln, Krapfen oder Schokolade Ausschau halten muss. Unter diesen Voraussetzungen und in der Annahme, dass es hier keine Waffeln oder Schokolade geben wird, betrete ich den Raum und sehe schon eine Reihe verschiedener Doughnuts in der Theke liegen. Also drei Doughnuts und eine Pizzaschnecke für mich. Ich habe gerade Lust auf etwas Pikantes.

Wir verspeisen die Beute genüsslich auf unseren Stühlen sitzend und beobachten das Kommen und Gehen vor dem Laden.
„Meinst du hier schläft sonst ein Obdachloser?“, frage ich Peter mit dem Kopf auf die herumliegenden zusammengefalteten Kartonschachteln und ein Bündel alter Handtücher deutend.
„Das ist leicht möglich. Hoffentlich meint er nicht, wir wollen ihm seinen Platz wegnehmen.“

Als unser Hunger gestillt und der Regen in Nieseln übergegangen ist, beginnen wir unsere nächsten Schritte zu präzisieren.
„Da war doch ein Warehouse bei dem Kreisverkehr kurz vor dem Flughafen. Die müssten doch alte Schachteln haben. Außerdem bekommen wir dort alle möglichen Utensilien, um ein Paket zu schnüren. Wir können auch Noppenfolie suchen und natürlich Paketband. Ach, und lass uns nicht vergessen, einen dicken Filzstift zu kaufen, damit wir die Schachteln beschriften können“, überlegt Peter laut.
„Schau mal, der Regen hat fast aufgehört. Ich glaube wir können wieder los“, rufe ich, als nur mehr vereinzelte Tropfen in den riesigen Lachen, die sich auf dem Parkplatz angesammelt haben, zu sehen sind.

Wir werfen uns in die Regenmonturen, welche aus unseren Regenjacken und Regenhosen bestehen, und machen uns auf zum Flughafen. Den kürzesten Weg von hier aus haben wir inzwischen auf dem Tablet ausfindig gemacht. Zwar müssen wir eine

Schnellstraße nehmen, auf der wahnsinnig viel Verkehr herrscht, aber dafür gibt es einen sehr breiten Seitenstreifen, der das Radfahren viel angenehmer macht, als auf innerstädtischen Straßen.

Nach kurzer Zeit sind wir raus aus dem Siedlungsgebiet und radeln über eine weite, leicht hügelige Graslandschaft auf den Flughafen zu. Die Überkopfschilder weisen darauf hin, dass es nur mehr wenige Kilometer bis zum Flughafen sind, und die ersten Maschinen röhren beim Start über unseren Köpfen. Eine halbe Stunde später sind wir wieder am Terminalparkplatz und inzwischen haben wir uns darauf geeinigt, zuerst einen Platz zu suchen, an dem wir erstens unsere Räder verpacken können und zweitens auch übernachten wollen. Zwar ist der Himmel wieder etwas heller und die Straßen sind hier auch schon trocken, aber wir trauen dem Wetter nicht mehr und wollen auf Nummer sicher gehen. Deshalb peilen wir ein Parkhaus an, welches wir schon am Vortag gesehen haben. Es liegt etwas abseits und ist wahrscheinlich aus diesem Grund fast leer.
„Das ist doch ideal. Hier können wir vielleicht auch schlafen", meint Peter.
„Aber gibt es hier keine Überwachungskameras?", entgegne ich. Wir drehen eine Runde im Parkdeck und schauen uns nach Kameras um und außerdem nach einer versteckten Ecke, wo unser Zelt des Nachts nicht so auffallen würde.
„Also Kameras gibt es hier keine. Und hey, schau mal. Was meinst du zu dem Plätzchen hier unter der Auffahrtsrampe. Da ist ein Absperrband davor und ein paar Betonpoller. Wenn es dunkel ist, sieht man unser Zelt sicher nicht."
„Gar nicht schlecht. Ich wäre sonst eher für die Ecke da vorne. Es könnte sein, dass es hier nass wird, wenn wieder Regen mit Wind kommt", antwortet Peter und deutet auf eine dunkle Ecke am Ende des Parkdecks.

Camping Airport

Falls sich irgendjemand jetzt fragen sollte, wie wir nur auf die Idee kommen im Flughafenparkhaus zu zelten, dann kennt er Peter nicht. Auf unseren vielen Reisen, auch auf dieser Reise, haben wir an Plätzen übernachtet, an denen andere Menschen nie auf die Idee kämen. Für Flughafen- übernachtungen haben wir tatsächlich ein Faible und das schon seit Jahren.

Da war zum Beispiel unsere Nacht auf dem Parkplatz des Flughafens von Islamabad in Pakistan im Jahr 2001. Damals hatten wir kein Zelt dabei, sondern legten uns einfach mit unseren Schlafsäcken auf den Asphalt, nicht weit von den Taxifahrern und fliegenden Händlern, die sich ebenfalls die Nächte am Flughafen um die Ohren schlugen und, wie in diesen Ländern üblich, ihre entsprechenden Fahrzeuge als Schlafstätten nutzten. Manche legten sich auf oder neben ihre Handkarren, und Peter und ich fielen deshalb fast gar nicht auf, als wir unsere Köpfe auf einen Randstein betteten. Auch damals wollten wir spontan einen Rückflug nach Europa buchen und bis zum Öffnen des Lufthansa-Schalters am Morgen zahlte es sich nicht aus, nochmals in die Innenstadt zu fahren, um dort ein Zimmer zu nehmen.

Ähnliche Überlegungen hatten wir bei unserer Ankunft 2003 in Bishkek, wo wir zu einer Uhrzeit landeten, an der es nur mehr ein paar einzelne Taxis am Flughafen gab und sicherlich kein Hotel mehr offen sein würde. Um unserer Spontaneität Genüge zu leisten, hatten wir natürlich kein Zimmer vorgebucht. Um zwei Uhr morgens würden wir in Kirgistan aber schwerlich eines finden. Deshalb rollten wir in einer Ecke des Ankunftsterminals unsere Schlafsäcke aus und versuchten die Stunden bis zum Tagesanbruch halb schlafend, halb durch den Lärm der Bodenputzmaschinen wachgehalten, herumzubringen.

Und da war natürlich noch die unvergessliche erste Nacht in Neuseeland. Peter war noch immer stolz auf seine geniale Eingebung, nach der mitternächtlichen Ankunft in Auckland, einfach den Flughafen zum Campingplatz zu erklären. Dabei war das gar keine spontane Aktion, sondern von langer Hand von uns beiden geplant. Da wir wussten, dass wir weit nach Mitternacht die Einreiseformalitäten erledigt haben würden und da wir keine Lust verspürten, unsere Räder um halb zwei Uhr früh zusammenzubauen oder mit den riesigen Kartonschachteln und dem ganzen Gepäck ein Taxi zu irgendeinem weit entfernten Hotel zu nehmen, hatten wir einen anderen Plan gefasst. Wir würden am Flughafen zelten, am nächsten Morgen die Räder zusammenbauen und losradeln. Aus diesem Grund hatten wir die komplette Umgebung des Flughafens mit Google Maps und Street View erkundet und bereits einen idealen Platz identifiziert. Als wir also Ende November 2019 ankamen und nach erfolgreicher und eigentlich ganz unkomplizierter Einreise, unser auf drei Trolleys verteiltes Gepäck vor das nächtliche Terminal rollten, machte sich Peter kurz auf, um den Campingplatz zu suchen.

Nach wenigen Minuten kam er zurück und wie so oft war er ganz euphorisch und meinte, unser Platz sei wirklich genial. So kam es, dass wir samt Trolleys auf dem überdachten Gehsteig in Richtung Busparkplatz trotteten. Dort am hinteren Eck mussten wir ein kurzes Stück über eine Wiese schieben, um hinter zwei Baucontainern das versteckte Plätzchen zu finden. Unser Zelt hatten wir ruckzuck aufgestellt und nur eine Stunde nachdem wir *gelandet waren, lagen wir völlig übermüdet in unseren Schlafsäcken und hörten von Zeit zu Zeit die Turbinen von startenden oder landenden Flugzeugen. An tiefen Schlaf war nicht zu denken, aber trotzdem waren wir einigermaßen erholt, als wir am nächsten Morgen durch die Stimmen irgendwelcher Arbeiter alarmiert, aus unserem Zelt krabbelten.*

Peter hielt das Ganze noch mit seiner Kamera fest, und seither ziert ein Bild von mir neben unserem Zelt, den Trolleys mit dem Gepäck und dem Terminal im Hintergrund den Desktop unseres Tablets, auf dem ich auch gerade diese Zeilen tippe. Jedes Mal, wenn die Rede auf diese Nacht kommt, freut sich Peter noch immer kindisch über seinen genialen Plan und diesen außergewöhnlichen Schlafplatz, der sicher einige unserer Freunde und Verwandten zum Kopfschütteln brachte.

Es ist für uns beide klar, dass wir auch unsere letzte Nacht in Neuseeland campierend am Flughafen verbringen wollen. Leider ist diesmal die Wahrscheinlichkeit für Regen zu groß, um an den nicht überdachten Schauplatz unserer ersten Nacht zurückzukehren. In der Gewissheit, dass das leere Parkdeck ein Fleckchen Privatsphäre bieten wird, um unsere Übernachtung zu garantieren, lassen wir es gut sein und machen uns voller Tatendrang auf, um alle Utensilien für die Verpackung unserer Räder zu organisieren.

Nur kurze Zeit später erreichen wir die nahe am Flughafen gelegene, kleine Shopping Mall mit einem Fastfood Restaurant, einem Supermarkt und einem Laden der Warehouse-Kette. Warehouse ist uns in den letzten Monaten immer wieder in jedem halbwegs großen Ort in Neuseeland begegnet. Dort kann man zu spottbilligen Preisen vom Kinderwagen bis zur Schneekette, von Nylondessous bis zu Kartoffelchips, so gut wie alles kaufen, was man zum Überleben braucht. Offensichtlich ist das gesamte Sortiment eins zu eins aus China importiert. Es muss einen deshalb verwundern, dass all diese Waren noch immer verfügbar sind, da man die Importe wie die Touristen aus China schon vor Wochen gestoppt hat. Die Regale sind hier noch brechend voll, bis auf Desinfektionsmittel und Toilettenpapier. Das ist aber kein Wunder, denn frische Waren gibt es in diesem Laden natürlich keine. Im leeren Regal für Desinfektionsmittel finden wir ein Blatt Papier mit dem Hinweis, dass man derzeit diesen Artikel nicht mehr auf Lager habe.

Doch wir haben eine Mission und sind gewillt, diese ohne Kompromisse zu erfüllen. Wir machen uns durch den hallenartigen Verkaufsraum schnurstracks auf zur Papierwarenabteilung. Organisiert, wie wir sind und um ja nichts zu vergessen, haben wir in unserer erzwungenen Mittags-Regenpause sogar eine Einkaufsliste geschrieben. Mit dieser Liste in der Hand stehen wir nun zwischen Regalen, gefüllt mit Schulheften, Farbstiften, Kopierpapier und einer immensen Auswahl an sonstigen Papierwaren.
„Filzstift!", lese ich vor und steuere in Richtung der Schreibutensilien, die fast eine ganze Regalreihe einnehmen.
„Aber nimm gleich zwei oder drei, und nicht zu dick", merkt Peter an. Das ist schnell erledigt, und auch das Klebeband landet nach kurzer Zeit in unserem Einkaufswagen.
„Brauchen wir die Noppenfolie wirklich?", gibt Peter zu bedenken, als wir vor einem Fach mit Verpackungsmaterial stehen.
„Ja, sicher! Da können wir alle weg stehenden Teile umwickeln, damit sie den Karton nicht beschädigen", ist mein nachdrücklicher Kommentar dazu.

Innerhalb kürzester Zeit haben wir eigentlich alle Artikel auf unserer Liste zusammengesammelt. Es fehlen nur noch die Kartonschachteln. Für unsere Anreise vor vier Monaten haben wir von unserem Fahrradhändler richtige Fahrradkartons bekommen, in die unsere Räder perfekt hineinpassten. Wir haben zwar gestern noch kurz überlegt, in einem Fahrradladen im Zentrum von Auckland solche Kartons zu kaufen und mit einem Taxi zum Flughafen zu transportieren. Dieser Plan hat sich aber durch die sich überschlagenden Ereignisse in Luft aufgelöst. Keine Chance, dass wir an diesem Nachmittag und bei diesem Wetter noch die dreißig Kilometer bis zum nächsten Fahrradgeschäft antreten werden. Jetzt müssen wir eben kreativ sein, und Peter mit seinem handwerklichen Geschick kann sicher aus einer Fernseherverpackung eine Fahrradverpackung zaubern.

Die winzigen Umzugskartons, die man in der Papierabteilung kaufen kann, werden von uns auf jeden Fall nicht in Betracht gezogen. In so einem riesigen Laden muss es doch einen Fundus an Verpackungsmaterial geben, das noch dazu auch nichts kosten darf. Darüber sind wir uns schnell einig und so machen wir uns auf die Suche nach einem Verkäufer, der uns zu unseren zukünftigen Fahrradkartons verhelfen soll.
„Sorry, gibt es bei euch gebrauchte Kartons, die wir mitnehmen könnten?“, fragen wir einen vorüber eilenden jungen Mann, der ein Poloshirt mit Warehouse-Aufschrift und ein Namensschild trägt.
„Well, naja, hier auf diesem Wagen haben wir ein paar Schachteln von gerade ausgepackten Waren. Ihr könnt euch gerne wegnehmen, was ihr braucht.“ Das ist der magische Satz, der in Peter den Jagdinstinkt weckt.

Wir wühlen durch den Kartonstapel, der sich auf einem großen Rollwagen auftürmt und haben in kürzester Zeit die größten und stabilsten davon herausgezogen.
„Ich glaube das reicht uns völlig“, versuche ich Peter zu bremsen, der eine Schachtel nach der anderen in unseren Einkaufswagen wirft.
„Man kann nie zu viel haben. Wir können ja die überschüssigen Schachteln dann entsorgen“, ist sein Kommentar dazu. Wobei er natürlich recht hat. Als er aber daran geht, in der Möbelabteilung

noch neue Kartons mit Inhalt als mögliche Kandidaten in Betracht zu ziehen, muss ich doch mein Veto einlegen.
„Wir können doch nicht einfach irgendwelche Möbel auspacken, nur weil wir die Kartons brauchen könnten!“.
„Die Kartons, die wir bisher haben, sind aber nicht groß genug. Da vorne, die Verpackung des Garderobenschranks wäre genau richtig.“
„Das können wir doch nicht bringen. Die werfen uns raus. Wir müssen eben die kleineren Schachteln, die wir haben, irgendwie zusammenkleben. Das geht sicher“, muss ich ihn stoppen und schließlich siegt die Vernunft.

„Was fehlt uns noch?“, frage ich, als wir unsere gesammelte Beute vor uns Richtung Kassa schieben.
„Oh, wir wollten doch noch Plastikfolie mitnehmen!“ fällt es Peter noch rechtzeitig ein. Nach einigem Suchen finden wir diese in der Küchenabteilung, wo wir auf einen aufgestellten Korb mit Schokoladentafeln treffen, an dem wir natürlich nicht vorbeikommen. Eine große Tafel Haselnuss-Schoki wandert mit in den Einkaufswagen. An so einem Tag braucht man einfach Nervennahrung!

Nachdem wir bezahlt haben, bugsieren wir unseren Einkaufswagen vor die Tür und schnaufen erstmal durch. Peter ist aber noch immer im Jagdmodus und meint: „Ich schaue noch kurz in den Supermarkt. Die haben vielleicht irgendwo größere Schachteln.“
„Gut, ich warte hier“, entgegne ich. Er verschwindet nebenan. Während Peter sich auf den Weg macht, checke ich noch unsere WhatsApp-Nachrichten und E-Mails am Tablet. Da es mitten am Nachmittag in Neuseeland und deshalb mitten in der Nacht in Europa ist, kann ich natürlich nichts Neues finden.

Nach einiger Zeit kommt Peter wieder und ist komplett von den Socken: „Du glaubst nicht, was da drinnen los ist. Die rennen denen die Bude ein. Da schieben sich die Leute durch und einige Regale

sind schon komplett leergekauft. Das Hamstern geht da voll ab. Aber brauchbare Schachteln haben die keine.“
„Wow, echt? Ich glaube, mit dem Verpackungsmaterial, das wir haben, kommen wir gut hin“, bin ich überzeugt. Bleibt nur noch die Frage, wie wir das ganze Material inklusive der großen, zusammengefalteten Schachteln von hier zu unserem auserkorenen Packplatz im Parkdeck bringen können. Zum Glück habe ich mit Peter den besten Verstauer und Verpacker Mitteleuropas bei mir. Sein Talent, noch die größten Ladungen in die kleinsten Kofferräume zu packen, hat er in seiner jahrelangen Tätigkeit als Hausmeister und Portier in einem Hotel in Lech perfektioniert. Und er schafft es auch jetzt wieder, durch eine praktische Konstruktion, einen Turm an Kartons auf dem noch freien Platz auf unseren hinteren Packtaschen zu bauen. An Aufsitzen und Treten ist nicht zu denken, aber die dreihundert Meter können wir auch schiebend zurücklegen.

Wir nehmen eine kleine Seitenstraße, um nicht entlang der mehrspurigen Flughafenzufahrt mit unserer Großladung aufzufallen. Es geht ein wenig bergab und wir können mit einem Fuß am Pedal sogar ein kurzes Stück rollen. Spannend wird es, als wir dann eine scharfe Kurve am Kreisverkehr nehmen müssen. Ich sehe schon meine gesamte Ladung auf der Straße liegen, kann das Umkippen aber gerade noch vermeiden.

Erleichtert und erschöpft kommen wir im Parkhaus an und verteilen alle Utensilien auf der Asphaltfläche. Und dann beginnt das große Packen. Um wie viel leichter war da das Auspacken zu Beginn unserer Reise. Wir brauchen den ganzen restlichen Nachmittag, also circa drei Stunden, um unser Gepäck reisefertig zu machen. Zuerst wollen wir aber unser Zelt trocknen, das von der letzten Nacht noch ein wenig feucht ist. Wir drapieren die Überplane und das Zelt über einen Bauzaun und freuen uns, dass der Wind alles schnell trocken bläst. Ja der Wind. Inzwischen hat er einigermaßen aufgefrischt.

Irgendwie war unser sicherer Hafen im Parkhaus vorher nicht so ungemütlich und windig gewesen.

Was soll's! Wir konzentrieren uns voll und ganz auf das Verpacken der Räder. Zuerst den Vorderreifen rausnehmen. Dann den Lenker abschrauben und an die Querstange des Rahmens montieren. Schließlich den Sattel abnehmen und das Hinterteil des Fahrrads in die erste Schachtel stecken. „Oh Mann, die Schachtel ist um ein paar Zentimeter zu kurz!", ärgert sich Peter.
„Dann müssen wir sie aufschneiden und dieses Kartonstück darüber kleben", schlage ich vor. So und ähnlich geht es weiter, denn offensichtlich wollen es uns die Räder nicht so leicht machen, wieder verpackt zu werden. Einige Male fangen wir wieder von vorne an, knien am Boden, wickeln Unmengen an Klebeband und Noppenfolie um irgendwelche Fahrradteile und Kartonschachteln. Die Lücken im Karton füllen wir mit Handtüchern, den Fahrradhelmen und nicht benötigten Kleidungsstücken aus, um die Rahmen zu polstern und um so wenig weiteres Gepäck wie möglich aufgeben zu müssen.

Am Ende bewundern wir unser Werk und sind einigermaßen stolz auf die zusammengestückelten Fahrradschachteln. Sie sind ummantelt mit Klebestreifen, umwickelt mit Frischhaltefolie, beschriftet mit unseren Namen samt Adresse und einer netten Zeichnung von einem Fahrrad. Den Slogan „We love our bikes" habe ich noch hinzugefügt, um bei den gestressten Gepäckverteilern am Flughafen ein wenig Mitgefühl und damit Extravorsicht zu wecken. Ja, sogar unsere treue Wäscheschnur haben wir geopfert und sie rund um die Pakete geschnürt, um zu gewährleisten, dass die Pakete auch gut gepackt und angehoben werden können.

Unsere Fahrräder

Sobald wir einig waren, dass wir diese Fahrradreise machen würden, haben wir intensiv recherchiert, was die Anforderungen an ein Reisefahrrad sind. Dabei haben wir auf zahlreichen Blogs und Homepages herausgefunden, dass die meisten Radreisenden teure, handgefertigte Räder mit Nabenschaltung bevorzugen. Die Preise sind hier nach oben offen, aber wir waren nicht bereit, eine so große Summe auszugeben.

Deshalb haben wir beschlossen, einen Kompromiss aus guter Qualität und akzeptablem Preis zu finden. Auf die Nabenschaltung konnten wir auch verzichten. Es schien uns ein überflüssiger Luxus zu sein und außerdem wäre eine Reparatur dieses aufwändigen Getriebes nicht überall auf der Welt möglich.

Somit fiel unsere Wahl auf zwei Räder der Marke FahrradManufaktur, die in allen Foren sehr positiv erwähnt wurde. Diese Räder waren in unserer näheren Umgebung nicht erhältlich, weshalb wir über der Grenze in Deutschland einen Fahrradhändler aufsuchten, der die FahrradManufaktur-Räder vertreibt. Die Beratung war hervorragend und außerdem gab es ein gutes Angebot für ein Reiserad dieser Marke, dass uns sofort überzeugte. Wir wurden ausgemessen, um die richtige Rahmengröße und die perfekte Einstellung der Fahrradkomponenten zu gewährleisten.

Neben den Rädern bestellten wir auch gleich jeder ein komplettes Set an Ortlieb-Fahrradtaschen und wenige Wochen später konnten wir glücklich unsere schönen dunkelgrauen Drahtesel samt montierten Taschen in Empfang nehmen.

Um uns mit den Rädern und dem Handling vertraut zu machen, haben wir gleich eine Wochenendtour in die Umgebung gemacht und waren begeistert.

Vor allem die Taschen, die ich in Rot und Peter in Grün gekauft haben, sind sehr praktisch und unkaputtbar. Die Ortlieb-Taschen sind deshalb auch bei Radreisenden auf der ganzen Welt beliebt, und jeder Langzeitradler, den wir trafen, hat von ihnen geschwärmt.

Während unserer ganzen Zeit in Neuseeland hatten wir nur einmal einen Platten und konnten uns ansonsten voll und ganz auf unsere Transport-Geräte verlassen.

Während wir noch geschäftig an der Fertigstellung unserer Fahrradkartons sind, beobachten wir, dass ein kleines Auto mit einer Warnleuchte am Dach und der seitlichen Aufschrift „Security" mehrmals langsam durch das Parkdeck steuert.
„Oje, siehst du das? Da gibt es einen Sicherheitsdienst, der hier kontrolliert. Ich glaub da schaut es schlecht aus mit unserer Übernachtung. Die lassen uns da nie und nimmer zelten", teile ich Peter meine Beobachtung mit.
„Warte mal. Das haben wir gleich", ist alles, was er sagt und schon macht er sich auf den Weg, direkt auf das kleine Fahrzeug zu.

Der junge Mann darin hat das Fenster heruntergekurbelt und ich sehe nur, dass Peter ein Gespräch mit ihm beginnt. Wie bei Peter Üblich, gestikuliert er heftig mit seinen Armen, während er dem anderen irgendetwas erklärt. Um das Gespräch zu hören, stehe ich zu weit weg, aber ich kann mir schon vorstellen, was die beiden besprechen.
„Also, er hätte nichts dagegen, wenn wir hier zelten, aber seine Schicht ist bald vorbei. Und der Kollege, der nachts kommt, ist

vielleicht nicht so entspannt", bringt mich Peter auf den neuesten Stand, als er zurückkommt.
„Ehrlich gesagt, bin ich mir eh nicht mehr so sicher, ob der Platz hier so gut ist. Der Wind wird immer stärker und es bläst hier ganz schön durch." Er hat wieder einmal recht. Inzwischen zieht es ungemütlich durch das Parkhaus und windgeschützte Ecken gibt es keine.

Wir machen uns also daran, das Chaos aus übrig gebliebenem Verpackungsmaterial, Packtaschen, Lebensmitteln und Schlafutensilien irgendwie zu sortieren. Wir wollen an einem gemütlichen Platz die letzten Lebensmittel verspeisen, sozusagen unsere Henkersmahlzeit in Neuseeland. In einen Sack packen wir deshalb den restlichen Käse, Äpfel, Brot und Müsliriegel, sowie unser Essbesteck, dass uns monatelang begleitet hat, welches aber eigentlich Eigentum von Singapore Airlines ist. Wir hätten es auch am Singapore Airline Schalter zurückgeben können, aber für zwei Gabeln, ein Buttermesser und einen Kaffeelöffel zahlt sich das nicht wirklich aus.

Dann sammeln wir herumliegende Reste von Kartons, Kabelbindern, die Peter nicht zu Unrecht in rauen Mengen dabei hat und die uns beim Einpacken der Räder unschätzbare Dienste erwiesen haben, und Frischhaltefolie, die als finale Hülle in mehreren Schichten rund um die Selbstbau-Fahrradkartons gewickelt worden ist. Den Haufen mit all diesen Resten stopfen wir in einen Müllcontainer, der in der hinteren Ecke des Parkhauses herumsteht.

Von der Trolley-Station vor der Einfahrt zum Parkhaus, holen wir zwei Gepäcktrolleys und laden die Kartons und die Satteltaschen, die wir als Gepäck aufgeben wollen, darauf. Die Taschen lassen wir noch unverschlossen, denn unsere Schlafsäcke, Liegematten und Innenschlafsäcke sowie unsere Schlafshirts werden wir für die letzten Stunden Schlaf in dieser Nacht noch brauchen.

Dann gibt es noch einige nützliche, aber wertlose Reiseutensilien, die wir zurücklassen wollen, da sie unser Maximalgewicht unnötig belasten. Dazu zählen unsere kleinen Campingstühle, die uns viel Be- und oft auch Verwunderung durch andere Fahrradreisende eingebracht haben, unsere Melamin-Teller und ein paar ausgeleierte Fahrradhosen und alte T-Shirts.
„Weißt du was; ich stecke die Sachen in einen Sack und verstecke sie an einem sicheren Ort. Falls unser Abflug durch irgendeinen Zwischenfall doch nicht klappen sollte, können wir sie wieder holen“, schlägt Peter grinsend vor (siehe Verbuddeltrick).

Wieder einmal kann ich über sein vorausschauendes und stets planendes Hirn nur staunen. Unsere kleine Trolleykarawane verlässt also das zugige Parkhaus, und wir machen uns auf, um einen geeigneten Platz für ein Abendessen und den restlichen Abend zu finden. Inzwischen ist es schon fast achtzehn Uhr. Die Zeit ist mit unserer Packaktion wie im Flug vergangen.

Wir manövrieren unsere Trolleys in Richtung Terminal und finden einen geeigneten Platz am Rande des großen Parkplatzes vor der Abflughalle, wo noch immer hektische Reisende mit Mietwagen oder Wohnmobilen kreisen. Auf einem der Zugangs-Gehsteige, die sogar überdacht sind, lassen wir uns nieder. Dieser Fußgängerzugang ist auf einer Seite bis oben hin durch Werbetafeln geschlossen, weshalb wir vor Wind und Regen geschützt sind. Außerdem haben wir einen guten Ausblick auf die Parkfläche, wo sich Einiges abspielt. Hier bauen wir noch einmal unsere Campingstühle auf, stellen die großen Packtaschen als Tisch zwischen uns und packen die letzten Vorräte aus.

Wir malen uns aus, wie wohl der Rückflug sein wird und sind froh, dass wir im Gegensatz zu vielen Touristen, die wir vor uns herumwuseln sehen, einen fixen Platz im Flieger nach Hause haben. Die Tatsache, dass der Preis dafür ganz schön hoch war, schieben wir beiseite und konzentrieren uns ganz auf das vor uns liegende

„Abenteuer“. Obwohl wir unsere Tickets in der Tasche haben, nagt in unserem Hinterkopf noch immer ein leichter Zweifel. Werden wir vielleicht beim Check-in zurückgewiesen, weil wir Europäer sind? Könnte es sein, dass wir nicht rechtzeitig in Australien landen und kein Transit mehr möglich ist? Lassen uns die Amis vielleicht nicht mehr einreisen, weil wir Österreicher sind? Müssen wir vielleicht sogar in Sydney, San Francisco oder Frankfurt in Quarantäne?

Erst einmal verschlingen wir hungrig, was noch an Essbarem in unseren Taschen ist. Restliche Nudeln, Öl, Salz, Gewürze, Marmelade und Müsli packen wir in den Karton, den wir verstecken und im Notfall wieder verwenden wollen. Außerdem informieren wir meine Eltern, Peters Bruder und die Botschaft via WhatsApp, dass wir einen Rückflug gebucht haben und in zwei Tagen wieder in Österreich einreisen werden. Wir posten die letzten Fotos auf unserer Polarsteps-Seite und deponieren auch dort die Nachricht, dass wir auf dem Heimweg sind.

Wir sitzen gerade so auf unseren Stühlen mit dem Tablet auf den Knien, als wir aus dem Augenwinkel ein bepacktes Tandem über den Parkplatz flitzen sehen.
„Das sind doch Julian und Viola“, ruft Peter und springt auf die Beine. Mit beiden Armen winkend ruft er: „Juliaaaaan, Violaaaa, Hallooooo!“. Es ist tatsächlich das sympathische, junge Ärztepärchen, das wir zuletzt in Wellington getroffen haben. Dort wollten sich die Beiden noch nicht aus der Ruhe bringen lassen und ihre Fahrradtour auf der Nordinsel wie geplant fortsetzen.

Jetzt, einige Tage später, treffen wir hier am Flughafen wieder aufeinander. Ist das ein großes Hallo, denn wir alle können eine aufregende Geschichte über die letzten Tage erzählen. Auch die Beiden haben Hilfe von einem netten Einheimischen bekommen, der bereit war, sie beide samt Tandem zum Flughafen zu chauffieren. Sie haben zuvor noch ein paar lange und steile Etappen bewältigt, teilen uns jetzt aber mit, dass auch sie beschlossen haben, die Heimreise anzutreten. Ihnen ist zu Ohren gekommen, dass Neuseeland in drei Tagen einen kompletten Shutdown machen will. Dann werden keine Flüge mehr gehen, und das öffentliche Leben wird völlig zum Erliegen kommen. Wow, das haben wir noch nicht gehört. Da sind wir aber froh, dass bereits in wenigen Stunden unsere Maschine abheben soll. Die beiden wollen auch noch versuchen, vorher einen Rückflug zu bekommen. „Das Reisebüro, in dem wir gebucht haben, ist super. Die sind echt kompetent. Bevor ihr online was reserviert, schaut lieber dort vorbei", raten wir ihnen und geben ihnen die Adresse.

Inzwischen ist es schon fast dunkel und Viola bibbert in ihren verschwitzten Radklamotten derartig, dass ich ihr eine unserer alten Decken umhänge. „Wir haben für heute Nacht eine Unterkunft in der Nähe des Flughafens gebucht", sagt uns Viola. „Ich glaub', wir sollten uns langsam dorthin auf den Weg machen." Nachdem wir uns gegenseitig noch versichern, in Kontakt zu bleiben, machen sich die beiden auf den Weg, und wir sitzen da und sind heilfroh, dass wir noch rechtzeitig nach Auckland und zum Flughafen gefahren sind.

„Ich geh mal los und schau, wo es einen Schlafplatz für uns geben könnte." Peter macht sich auf den Weg, um ein geeignetes Plätzchen zu suchen. Kurze Zeit später steht er wieder vor mir: „Naja, ideal ist es nicht, aber ich habe was gefunden. Komm mit, du musst es dir anschauen und sagen, ob es für dich OK ist." Wir rollen unsere Trolleys einige Meter weiter auf dem Gehweg und kommen an die Hinterseite eines großen Flughafenhotels, wo offensichtlich eine neue Garage gebaut wird. Aufgrund dieser Baustelle, ist der überdachte Fußgängerweg mit Betonpollern gesperrt, und hinter diesen Pollern bildet sich somit eine Nische, die nicht beleuchtet, windgeschützt und überdacht ist. Zwar sind die Fenster des Hotelspeisesaals nur wenige Meter entfernt, aber durch die Büsche dazwischen, sind wir gut versteckt.

Dass die hier aufgestellten, länglichen Betontrennelemente gar nicht so schwer und verschiebbar sind, gibt den Ausschlag.
„Wenn wir den einen Poller noch ein bisschen nach hinten schieben, haben wir einen idealen Platz, und man kann unser Zelt gar nicht mehr sehen. Außerdem können wir hier vorne noch den anderen Trennpoller hinstellen. So kommt niemand auf die Idee, in unsere Richtung zu gehen", schlage ich vor. Gesagt, getan. Bevor wir aber unser Zelt hier aufbauen, muss ich wieder einmal ein bestimmtes Örtchen aufsuchen.

Da im Hotelrestaurant nebenan reger Betrieb herrscht, hat man keine Zeit, auf uns zu achten. Wir parken unsere Trolleys vor dem Eingang und betreten die noble Lobby. Wie in jedem Hotel, und vor allem in jedem Hotelrestaurant, muss es auch hier gleich in der Nähe eine Toilette geben. Ich habe sie schnell lokalisiert. Herrlich so ein warmes, luxuriöses WC. Man lernt auf einer Fahrradreise einige Annehmlichkeiten sehr zu schätzen. Während ich in den Toiletten verschwinde, schaut sich Peter an der Rezeption um.

„Sag mal, wir haben doch noch Neuseeländische Dollars. Wie wäre es, wenn wir doch ein Zimmer nehmen?", fragt er, als ich wieder auf ihn zusteuere.
„Lass mal schauen", ich packe unsere Geldbörse aus, „Wir haben noch ein, zwei, zweihundert fünfzig Dollar. Ich frag mal, was ein Zimmer kostet". Das junge Mädchen am Empfang informiert mich, dass sie noch ein Zimmer für zweihundert zehn Dollar freihätten.
„Das würde sich noch ausgehen. Was meinst du?", wende ich mich an Peter.
„Wenn ich jetzt so nachdenke, brauchen wir das Zimmer ja nur für ein paar Stunden. Wenn wir vorher daran gedacht hätten, hätten wir schon am Nachmittag einchecken können. Die haben ja gesagt, wir sollen einige Stunden vor Abflug im Terminal sein. Das heißt um halb vier müssen wir wieder aufstehen. Da zahlt sich das Zimmer nicht aus."
„Ja, stimmt! Daran habe ich gar nicht mehr gedacht."

„Außer du möchtest es gerne, dann können wir es schon machen“, lenkt Peter ein.
„Nö, ich finde es eigentlich cool, dass wir auch unsere letzte Nacht wieder am Flughafen campen. Die paar Stunden überstehen wir schon. Außerdem ist der Platz ja gar nicht schlecht“, besiegle ich unseren Plan und setze damit den Grundstein für eine der schlimmsten Nächte, die wir in Neuseeland verbringen würden. Wahrscheinlich werden wir noch viele Jahre, ja sogar den Rest unseres Lebens, mit Entsetzen an diese Camping-Nacht zurückdenken. Und das kam so...

Es ist noch nicht sehr spät, vielleicht kurz vor acht, als wir wieder am ausgespähten Schlafplatz stehen. Wir platzieren unsere Trolleys so unter dem Vordach, dass die in Kartons verpackten Fahrräder einen Sichtschutz bilden, um etwaigen, neugierigen Passanten den Blick auf unser Zelt zu verwehren. Wir üben uns im üblichen Zeltaufbau-Prozedere und diskutieren, wie so oft, wieder darüber, wie hier das Gefälle verläuft und welche Liegeposition daraus resultieren muss.

„Aber es geht doch eindeutig hier bergab. Ich kann nicht mit dem Kopf nach unten liegen!“.
„Siehst du nicht, dass hier eine Mulde ist und die Neigung in die Richtung geht? Aber bitte, du musst ja immer recht haben!“, und so weiter und so weiter. Wir sehen schließlich beide ein, dass der Platz komplett eben ist und kaum eine Schräge hat, weshalb wir uns im Endeffekt daran orientieren, wie wir auf dem engen Raum am besten ins Zelt krabbeln können.

Hier am Flughafen zelten wir auf asphaltiertem Untergrund, denn unser Kuppelzelt steht auch ohne Heringe bombenfest, solange wir darin liegen. Auch zum Fixieren der Überplane brauchen wir keine Heringe. In windstillen, trockenen Nächten ist das ein herrliches Arrangement und wir schlafen normalerweise traumhaft in unserer kleinen „Vaude-Villa“. Tja, in dieser Nacht scheint sich nicht nur das Wetter gegen uns verschworen zu haben. Als wir aufgebaut haben und selig in unseren Schlafsäcken liegen, checken wir noch kurz die Nachrichten auf unserem Tablet und besprechen, wie der nächste Morgen aussehen wird. Außerdem stellen wir einen Weckruf am Tablet auf drei Uhr dreißig, um ja nicht zu spät zum Check-in zu kommen. Den Weckruf hätten wir uns sparen können, denn wir schlafen in dieser Nacht so gut wie gar nicht.

Bereits um halb neun Uhr drehen wir uns rüber und wünschen uns eine letzte gute Nacht in Neuseeland. Da ich generell einen leichten Schlaf habe, fällt es mir an diesem Abend schon mal nicht leicht einzuschlafen. Zu viele Gedanken kreisen in meinem Kopf. Dazu kommt noch der Lärm von Passanten, die nicht weit von unserem Schlafplatz laut diskutierend vorbeimarschieren. Offensichtlich ist auch die Zufahrt zur Hotel-Tiefgarage direkt neben unserem Zeltplatz, denn in den ersten paar Stunden fahren immer wieder Autos vorbei und reißen mich zusätzlich aus dem Schlaf, oder besser gesagt aus dem halbwachen Dahindösen.

Später kommt dann das Flattern des Überzeltes hinzu, welches mit zunehmendem Wind immer stärker wird. Zuerst versuche ich noch, das lose Ende des Zeltes unter die gestapelten Satteltaschen zu klemmen und so das regelmäßige Flapflap der Plane zu unterbinden. Irgendwann gebe ich es dann auf. Schließlich höre ich zu später Stunde auch noch das Plätschern des Starkregens, der inzwischen eingesetzt hat. Das macht mir aber nichts aus, denn in weiser Voraussicht haben wir ja einen Platz unter Dach gewählt. Unsere Zeltplane wird auch wirklich von keinem einzigen Tropfen getroffen. Zumindest der Gedanke an den Regen muss mir den Schlaf also nicht rauben; das erledigen weiterhin die Windböen und unsere Zeltplane.

Irgendwann muss ich doch in den Schlaf gesunken sein, denn ich erwache wieder einmal vom Geräusch eines Autos, das nur wenige Meter entfernt aus der Tiefgarage braust. Der Regen peitscht inzwischen auf das Dach über uns und der Wind heult um das

Hotelgebäude und zerrt mit einer Hartnäckigkeit an unserer Zeltplane, dass man fast glauben könnte, wir würden in einem Windkanal zelten. Wie ist denn so etwas möglich? Am Abend haben wir doch noch geglaubt ein feines, geschütztes Plätzchen gefunden zu haben.

Als ich also versuche, alle Geräusche auszublenden, macht sich unweigerlich ein anderes Gefühl in mir breit. Ich muss mal! Ist ja nichts Neues. Immer im ungünstigsten Moment muss ich aufs Klo. Hätte ich doch am Abend nur nicht so viel getrunken. Wieder einmal muss ich mich mühsam aus dem Schlafsack schälen, eine Jacke aus dem Kleiderbündel fischen, das bei meinen Füßen deponiert ist, über Peter krabbeln und den Reißverschluss öffnen. Dann in gebückter Position meine Schuhe, die unter der seitlichen Apsis im Trockenen deponiert sind, anziehen und draußen in Kälte und Regen irgendeine uneinsichtige Ecke hinter einem Busch finden, an der ich mich erleichtern kann. Oft genug habe ich das schon zelebriert. Inzwischen haben wir uns deshalb angewöhnt, abends nicht mehr so viel zu trinken, um die nervigen, nächtlichen Expeditionen zu vermeiden.

Jetzt liege ich also wieder einmal wach und überlege, ob ich meinen Harndrang mental abwürgen kann und ob ich, falls es sowieso bald Zeit zum Aufstehen wäre, das Urinieren noch bis dahin verschieben kann. Womit wir beim nächsten Dilemma wären. Ich weiß nicht, wie spät es ist. Das ist für mich nicht nur auf Reisen eine der entscheidenden, nächtlichen Fragen. Wenn ich nachts aufwache, muss ich einfach wissen, wie spät es ist. Kann ich noch einmal einschlafen? Oder wird es sowieso bald hell und ich muss in Kürze aufstehen? Wie oft ist es mir schon passiert, dass ich wach lag und meinte, schon die Dämmerung zu sehen, um dann mit Entsetzen auf der Uhr zu sehen, dass ich erst vor zwei Stunden ins Bett gegangen war. Um hier nicht einen falschen Eindruck zu erwecken: in neunzig Prozent aller Nächte schlafe ich wie ein Murmeltier; gerne mal zehn oder elf Stunden am Stück. Mit so viel Bewegung und frischer Luft wie man sie auf einer Fahrradreise hat, ist das ja auch nicht so ungewöhnlich. Nur – in Nächten wie diesen am Flughafen, sind es nicht nur die lärmende Umgebung, die tobenden Sturmböen und der plätschernde Regen, sondern natürlich auch die Aufregung vor der großen Reise, die mich keinen Schlaf finden lässt.

Seit meine Armbanduhr aus unerfindlichen Gründen oder in schicksalhafter Voraussicht ihren Geist aufgegeben hat, muss ich in unruhigen Nächten auf die Zeitanzeige auf unserem Tablet zurückgreifen. Das Tablet verstauen wir immer neben dem Kleiderbündel im Fußraum des Zeltes.
Ich liege also da und muss einfach wissen, wie spät es ist! Deshalb öffne ich meinen Schlafsack ein wenig, richte mich auf und Taste mich in Richtung Fußende vor, um das Tablet zu finden. Was ich aber spüre, lässt mir den Atem stocken. Der Zeltboden und auch der Spannüberzug der Liegematte, also mein Leintuch, sind komplett nass. Ich taste weiter den Mattenrand entlang und muss feststellen, dass wir mit dem Kopfteil des Zeltes in einem kleinen See liegen. Unsere Liegematten sind zwar dort, wo wir drauf liegen, trocken geblieben, der gesamte Zeltboden darum herum ist aber komplett unter Wasser.

„Peter, wach auf! Hier ist alles komplett nass!“.
„Was ist los?“, kommt es verschlafen aus seiner Ecke.
„Hier ist überall Wasser. Wir liegen in einer riesigen Pfütze. Die Leintücher sind total nass!“, bringe ich verzweifelt hervor. Peter ist sofort hellwach, richtet sich ebenfalls auf und tastet über den Zeltboden.
„Scheiße, bei mir ist auch alles nass. Wir sind doch unter Dach? Wie kann das sein? Irgendwie muss das Wasser sich hier sammeln. Was für ein Chaos!“. Zum Glück sind unsere Schlafsäcke nicht nass geworden und auch nicht die Kleidung, die wir am Fußende des Zeltes deponiert haben, denn sonst hätten wir für den Flug gar nichts zum Anziehen.

„Wie spät es ist es denn?“, kommt jetzt auch von Peter die Frage. Ich ziehe also das Tablet raus.
„Zwei Uhr fünfundzwanzig!“, informiere ich ihn und bin halbwegs erleichtert, dass es nicht erst halb zwölf ist.
„Naja, der Wecker hätte sowieso in einer halben Stunde geläutet. Dann stehen wir halt jetzt schon auf“, ist Peters Kommentar zu meiner Zeitangabe. Mir ist es auch nur recht, denn der Sturm ist inzwischen ein Orkan geworden, und ich muss sowieso hinter die Büsche. In Windeseile ziehen wir uns im Zeltinneren bei Dunkelheit an, und ich stopfe die noch trockenen Schlafsäcke in ihre Hüllen. Die Kissen, deren Ecken auch schon ein wenig angefeuchtet sind, hätten wir sowieso nicht mitgenommen und deshalb werfen wir sie kurzerhand vor das Zelt. Mit den feuchten Leintüchern machen wir das Gleiche, obwohl diese extra von Peters Schwester für uns genäht worden sind und uns immer gute Dienste geleistet haben. So nass wie sie sind, wollen wir sie nicht ins Gepäck stopfen. Karin wird uns sicherlich gerne Neue nähen.

Während ich im Zelt versuche, klar Schiff zu machen, schaut sich Peter die Misere von draußen an. „Das glaubst du nicht. Genau dort wo unser Zelt steht, hat sich eine Pfütze gebildet. Rundherum ist alles trocken. Nur hier ist das Wasser reingeronnen und hat den Kopfteil unseres Zeltes geflutet“, bringt er mich auf den neuesten Stand. Inzwischen habe ich die Schlafsäcke in die Packtasche und unsere Wertgegenstände in meinen Tages-Rucksack gepackt und schäle mich aus dem Zelt.
„Pass auf! Halt das Zelt fest, sonst bläst es uns der Wind noch weg“, ruft mir Peter über den röhrenden Wind zu. Das ist nicht so abwegig, denn wie gesagt, verwenden wir keine Heringe, und jetzt, da wir das Zelt mit unserem Gewicht nicht mehr am Boden halten, kann es jeden Moment davonfliegen. Peter hält also mit aller Kraft das Zelt fest, während ich noch die Liegematten aus dem kleinen Ausgang ziehe. Sie sind an der Unterseite komplett nass. So können wir sie nicht mitnehmen.

„Wir müssen das Zelt und die Matten unbedingt irgendwie trocknen, bevor wir alles einpacken", ist Peter schnell klar.
„Ich lege mal die Matten auf unsere Gepäcktrolleys, damit sie vom Wind getrocknet werden", schlage ich vor und bugsiere die Dinger, mich gegen den Sturm stemmend, irgendwie auf die Trolleys und klemme sie dort fest.
„Hilf mir mal hier!", ruft mir Peter über das Heulen des Windes zu. „Halt das Zelt fest, während ich die Überplane losmache!". Ich versuche also irgendwie, das wie ein bockiges Pferd herum springende Zelt festzuhalten, und Peter löst die Haken der Überplane, die daraufhin wie ein riesiges Segel in seiner Hand flattert. Laut fluchend versucht er, die Plane, ohne Schaden zu nehmen, an der Plakatwand nebenan zu fixieren. Diese ist gleichzeitig die Seitenwand des Gehsteigs und hätte für uns als Windschutz fungieren sollen. Statt den Wind abzuhalten, kanalisiert sie aber den Sturm und lässt ihn wie verrückt über uns hinwegsausen. Wir versuchen nun, diesen Windkanal zur Trocknung aller nassen Sachen zu verwenden.

Peter fasst das Kuppelzelt am Gestänge und hält es wie ein Kitesegel gegen den Wind. Es flattert hin und her, und die Seitenwände flappen so laut, dass wir fast Angst haben, sie könnten zerreißen. „Kannst du es mal kurz halten? Ich muss die Überplane nehmen, denn die hält sich nicht mehr lange", bittet er mich mit erhobener Stimme. Ich nehme also das Zelt, und der Sturm reißt es mir fast aus den Händen. Geistesgegenwärtig kann ich gerade noch einen Zipfel der Seitenwand fassen. So stehe ich also da um halb drei Uhr früh am Flughafen von Auckland, stemme mich gegen den Sturm und halte ein hin und her flatterndes Zelt in meinen Händen. Die Situation ist so surreal, dass es fast schon wieder zum Lachen ist. Leider ist uns aber beiden nicht danach, denn wir versuchen nur irgendwie den Elementen zu trotzen und unser Hab und Gut zu sichern. Gefühlt dauert dieser Kampf mit Wind und Sturm ewig.

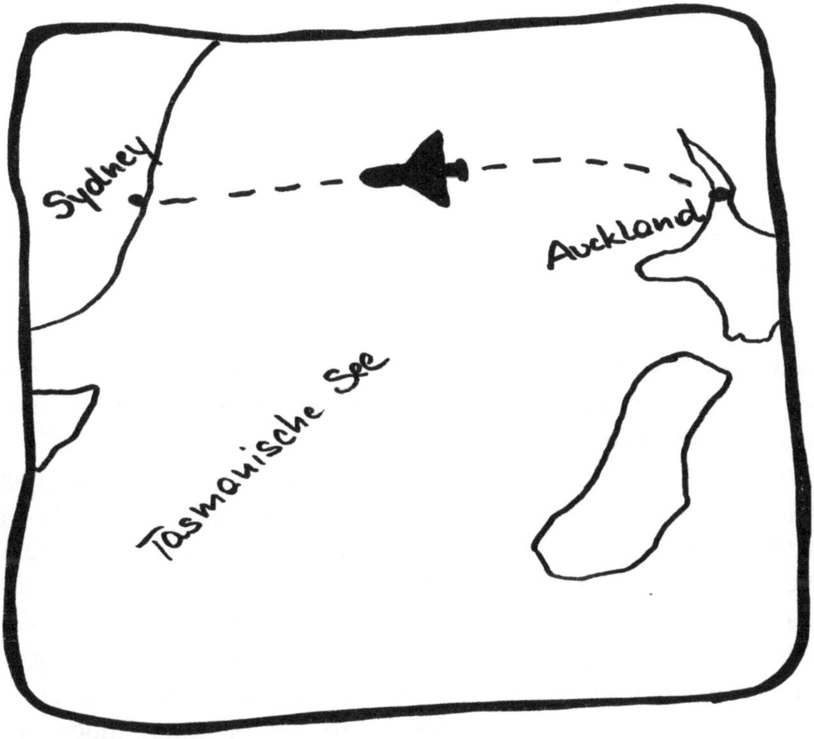

10. Etappe
Auckland - Sydney

Als wir schließlich das Gefühl haben, dass der Zeltboden und unsere Matten etwas abgetrocknet sind, werfen wir die Sachen vorerst nur provisorisch auf unsere Trolleys und machen uns auf den Weg ins geschützte Check-in Terminal. Wir wissen, dass der Zugang nur mit einem Flugticket für einen Flug am selben Tag möglich ist und wir sind so froh, dass wir nun zu den Auserwählten zählen, die das Flughafengebäude betreten dürfen. Noch völlig übermüdet und abgekämpft von der Trocknungsaktion schleppen wir uns, an unseren Trolleys hängend auf den Wachmann vor dem Eingang zu. Wir müssen ein Bild abgeben wie zwei Überlebende eines Schiffsunglücks. Auf jeden Fall lässt uns der Gorilla am Eingang nicht nur aufgrund unseres vorgezeigten Flugtickets, sondern vielleicht auch ein wenig aus Mitleid mit diesen zwei traurigen Figuren, sofort ins Terminal hinein.

Wir finden uns in einer hohen, fast völlig leeren Abflughalle mit den typischen Check-in Plätzen wieder. Es ist nichts los. Rein gar nichts. Inzwischen ist es kurz nach halb vier Uhr früh und unser Flug ist mit Abflug um neun Uhr geplant. Zwar hat man uns nahegelegt, früh genug am Flughafen zu sein, aber fast sechs Stunden vor Abflug ist trotz Corona Pandemie wahrscheinlich zu früh. Wir bemerken die Desinfektionsstation beim Eingang und nutzen die Gelegenheit, um uns, unsere Trolleys und alle sich anbietenden Oberflächen mit Desinfektionsmittel zu behandeln.
„Boah, jetzt muss ich aber aufs Klo!“. Ich habe, vor lauter Aufregung beim Aufwachen, meine volle Blase komplett ausgeblendet. Doch jetzt meldet sie sich vehement zurück, und ich renne fast schon zum WC, das sich in der Ecke der Abflughalle befindet. Als ich mich beim Händewaschen im Spiegel der Toilette sehe, bietet sich mir ein bemitleidenswertes Bild. Völlig zerzaust, mit verquollenem Gesicht und roten Augen starre ich mir daraus entgegen. Oh, mein Gott! Hoffentlich kann ich irgendwo beim Gate ein Plätzchen finden, wo ich noch ein paar Minuten schlafen kann. Ich bin total übermüdet. Ein wenig kaltes Wasser ins Gesicht hilft da auch nicht mehr.

Peter wartet inzwischen bei unseren Sachen und kommt mir schon entgegen, als ich wieder auf unser Gepäcksammelsurium zusteuere. Er hat nochmals das Zelt und die Liegematten rausgeholt und über irgendeine Fluglinien-Werbetafel gehängt, beziehungsweise auf einer Sitzbank ausgebreitet. Wenn die Sachen halbwegs trocken sind, können wir unser Gepäck fertig machen.

Das Gewicht ist diesmal kein Thema, denn mit den Business Class Tickets dürfen wir zwei mal dreißig Kilo mitnehmen. Unsere Reisepässe, Kreditkarten und Bankkarten kommen in unserem Geldgürtel, so wie immer wenn wir auf Reisen sind. Von der spärlichen Kleidung, die man als Radreisender dabeihat, haben wir den Großteil in mehreren Schichten angezogen. Da wir natürlich keine Winterkleidung dabeihaben, muss die Zwiebeltechnik herhalten. Und so bin ich bekleidet mit meiner bequemen Sportleggings und darüber der langen, aber dünnen Wanderhose, einem Top, darüber mein Merinoshirt, meine Merino-Kapuzenjacke, meine Softshelljacke und meine Regenjacke. Das einzige Paar lange Socken und die Wanderschuhe komplettieren den Reiselook. Außerdem haben wir beide unsere Schlauchschals um den Hals, denn wir wollen diese als Mundschutz im Flugzeug verwenden.

Da sitzen wir also zu nachtschlafender Zeit auf einer Wartebank im Abflugterminal. Einerseits sind wir todmüde, aber andererseits angespannt und aufgeregt, ob wir unsere Heimreise um den halben Globus wirklich antreten können.
„Wenn das klappt, dann gibt es ein ganz dickes Bussi!“, ist Peters zweifelhaftes Versprechen.
„Stell dir vor, nur ein paar Stunden später und wir können nicht mehr über Australien fliegen. In zwei Tagen machen die hier alles zu“, setze ich eins drauf und drücke ihm schon jetzt einen dicken Schmatz auf den Mund.
„Die Heimreise ist auf jeden Fall das Beste, was wir tun können. In wenigen Tagen, ist es wahrscheinlich nicht mal mehr möglich, einen Campingbus zu leihen, und die Hotels und Campingplätze machen bei einem totalen Lockdown sicher auch alle zu. Wo würden wir dann hingehen?“, dreht Peter am Gedankenkarussell und malt ein Bild von der Situation, die uns erwarten würde, wenn wir hier in Neuseeland bleiben würden.

Irgendwie glauben wir beide noch nicht wirklich daran, dass dieser Heimflug funktionieren wird. In dieser weltweit außergewöhnlichen Situation weiß man ja nie, ob man nicht irgendwo strandet und irgendwelche Flüge einfach gestrichen werden. Sharon vom Reisebüro hat uns informiert, dass wir in San Francisco unser Gepäck wieder abholen müssen, um es für den Flug nach Frankfurt neu einzuchecken. Was, wenn wir in San Francisco hängen blieben? So viel Unsicherheit und so viele Fragezeichen. Wir hoffen jetzt einfach auf das Beste und lassen uns nicht entmutigen.

„Siehst du schon, ob eine Check-in Station für unseren Flug bereits besetzt ist?", frage ich Peter, der den Platz mit besserem Überblick über die lange Reihe an Check-in Desks mit den typischen Absperrbändern davor hat.
„Nö, da tut sich nichts. Nur zwei Stationen sind besetzt. Das ist aber ein Flug nach Christchurch", informiert er mich nach einem kurzen Blick hinüber.

„Ich gehe mal schauen, was auf der Abflugtafel steht", schlage ich vor und mache mich auf den Weg zu der riesigen Überkopftafel gegenüber dem Haupteingang, auf der alle Flüge angezeigt werden. Viel ist dort nicht zu sehen, denn die Anzahl an abgehenden Flügen hat sich aufgrund von Corona schon seit einigen Wochen stark reduziert. Flüge von und nach China gibt es bereits seit Mitte Februar nicht mehr. Die Frühflüge ab Auckland sind zum Großteil mit dem Vermerk „Cancelled" versehen, und ich kann nur eine Handvoll Auslandsflüge nach Australien, Übersee oder in den Nahen Osten ausmachen, die offensichtlich tatsächlich stattfinden. Darunter zum Glück auch unser Flug. Dort steht zu meiner Erleichterung kein „Cancelled" oder „Delayed", sondern „Scheduled", was ein gutes Zeichen ist.

Ich suche noch die Reihe der Check-in Stationen ab, um zu sehen, ob hier irgendwo schon unser Flug nach Sydney abgefertigt wird, bin aber natürlich erfolglos. Viereinhalb Stunden vor Abflug. Das ist wirklich früh. So schlendere ich zurück zu Peter und berichte ihm von meinen Beobachtungen. „Mittlerweile kommen schon mehr Leute. Wenn jeder darauf hingewiesen wird, mindestens vier Stunden vor Abflug am Flughafen zu sein, ist das auch kein Wunder." Wir starren noch ein wenig vor uns hin, holen dann aber unser Tablet wieder raus und checken in WhatsApp unsere

Nachrichten. Tatsächlich haben sich meine Eltern gemeldet und teilen uns mit, wie erleichtert sie sind, dass wir bald nach Hause kommen. Außerdem hat unsere Freundin Gaby geschrieben, dass wir sie gerne kontaktieren können, wenn wir irgendetwas brauchen. Es täte ihr leid, dass sie letzte Nacht nicht zum Telefon gegangen sei. Sie hätte uns gerne mit ihrer Kreditkarte ausgeholfen. „Voll nett, die Gaby!“, sind wir uns einig. Wir antworten ihr kurz und teilen ihr mit, dass wir in achtundvierzig Stunden wieder in Vorarlberg sein werden und bereits einen Plan haben.

Es ist schon fast halb fünf, und wir können sehen, dass mittlerweile schon eine größere Anzahl anderer Reisender das Flughafengebäude betritt. Ob das wohl auch Europäer sind, die gerade noch einen Flug nach Hause ergattert haben?
„Ich glaub, ich packe mal das Zelt wieder ein. Es ist schon gut trocken“, beschließt Peter, wie immer um unsere Behausung bemüht. „Ja, die Matten kann ich auch zusammenrollen und verstauen“, schließe ich mich ihm an. Wir packen alles ein, schließen die letzten Taschen und machen uns daran, alle Gepäckstücke mit Adressschildern zu versehen, die wir vom Reisebüro bekommen haben.
Neben den Fahrrädern, die in ihrer Hülle aus zusammengeklebten, folienbespannten und mit Schnüren umwickelten Kartons wirklich ein rustikales Bild abgeben, haben wir jeder noch eine Packtasche zum Aufgeben und einen Rucksack als Handgepäck.

„Weißt du was? Wir haben doch Business Class Tickets. Da können wir doch an einem separaten Schalter einchecken“, trifft mich wenig später ein Geistesblitz. „Ich geh mal schauen, ob der schon offen ist“, und schon trabe ich los und finde tatsächlich einen sehr elegant aussehenden Schalter vor einer in Lila und Orange beleuchteten Milchglaswand, hinter dem zwei nette Damen sitzen. Darüber prangt in großer Schrift „Business Class – New Zealand Air“. Wow, yeah! Das ist unser Check-in Schalter. Ich frage die beiden Ladies, ob

wir für den Flug NZ184 bereits einchecken können, und als sie das bejahen, mache ich mich sofort auf, um Peter zu holen.
So präsentieren wir wenige Minuten später den beiden Air New Zealand Mitarbeiterinnen unser rustikales Gepäck, das in so einer Form wahrscheinlich nicht oft über den Business-Class Tresen läuft. Statt Rimowa und Louis Vuitton diesmal Ortlieb und zwei zusammengeflickte Kartonungetüme. Die Damen sind aber unbeeindruckt, lassen sich unsere Pässe zeigen und starten das Check-in ohne Murren und Meckern. Die Fahrräder müssen wir an einem separaten Gepäckband für sperriges Gepäck und Sportgeräte abgeben. Dabei ist uns sogar ein netter Mitarbeiter behilflich, der wie eine Art Butler für das exklusive Business Class Klientel parat steht. Wir wechseln einen kurzen Blick mit hochgezogen Augenbrauen und können uns ein Grinsen über diese absurde Situation nicht verkneifen. Abgesehen davon sind wir total happy, dass man uns die Boarding-Karten für alle Flüge bis Frankfurt bereits ausgestellt hat. Das ist ein gutes Zeichen, und unsere Zweifel, ob wir bis Deutschland ohne Probleme durchkommen, werden immer weniger.

„Wo müssen wir jetzt hin?", frage ich die zwei Damen, als alles erledigt ist. Sie deuten auf eine Aufzugtür gleich neben dem Schalter: „Das ist der Lift zum Gate." Ein eigener Lift zum Gate. Das ist doch mal was. Der Butler drückt für uns auf den richtigen Knopf und schickt uns damit in den Business Class Himmel. Naja, eigentlich kommen wir nur eine Etage höher an und finden uns vor der Sicherheitskontrolle wieder, die unser Handgepäck und uns komplett durch röntgt und schließlich in den stinknormalen Duty-Free-Bereich entlässt.
„Wenn es für Business Class Passagiere so ein Check-in gibt, dann gibt es doch sicher auch eine coole Lounge, wo wir uns vielleicht noch aufs Ohr hauen können", sage ich zu Peter und sehe uns schon in weichen Couchen oder auf Massagestühlen dösen. Tatsächlich finden wir ein Hinweisschild, das den Weg zur Business Lounge

weist, müssen dann aber enttäuscht feststellen, dass diese aufgrund von Corona geschlossen ist.

Wir machen uns also auf den Weg zu Gate Nummer vierzehn, welches für unseren Flug auf der Boardingkarte vermerkt ist. Hier ist noch nicht viel los, obwohl es bereits nach sechs Uhr ist. Die Duty-Free-Geschäfte lassen wir völlig unbeachtet links liegen, und setzen uns auf die unbequemen Bänke vor unserem Gate. Wir beobachten das Treiben und können draußen in der Finsternis sogar die Maschine sehen, mit der wir in circa drei Stunden nach Sydney fliegen werden. Es ist keine riesige Maschine, aber eine recht neue, und ein großer stilisierter Farn, das Nationalsymbol für Neuseeland, prangt in schwarz-weiß auf der Außenhaut der Passagierkabine.

Neugierig platzieren wir uns an der großen Glasfront des Wartebereichs und beobachten das Wuseln der Flughafenmitarbeiter, die die Bordverpflegung einladen und mit einem kleinen Tankwagen den Vogel betanken. Das alles braucht seine Zeit und schließlich beobachten wir auch, wie mit Anhängern das Gepäck in kleinen Containern in den Bauch des Flugzeugs bugsiert wird. Am Gate ist schon einiges los. Viele Reisende haben es sich auf den Bänken gemütlich gemacht, und man merkt an der Nervosität und an den belauschten Unterhaltungen, dass einige Europäer dabei sind, die auch noch nicht genau wissen, ob sie es nach Hause schaffen werden.

Wir lungern auf den Bänken herum und dösen ein wenig vor uns hin. Als um zwanzig nach acht schließlich das Bodenpersonal die Plätze hinter dem Tresen am Gate einnimmt, kommt Bewegung in die Menge. Eifrig werden Boardingpässe rausgesucht, Bücher im Handgepäck verstaut und herum springende Kinder zusammengetrommelt. „Sehr geehrte Damen und Herren. Wir beginnen mit dem Boarding des Fluges NZ184 nach Sydney und bitten zuerst alle Passagiere mit Beeinträchtigung sowie Familien

mit Kindern und unsere First und Business Class Passagiere zum Boarding zu kommen“, klingt es aus den Lautsprechern.
Wir schauen uns an und grinsen, denn zumindest in diesen Momenten haben sich die zwölftausend Euro, die wir insgesamt ausgegeben haben, gelohnt. „Komm, wir gehen gleich als Erste an Board. Da können wir zumindest anständig sitzen und es uns richtig gemütlich machen“, schlage ich vor.

Normalerweise, also wenn wir in der Holzklasse sitzen, sehen wir zu, dass wir so ziemlich als Letzte einsteigen, um die lange Zeit in den engen Sitzreihen ein wenig zu verkürzen. Jetzt aber besteht kein Grund dafür, und so sind wir unter den ersten, die vortreten. Fast schon stolz zeigen wir unsere Bordkarten mit den Sitznummern 4E und 4H und natürlich auch unsere Reisepässe zum Namensabgleich. Alles läuft ohne Probleme und wir werden vom Bordpersonal freundlich am Vordereingang des Flugzeuges begrüßt. Unsere Plätze haben wir schnell gefunden. Sie sind ja auch gleich ganz vorne, und wir sind begeistert von den großzügigen Stühlen und den anderen kleinen Annehmlichkeiten. Wir haben das natürlich schon erwartet, sind aber trotzdem froh, nicht in dem vollgestopften Economy Bereich sitzen zu müssen. Vor allem in Anbetracht der grassierenden Pandemie ist es beruhigend, mit großem Abstand sitzen zu können. Trotzdem ziehen wir sofort, nachdem wir die Plätze eingenommen haben, unsere Schlauchschals als Mund-Nasenschutz an.

Dieser Flug nach Sydney wird nur zweieinhalb Stunden dauern und ist wahrscheinlich der letzte, aus dem Passagiere zum Transit durch Australien zugelassen werden. Wir werden um halb elf Ortszeit landen und ab zwölf Uhr mittags wird dann der Transit untersagt, so die Info von Sharon aus dem Reisebüro. Dementsprechend sind wir froh, als kurz vor neun Uhr die Flugzeugtüren geschlossen werden, da offensichtlich alle Passagiere in der Maschine sind. Die Maschine und so auch der Business Class Bereich ist proppenvoll. Schon startet der Vogel und die Turbinen fangen langsam an, auf Touren zu kommen.

Wir warten darauf, dass das Flugzeug vom Terminal nach hinten rollt, doch es bewegt sich die längste Zeit nicht vom Fleck. Die ersten zehn Minuten sind wir noch recht entspannt, als wir dann aber bereits zwanzig Minuten mit laufenden Turbinen am Terminal stehen, werden wir doch ein wenig nervös.
„Was ist denn da los? Oh Mann, hoffentlich kommen wir bald weg. Wenn wir so spät abheben, versäumen wir vielleicht noch unseren Anschlussflug, und die Einreise in Australien wird dann auch nicht einfacher“, fasst Peter seine Bedenken zusammen. Fast schon will er die Stewardess um Informationen bitten, als eine Durchsage des Kapitäns aus den Lautsprechern schallt: „Sehr geehrte Damen und Herren, es befindet sich ein unbegleitetes Gepäckstück in unserer Maschine, weshalb wir nochmals den Gepäckraum öffnen und dieses Gepäckstück herausholen müssen. Die Verzögerung wird noch circa fünfzehn Minuten dauern. Wir danken für Ihr Verständnis!“.

Jetzt wissen wir Bescheid und hoffen, dass es wirklich nicht länger als fünfzehn weitere Minuten dauern wird. Tatsächlich sehen wir, dass ein kleiner Transporter am Flugzeug parkt und an der leichten Erschütterung des Rumpfes merken wir, dass die Gepäck-Ladeluke wieder geöffnet wird.
„Na klar, das ist so eine Anti-Terror-Regel. Denn sonst könnte ja irgendjemand einfach eine Bombe an Bord platzieren!“, sage ich zu Peter.
„Hauptsache wir sind in wenigen Minuten in der Luft“, kommt es von ihm.

Als die Gepäckaktion erledigt ist, läuft alles wie am Schnürchen, und wir sind mit fünfzig Minuten Verspätung schließlich in der Luft. Von meinem Fenstersitzplatz kann ich noch einmal den Flughafen von Auckland aus der Vogelperspektive sehen und muss an unsere

Ankunft vor vier Monaten denken, und wie neu und fremd damals alles war. Nach vier Monaten mit dem Fahrrad auf den Straßen von Neuseeland kennen wir einen Großteil dieses faszinierenden Landes, und ich erinnere mich wieder an einige unserer schönen Erlebnisse....

Nach dem Frühstück am 22.12. radelten wir über nette Nebenstraßen zwischen Bauernhöfen und Schafen nach Inglewood, wo es eine zweite Frühstückspause gab. Danach waren es nur mehr ca. 20 km bis ans Meer zum Fitzroy Holiday Park in New Plymouth. Wir ergatterten gerade noch einen Platz für 3 Nächte. Hier am Meer kam richtiges Urlaubsfeeling auf und die Leute (hauptsächlich Einheimische) vergnügten sich am Strand und beim Grillen.
Wir campten auf einem winzigen Platz auf einer Anhöhe mit Windschutz, denn der Wind blies ganz schön heftig.

Am nächsten Tag spazierten wir in die Stadt und besuchten das nette Zentrum und die tolle Touristinfo. Der Wind blies leider noch immer stark. Wir kauften noch etwas ein (vor allem Peter kaufte einen neuen Schlafsack, einen wärmeren!) und verbrachten den Nachmittag an unserem Platz an der Sonne mit Faulenzen und Lesen. Im Novotel hatten wir auch noch vorbeigeschaut, denn dort wollten wir unser Weihnachtsfrühstück machen. Wir reservierten einen Tisch. Nach dem Abendessen gingen wir zum Brookland Park, wo es das Festival of Lights gab. Wir waren zu früh und saßen deshalb zwischen 19:30 und 20:30 am Café am See herum und beobachteten die Touristen und Einheimischen. Dann ging es los und die Lichter wurden angemacht. Bäume, Wasserfälle und Skulpturen wurden farblich beleuchtet - einfach nett. Erst um 22:00 waren wir wieder am Campingplatz.

Am 24.12. fuhren wir mit den Rädern zum Novotel und das Buffet war echt lecker, und wir frühstücken dort von 07:45 bis 10 Uhr. Am Nebentisch saß eine kleine Urlaubergruppe aus Waging (Bayern), mit denen wir ins Gespräch kamen.
Nach dem Frühstück radelten wir zum Brooklandpark, schauten uns den kleinen Zoo dort an und schlenderten durch die wildromantische Parkanlage. Von dort ging es weiter bis zu den Hafenanlagen im Südosten der Stadt, wo wir einen kleinen Felshügel mit Aussicht auf die Küste bestiegen. Schließlich fuhren wir noch zurück ins Zentrum und von dort weiter zu unserem Zeltplatz. Gegen 18 Uhr packten wir unsere Schmutzwäsche und beim Laundromat in Fitzroy, dem Stadtteil nicht weit vom Holiday Park, machten wir unsere Wäsche. Wir wurden gerade rechtzeitig zur Weihnachtsmesse in der benachbarten Kirche fertig. Dort, hatten wir ausfindig gemacht, gab es ein Weihnachtssingen um 19:30 und anschließend eine Messe. Durch unsere Sitzplätze in der hintersten Reihe konnten wir nicht zwischendrin abhauen und so machten wir das volle Programm mit. Um 21:00 war die Messe vorbei und wir gönnten uns noch eine kleine Pizza zu zweit bei Domino's.

Für 25.12. war unsere Abfahrt geplant, und wegen des Feiertags war es auf den Straßen auch richtig ruhig. Es nieselte leicht, aber nur die erste halbe Stunde. Zuerst gab es einen

Anstieg an den Flanken des Vulkans Taranaki und später eine lange Strecke zur Umrundung desselben. Wir mussten zahlreiche Bäche überqueren, was meist eine vorherige Abfahrt und anschließende Anstiege nach sich zog. Wir machten 85 km und 800 Höhenmeter. Am späteren Nachmittag kochten wir beim Sportzentrum eines kleinen Ortes irgendwo im Nirgendwo und wuschen uns gleich dort in der öffentlichen Toilette. Danach radelten wir noch ein paar Kilometer, bis wir einen Freedom Campingplatz mit einer großen Wiese und wenigen Campern fanden. Dort verbrachten wir die Nacht.

Am 26.12. ging es weiter mit der Taranaki-Umrundung, und wir kamen tatsächlich bis kurz vor Whanganui. Am netten Strand von Ka Iwi, den wir uns viel einsamer und uninteressant vorgestellt hatten, war viel los, und wir kochten gemütlich vor den öffentlichen Duschen und Toiletten, wo wir uns zuvor noch kalt geduscht hatten. Wir wollten dort auch übernachten, aber das Strandgelände wurde bei Sonnenuntergang abgesperrt. Deshalb checkten wir zu später Stunde doch noch am nahen Campingplatz ein. Am nächsten Morgen sind wir ganz früh los. Es waren nur mehr wenige Kilometer bis Whanganui, und wir steuerten um 08:00 zuerst den New World Supermarkt an, wo wir Frühstück einkauften. Von dort sind wir dann weiter zum Campingplatz Caroline's Boatshed, wo wir einen kleinen Platz zwischen lauter Dauercampern bekamen. Wir machten gemütlich Frühstück und sind dann in den Ort gelaufen. Der Wind war hier auch richtig fies, und Peter wurde fast kirre. Das Ortszentrum war ganz nett, vor allem die Victoria Street, wo es eine lange Geschäftszeile gab. Wir kauften Brennbenzin und gingen dann auf eine Pizza zu Pizza Hut. Diese hat mir nicht so gutgetan, denn ich bekam aus unerfindlichem Grund einen Allergieschock und Ausschlag, weshalb wir zügig zum Zeltplatz zurückkehrten und nach einer langen Dusche ins Bett gegangen sind.

Am 28.12. waren wir froh, dass es von Whanganui weiter ging und radelten auf dem Highway 3 in Richtung Bulls, wo es was Süßes für Zwischendurch gab. Die Landschaft änderte sich wieder und wir hatten super Rückenwind. Wir trafen auch ein nettes englisches Radler-Pärchen, mit dem wir am Straßenrand ein wenig quatschten. Nach Bulls nahmen wir einige Nebenstraßen und genossen den wenigen Verkehr und den Rückenwind. Wir machten an diesem Tag 108 km, aber nur 500 Höhenmeter. Wir machten Pause in einem Ort in der Nähe von Palmerston North, wo wir bei einer Schule neben dem örtlichen Pool eine nette, windstille Bank fanden. Dort konnten wir gemütlich kochen. Die Landschaft hier war sehr schön und wir sahen seeeehr viele Milchautos. Schließlich fanden wir auch die Quelle der Milchautos, denn in dem Ort war der große Milchhof, bei dem sie alles abluden. Da mussten wir natürlich auch vorbeischauen.
Nach dem Essen ging es noch ein paar Kilometer weiter, bis wir in Shannon ankamen. Dort fanden wir hinter dem Rugbyplatz einen ruhigen Zeltplatz in den Büschen, an dem wir herrlich geschlafen haben. Zuvor konnten wir uns bei einer öffentlichen Toilette gut waschen und alles trocknen. Es war ein guter Tag und das Wetter war herrlich.

29.12. Von Shannon waren es ca. 17 km nach Levin, be wir im New World noch ein zweites Frühstück kauften und am Spielplatz verspeisten. Weiter ging es in Richtung Waekane, wobei wir noch einen Kaffeestopp in Otaki einlegten. Nur 27 km nach Levin waren wir dann in Waekane Beach, wo einiges los war, da es ja Sonntag war. Wir schauten nur kurz zum windigen Strand rüber und beschlossen, am Spielplatz hinter den Dünen, wo auch ein nettes Lokal mit Livemusik in der Nähe war, zu bleiben. Hier gab es Toiletten mit Außendusche (kalt) und so konnten wir uns auch noch kultivieren und dann in der Sonne liegen. Zu essen gab es nur Tomatensalat mit Taco-Brot und um 18:30 radelten wir vom Strand in Richtung Ortszentrum von Waekane, wo wir relativ lang herumsuchten, um einen Schlafplatz zu finden. Es wurde schließlich wieder ein Park in der Nähe eines Rugby-Feldes. Dort gab es einen Wald mit Büschen und wir schlugen in einer uneinsichtigen Stelle unser Zelt schon um 19:30 auf und schliefen recht früh.

Am 30.12. war es regnerisch und grau, obwohl der Wetterbericht schönes Wetter angesagt hatte. Gott sei Dank war es aber nicht kalt. Bereits kurz nach 8 Uhr waren wir beim New World und kauften Brot fürs Frühstück. Gleich in der Nähe, im Zentrum von Waekane, neben der Library, fanden wir einen Picknicktisch unter Dach und machten dort Frühstück. Danach sind wir noch in die Library, um ein wenig Büroarbeit zu erledigen. Dann ging es los auf die nette, kleine Bergstraße Richtung Hutt Valley. Wir mussten zuerst ca. 400 Höhenmeter Anstieg auf einer einsamen, kurvigen Straße bewältigen, und dann gab es eine sehr schöne Abfahrt auf der anderen Seite. So kamen wir ins Hutt Valley und dachten, wir hätten das Schlimmste überstanden. Leider zog dort aber Schlechtwetter auf, und entlang dem Hutt Fluss blies ein fieser Gegenwind und trieb graue Wolken ins Tal. Die Kilometer bis Wellington (ca. 38 km) waren nicht so lustig. Um ca. 15 Uhr kamen wir im Livingstone Hotel an, wo wir mit ein paar anderen Campern hinter dem Parkplatz unser Zelt aufstellen konnten (für 30$ /Nacht). Hier duschten wir, kochten in der Gemeinschaftsküche und machten Schreibarbeiten, denn das Wetter war grau und ungemütlich.

Der 31.12. war ein schöner Tag, und wir erkundeten Wellington. Unter anderem besuchten wir das Regierungsgebäude, wegen seiner Form Bienenkorb genannt, und machten eine kurze Gratis-Tour durch das Gebäude mit. Dann spazierten wir hoch zur Bergstation der Seilbahn, schlenderten dort rum, und da es keine Kontrollen gab, stiegen wir einfach in die Bahn ein und fuhren runter. Leider haben wir nicht bedacht, dass in der Talstation Ausgangskontrollen waren. Ojeoje! Da blieb nur die Masche mit den ahnungslosen Touristen, die ihr Ticket weggeworfen hatten und nicht wussten, dass man für den Ausgang auch noch mal das Ticket braucht. Peter konnte das gut und die junge Dame ließ uns unbehelligt raus. Phuuu!! Wellington war bis auf die Seilbahn und die Touristen-Hotspots recht ausgestorben, denn an den Feiertagen sind viele Büros, Geschäfte und Restaurants zu. Am Abend gönnten wir uns ein Essen beim Inder und danach schlenderten wir zum Hafen bzw. zur Lagune, wo es eine Bühne mit Livemusik gab, die ab 20:00 bespielt wurde. Um 21:00 wurde ein Mini-Feuerwerk für Kinder abgeschossen und danach ging es weiter mit Musik. Wir hatten uns zwei Bier gekauft und schlürften diese heimlich in einer Ecke, denn Alkoholkonsum war im öffentlichen Raum verboten. Bis Mitternacht hielten wir aber nicht durch, sondern schlenderten schon um kurz nach 23:00 zu unserer Unterkunft, wo man auf der Terrasse beim Haupteingang einen schönen Blick aufs Zentrum und aufs Feuerwerk hatte, das dann um Mitternacht abgefeuert wurde.

Der Neujahrstag war wieder grau in grau, und wir frühstückten ausgiebig in unserer Unterkunft und machten dann einen Spaziergang auf den Mt. Victoria hinter dem Hotel. Von dort runter an die Promenade und gemütlich durch die Stadt.

Am 02.01. hatten wir die Fähre auf die Südinsel gebucht und am Vormittag wollten wir noch Wäsche waschen. Dazu radelten wir in die Vorstadt in der Nähe des Krankenhauses und fanden einen Laundromat, in dem einiges los war. Mittags waren wir mit der Wäsche fertig und machten uns auf zum Fährhafen, der relativ weit vom Zentrum entfernt liegt. Um 13:00 checkten wir ein und um kurz nach 14:00 fuhr die Interislander Fähre ab. Die Überfahrt dauerte 3 Stunden. Radler und Hundebesitzer durften das Schiff als Erste betreten, weshalb wir einen guten Platz ganz vorne im Schiff mit schöner Aussicht ergatterten. Das Wetter war wieder schlechter und sehr windig, aber da das Schiff sehr groß war, war das kein Problem. Um 17:30 kamen wir bei schönem, warmem Wetter in Picton an und radelten ins Zentrum. Dort an der Promenade kochten wir uns eine Kleinigkeit, gingen noch in den

örtlichen Supermarkt einkaufen und radelten dann raus zu einer Sportanlage, hinter der wir uns in die Büsche schlugen.
Am nächsten Morgen ging es weiter auf der Küstenstraße Richtung Blenheim. Wir stellten uns die Fahrt entlang der Küste idyllisch vor und freuten uns darauf. Leider wussten wir nicht, dass der Hauptteil eine staubige Kiesstraße mit elenden Steigungen sein würde. Auch das Wetter wurde im Laufe des Tages immer ungemütlicher, und wir kamen nach 80 anstrengenden Kilometern hundemüde und geschafft an dem günstigen Campingplatz am Meer ca. 20 km vor Blenheim an. Für 18 $ campten wir dort unter den Bäumen, denn es hatte zu nieseln begonnen. Unsere Räder und wir waren völlig mit Staub paniert. Wir wuschen uns notdürftig im Klo, aber als Peter auch die Räder zur Wäsche dorthin mitnehmen wollte, kam die resolute Hausmeisterin und verscheuchte ihn. Wir waren schon früh im Zelt, da bei dem Schmuddelwetter nicht viel zu tun war und keine Ansiedlung in der Nähe war.

Am 04.01. war das Wetter schon besser und Peter bemerkte mit Entsetzen, dass er seine Wohlfühljacke am Vortag bei unserem Lagerplatz verloren haben musste. Da wir auf keinen Fall nach Picton zurückradeln wollten, machten wir uns auf nach Blenheim, wo es einen Kathmandu-Sportmodeladen gab, und Peter eine neue Jacke fand. Hurra! Wir schlenderten durch den Ort, gingen noch Vorräte einkaufen und radelten von dort weiter auf einer Nebenstraße durch das Weinanbaugebiet bis wir schließlich nach Seddon kamen. Dort flüchteten wir uns in ein Café namens Cosy Corner, denn es war ungemütlich und kühl *geworden. In dem Lokal aßen wir zum ersten Mal Fish & Chips und wollten gar nicht mehr raus aus der mollig warmen Stube.*

Schließlich fragten wir die Wirtin des Cafés, ob wir in ihrem Garten zelten dürften. Sie klärte uns auf, dass es im Ort einen Holiday Park gäbe. Den gingen wir uns anschauen und fanden ein relativ leeres Camp mit einer netten Küche. Wir checkten dort ein und kochten und hatten es richtig fein in der Küche. An diesem Abend beschlossen wir, im Februar in Dunedin das Queen-Konzert zu besuchen und buchten die Tickets online.

Fotos:

Seite 205
oben: Camping Airport am Morgen danach, das Zelt steht noch!
unten: Straße durch den Neuseeländischen Urwald mit Farnbäumen

Seite 206
oben: Straßenszene in Stratford mit dem Uhr Turm als Wahrzeichen
unten: Unsere Fahrräder durften meistens im Zimmer mit uns „übernachten"

Seite 207
oben: Wellington mit der beliebten Cable Car im Vordergrund
unten: Mit meinem E-Reader in unserem gemütlichen Heim

Seite 208
oben: Ein gut gefüllter Gratis-Übernachtungsplatz
unten: Packaktion am Flughafen am Tag vor unserem Rückflug

CENTRAL
BUILDINGS
Bags & Luggage
Clothing
General Sports

Spark
ROLL OUT

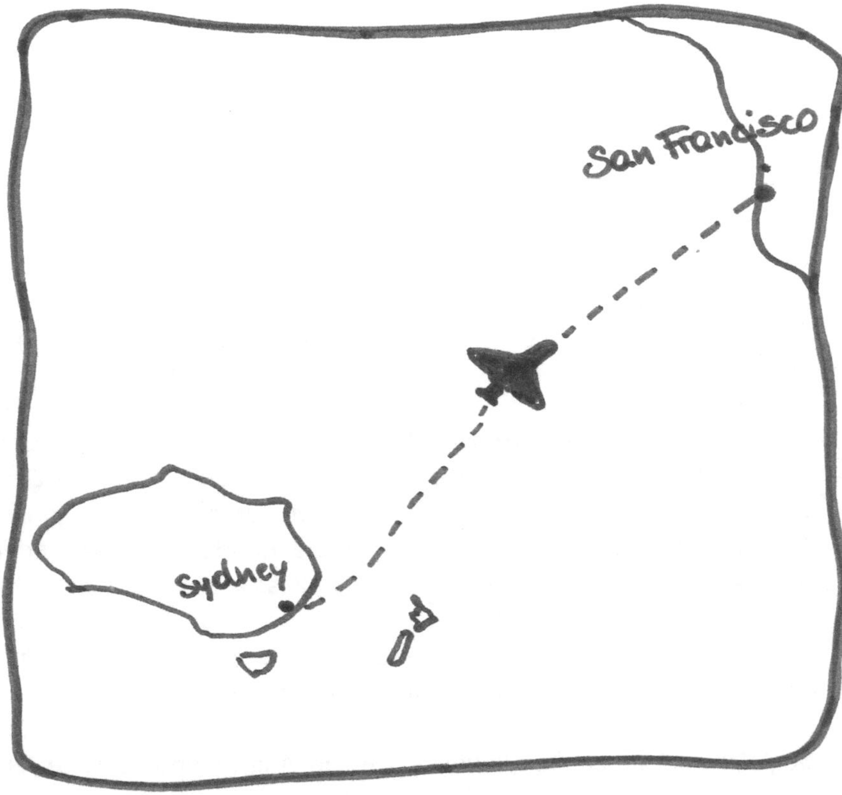

11. Etappe

Sydney – San Francisco

Die Maschine schraubt sich in einer weiten Kurve hoch und dreht aufs offene Meer in Richtung Westen ab. Wir genießen den tollen Service und das Frühstück und bringen so bald wie möglich unsere Sitze in Liegeposition, um auch jetzt schon ein wenig zu dösen. Die Zeit vergeht, wie man so schön sagt, wie im Flug und kurz nachdem wir Reisehöhe erreicht haben, gehen wir auch schon wieder in den Landeanflug auf Sydney. Wir checken die Zeit, als der Kapitän schließlich mitteilt, dass wir in wenigen Minuten in Sydney landen werden. Es ist kurz vor elf Uhr. Er muss aufs Gas gedrückt und noch einmal zwanzig Minuten aufgeholt haben. Wir sind erleichtert und sicher, dass wir es rechtzeitig zum Weiterflug und auch noch vor dem Durchreisestopp an Mittag schaffen werden.

Wie die Schafe traben wir nach der Landung in das Flughafengebäude und reihen uns ein in die große Masse an Reisenden, die den Hinweisschildern „Transit“ folgt. So kommen wir kurze Zeit später zu den Gates und können auf einer der Anzeigetafeln ausfindig machen, dass unser Weiterflug nach San Francisco mit der Delta Airline von Gate 37 abgehen wird.

Wir finden das Gate ganz schnell. Der Flughafen von Sydney ist ja nicht wahnsinnig groß. Als die Flugbegleiter den Tresen am Gate besetzen, werden wir aber kurzzeitig wieder nervös. Ein junger Mitarbeiter von Delta Airlines macht die Runde und fragt jeden Passagier, ob er aus Europa kommt. Alle Passagiere, bis auf die aus Europa, erhalten einen roten Sticker auf ihre Bordkarte.
„Hoffentlich machen die keine Probleme, weil wir Europäer sind. Am Ende nehmen sie uns gar nicht mehr mit?“, ist Peters Sorge.

Sogleich nimmt er die Unwegsamkeit in Angriff und schreitet zur Tat.
„Wir holen uns gleich diesen Aufkleber. Komm lass uns rübergehen. Wir tun einfach ganz harmlos und sagen nicht viel.“ Gesagt, getan. Wir nähern uns dem jungen Mann, halten ihm unsere Bordkarten hin, und nach einer kurzen Nachfrage von ihm: „Aus Europa?“, auf die wir natürlich die Köpfe schütteln (wir kommen ja schließlich gerade aus Neuseeland), klebt er ohne mit der Wimper zu zucken den roten Punkt auf. Erleichtert suchen wir das Weite und machen es uns in einer Ecke bequem.
„Puuhhh! Das hätten wir geschafft“, seufze ich noch erleichtert, als ich auf die beklebte Karte schaue. Da muss ich mit Entsetzen feststellen, dass ich ihm die falsche Bordkarte hingehalten habe.

Nun ziert ein roter Sticker meine Karte für den Flug von San Francisco nach Frankfurt.
„Das darf doch nicht wahr sein", flucht Peter, als ich ihm mein Versehen gestehe. „Geh gleich noch mal hin und halte ihm die richtige Bordkarte unter die Nase. Wieso hast du auch nicht genau geschaut!?".

Ich trabe also los und schleiche mich noch einmal an den jungen Mann heran, der inzwischen die Runde zwischen allen Sitzbänken am Gate macht.
„Sorry, ich hatte vorhin die falsche Karte in der Hand. Bitte kleben Sie mir den Punkt hier drauf", bitte ich ihn und wedle mit den beiden Karten vor seinem Gesicht. Er ist offensichtlich nicht sehr pingelig und kooperiert sofort. Na also, es geht doch! Mit siegreicher Miene kehre ich zu Peter zurück.
Ob nun aber die Kennzeichnung für Europäer im Allgemeinen, oder nur für Passagiere, die in den letzten zwei Wochen in Europa waren, galt, ist uns bis heute nicht klar. Fix ist, dass solche Kleinigkeiten, wie ein roter Punkt auf der Bordkarte, oft große Konsequenzen nach sich ziehen können. Wir sind deshalb froh, als wir kurz vor Abflug mit unseren roten Punkten am Gate sitzen.

Wenig später wird das Boarding gestartet, und wieder sind wir fast die ersten Passagiere an Bord der riesigen Maschine. Wir kuscheln uns in die Liegesitze, die in geräumige, halbhohe Plastikkabinen eingebaut sind und so eine einmalige Privatsphäre garantieren. Auf jedem Platz gibt es ein kleines Täschchen mit Toilettenartikeln, Socken, Augenbinden und vielem mehr. Außerdem ist eine richtig schöne Menükarte bereitgelegt, die ich gleich neugierig studiere.

Viele Menschen mögen ja das Essen in Flugzeugen überhaupt nicht. Dazu zählen Peter und ich nicht. Wir finden es zwar auch nicht wahnsinnig lecker, aber wir freuen uns immer über irgendein landestypisches Gericht auf einem Flug nach Indien oder Thailand. Auf internationalen Flügen ist das übliche Hühnchen oder Fisch unvermeidbar und so ist es auch auf diesem Flug der Delta Airlines. Hier in der Business Class kommt dazu, dass das Essen auf Porzellangeschirr und mit richtigem Besteck serviert wird, was zum Essvergnügen doch enorm beiträgt.

Ich studiere, wie gesagt, die Speisekarte und probiere mal aus, wie dieser wahnsinnige Liegesitz funktioniert.
„Wow, man kann voll horizontal liegen“, informiere ich Peter begeistert, der in der Kabine schräg hinter mir mit den Kopfhörern hantiert.
„Schau zu, dass du so viel wie möglich schläfst“, antwortet er. Das ist eine Empfehlung, die er mir bei jedem Flug gibt, denn natürlich ist man ausgeschlafen viel erholter und aufmerksamer.
„Und trink so viel wie möglich“, schiebt er noch nach. Auch diesen Hinweis gibt er mir nicht zum ersten Mal. Nicht zu Unrecht, denn er weiß, dass ich darauf oft vergesse. Ich hingegen freue mich auf die tollen Filme, die ich mir auf meinem Bildschirm anschauen will und auf die Cocktails oder den Wein, die ich zum Essen bestellen werde. In den letzten vier Monaten haben wir so gut wie keinen Alkohol getrunken und Fernsehen oder Filme haben wir natürlich auch nur sehr selten gesehen. Deshalb stelle ich das Schlafen mal hinten an und nehme mir vor, die nötige Portion Schlaf auf dem Flug von San Francisco nach Frankfurt nachzuholen.

Start und Flug verlaufen ohne Zwischenfälle, und ich ziehe mir zwischen den Mahlzeiten einen Blockbuster nach dem anderen rein. Wir sind insgesamt elf Stunden unterwegs und passieren dabei die Datumsgrenze, weshalb wir uns nach wenigen Stunden Flug wieder am Morgen des gleichen Tages wiederfinden, an dem wir abgeflogen sind. Schon komisch irgendwie. Außerdem sitzen wir den ganzen Flug über mit unseren Schals über dem Mund da und schicken nervöse Blicke zu jedem, der sich hustend oder niesend in unserer Nähe befindet. Schließlich haben wir gehört, dass sich das Virus vor allem in engen und klimatisierten Räumen sehr schnell verbreiten kann.

Noch einmal ziehe ich mein Tagebuch raus, um darin zu stöbern und die schönen Tage auf der Südinsel von Neuseeland wieder aufleben zu lassen....

Der nächste Tag war ein Fahrtag am Highway 1 mit viel Verkehr entlang der Küste in südlicher Richtung nach Kaikoura. Wir hatten zum Glück Rückenwind bzw. keinen Wind und kamen abends bei Sonnenschein am Top10 Holiday Park in Kaikoura an. Hier war viel los und wir bekamen einen Sonderplatz zwischen dem Pool und der Küche. Leider wurde es nachts plötzlich sehr windig. Der Wind war so heftig, dass wir das Zelt mitten in der Nacht hinter das Pool-Technikgebäude verlagerten. Am nächsten Tag schauten wir uns den Ort an und spazierten ein wenig herum um zu fotografieren. Der Wind war sehr stark, und wir beschlossen, die zweite Nacht in einem billigeren und nicht so windanfälligen Holiday Park auf der anderen Straßenseite zu wohnen. Dort suchten wir ein windstilles Plätzchen und kochten uns was Gutes.

Am nächsten Morgen wollten wir raus zur Halbinsel, auf der es Robben und schöne Küstenfelsen gibt. Leider fing es an zu nieseln, und wir mussten mit einigen anderen Touristen beim WC des Aussichtspunktes am Kap Zuflucht suchen. Der leichte Regen war aber bald vorbei, und wir spazierten weiter auf dem schönen Weg dem Kliff entlang. Nach unserer Rückkehr zum Holiday Park checkten wir aus und radelten zum New World Supermarkt. Dort kauften wir ein und machten uns hinten am Parkplatz einen Salat. Anschließend radelten wir die 15 km raus

Richtung Mt. Fyffe, an dessen Fuß beim Wanderparkplatz wir unser Zelt aufschlugen. In dieser Nacht besuchte uns nicht nur ein Opossum, sondern auch eine Ratte, die fröhlich an meiner Satteltasche mit Essen knabberte.
Am 07.01. starteten wir mit Nebel vom Schlafplatz aus auf die Bergtour zum 1.100 m hohen Mt. Fyffe. Wir hofften auf Wetterbesserung, die jedoch leider nicht eintraf. Zuerst kamen wir zu einer Hütte, bei der wir eine Pause einlegten und uns aufwärmten. Dort trafen wir auf einen Vater mit seinen zwei Söhnen, die in der Schutzhütte übernachtet hatten. Obwohl es Richtung Gipfel ungemütlich aussah, hofften wir noch immer, dass sich der Nebel lichten und die Sonne rauskommen würde. Leider wurden wir enttäuscht und erlebten unseren Gipfelsturm Grau in grau. Als wir dann wieder zurück beim Ausgangspunkt waren, kam die Sonne doch noch raus. Wir schliefen noch einmal bei dem Parkplatz.

Der 08.01. war wieder wunderschön, und wir begannen unseren Radtag mit einer anstrengenden Bachdurchquerung, die uns aber einen Umweg von 20 km ersparte. Wir radelten danach auf einem herrlich ruhigen und sehr schönen Inlandshighway mit vielen Steigungen bis zum Skiort Mt. Lyford. Eigentlich wollten wir am nächsten Tag zum dazugehörenden Skigebiet wandern, fanden aber gleich heraus, dass das ganze Gelände in Privatbesitz ist, und man nur mit einer geführten Tour bzw. Eintritt bezahlend dort hochkommt. Wir lagerten eine Weile am Rastplatz vor der Einfahrt mit herrlicher Aussicht auf das Umland und kochten auch dort. Da es so viele Verbotsschilder gab, verwarfen wir unseren Plan, direkt hier zu schlafen, sondern suchten talwärts einen Schlafplatz. Den fanden wir dann auch nach wenigen Kilometern in einer baumumstandenen Wiese mit langen, buckligen Grasbüscheln.

Am nächsten Tag ging es weiter Richtung Süden. Wir hatten eine kurze Etappe geplant. Es war aber so ein herrlicher Tag, dass wir spontan entschieden, doch noch weiter zu radeln. Die Landschaft änderte sich, und wir kamen von den Bergen in eine trockene, hügelige Gegend mit den Gipfeln der Südalpen im Hintergrund. Wir machten Pause in kleinen Orten am Weg, unter anderem in einer herrlichen Bäckerei in Culverton. Von dort waren es noch ca. 25 km nach Waikau, wo wir den örtlichen Campingplatz anvisierten. Dort angelangt wollten wir noch für das Abendessen einkaufen und waren sehr enttäuscht, als man uns sagte, der nächste Supermarkt sei 12 km entfernt. Nein, so weit wollten wir nicht mehr radeln, denn wir mussten ja auch wieder zurück. Deshalb checkten wir am Campingplatz ein und spazierten durch den Ort. Dabei fanden wir eine Tankstelle, in der wir alles Nötige kaufen konnten, was wir fürs Abendessen brauchten. Nach dem Essen spazierten wir auf der stillgelegten Eisenbahnstrecke zum historischen Bahnhof, auf dem noch Ausflugsfahrten stattfinden. Der Holiday Park war sehr ruhig. Außer uns und den beiden Hosts waren nur noch zwei Dauercamper auf dem Platz. Drei Campingbusse mit jungen Deutschen, offensichtlich Erntehelfer mit Arbeits-Reise-Visum, kamen am späten Nachmittag nur zum Geschirrspülen und Duschen vorbei.

Unsere nächste Etappe machten wir auf Hinterlandstraßen und kamen so bis nach Rangiora, wo wir einkauften und von wo wir noch weitere 20 km bis an die Küste nach Waikuku Beach weiterradelten. Hier trafen wir wieder auf unseren Freund den Starkwind, der am Campingplatz fast alle Zelte zum Liegen brachte. Wir hatten inzwischen schon Erfahrung mit Wind und fanden ein halbwegs geschütztes Fleckchen hinter einer Böschung. Es war Samstag, und ein paar einheimische Camper waren hier zu finden, auch wenn das Wetter nicht gerade sonnig war. Wir kochten in der Küche Bratkartoffeln und gingen wieder mal früh schlafen.

Am nächsten Morgen radelten wir die ca. 35 km bis nach Christchurch und checkten im "At the right place" Hostel ein. Dort hatten wir angerufen und gefragt, ob wir ein Zelt im kleinen Garten hinter dem Hostel aufstellen dürften. Nachdem man uns das für 12 Dollar pro Person zugesagt hatte, waren wir echt happy, denn das Hostel lag sehr zentral in der Bealey Avenue und gleich neben den Hare Krishna von Christchurch. Prompt gingen wir dort abends vorbei, in der Hoffnung ein gutes indisches Essen zu bekommen. Leider war die Küche nicht in Betrieb, weshalb wir nur beim Chanten und Gebet mit der lokalen indischen Gemeinde dabei waren. Dort lernten wir eine Deutsche kennen, die in dem Tempel als Vorsängerin aktiv ist (Krishna Kirtan). Sie organisierte uns zwei gefüllte Chapati, die echt lecker waren. Unser Schlafplatz auf der Wiese hinter dem Schlafsaal-Trakt des Hostels war recht ruhig und friedlich.

Am nächsten Tag suchten wir gleich einen Bike-Store, um unsere Ketten tauschen zu lassen. Wir trafen auf einen Radfahrer, der sich als italienischer Universitätsprofessor vorstellte, und mit dessen Hilfe wir einen Fahrradladen fanden. Die Mechaniker dort wollten unseren Kettenwechsel noch am gleichen Tag erledigen. In der Zwischenzeit schlenderten wir durch die Stadt und schauten uns die üblichen Touristenattraktionen an. Wir waren in der Library, flanierten durch den Botanischen Garten und sahen mit Entsetzen die noch immer sichtbaren Erdbebenschäden in der Innenstadt.
Am Nachmittag konnten wir unsere Räder wieder holen, kauften uns im Supermarkt Wraps und machten uns beim Hostel ein feines Abendessen.

Am Tag darauf, dem 14.01. gab es zum Geburtstag von Peters Mama ein Frühstücksbuffet im Intercontinental Hotel im Zentrum von Christchurch. Sattgegessen radelten wir anschließend raus zur Christchurch Gondola, wieder eine Doppelmayr-Bahn, von deren Talstation aus wir eine Wanderung auf dem Bridle Trail zur Bergstation und auf der anderen Bergseite runter zum Hafenort Lyttleton machten. Von dort ging es wieder über den Berg zurück zum Ausgangspunkt. Wir kehrten mit den Rädern wieder ins Stadtzentrum zurück, wo wir am Flussufer des Avon, gegenüber der Lokalmeile von Christchurch, bei Sonnenschein faulenzten.

Der 15.01. begann mit einer langen Radetappe durch das Farmland in der Umgebung von Christchurch, wobei wir versuchten die Hauptstraße zu meiden und dabei einige Male auf staubigen Landwirtschaftsrouten endeten. Wir peilten Ashburton an, wo es einen großen Park gab, in dem wir wild schlafen wollten. Als wir am späteren Nachmittag ankamen, wuschen wir uns in der öffentlichen Toilette und fanden einen schönen Picknicktisch beim Spielplatz, wo wir kochten und die Kricketspieler nebenan beobachteten. Außerdem schlenderten wir durch den schönen, großen Park und guckten uns schon mal einen Schlafplatz für die Nacht aus. Kurz bevor wir dorthin aufbrachen, sprach uns einer der Kricketspieler an und fragte, ob wir hier übernachten würden. Wir sagten ja, und er meinte, wir müssten unbedingt mit ihm nach Hause kommen und auf seiner Farm übernachten. Sein Name war Todd und er war auch Fahrradfahrer. Da er sehr überzeugend war, folgten wir ihm die 6 km raus aus der Stadt zu seinem Bauernhof und seiner Frau Alex. Die beiden waren total nett und interessiert, und wir unterhielten uns angeregt, bis es draußen schon finster und kühl wurde. Als wir unser Zelt in ihrem Vorgarten aufschlugen und uns schlafen legten, war es schon ungemütlich kalt. Es sollte tatsächlich die kälteste Nacht auf unserer Reise bisher werden. Wir wärmten uns gegenseitig und bereuten kurz, nicht das Angebot, im Haus zu schlafen, angenommen zu haben.

16.01. Am nächsten Tag dankten wir und verabschiedeten uns ohne Frühstück. Wir fuhren ins Ortszentrum um einzukaufen und neben dem Supermarkt zu frühstücken. An diesem Tag wollten wir weiter in Richtung Tekapo. Dazu radelten wir vorerst entlang der Südalpen durch flaches Land auf einer wenig befahrenen Straße bis nach Geraldine, wo wieder ein netter Holiday Park unser zu Hause werden sollte. Der Ort liegt idyllisch, ist aber sehr klein, und so gab es nicht viel zu tun. Wir besuchten die Tourist-Info, tranken dort einen Kaffee, gingen einkaufen und kochten gemütlich am Holiday Park.

17.01. Am Tag darauf ging es auf einer viel befahrenen Straße mit vielen Autos mit Bootsanhängern zum Lake Tekapo. Die Landschaft wurde sehr hügelig und viele Höhenmeter waren zu machen. In Fairly gab es einen Zwischenstopp mit Eis und danach ging es weiter über den wunderschönen Hawkes Pass bis kurz vor Tekapo. Hier wurde die Landschaft kahl und bergig - fast wie in der Mongolei. Wir fanden einen Picknick-Platz, in dessen Nähe wir im Fluss baden bzw. uns waschen konnten. Dann kochten wir dort und fanden einen uneinsichtigen Platz für unser Zelt unter Sträuchern.

18.01. Am nächsten Morgen hatten wir nur mehr ca. 12 km bis nach Tekapo zu machen und der türkisfarbene See kam bald in Sicht. Der Holiday Park, in dem wir eincheckten lag direkt am Seeufer und wir genossen einen richtig netten Badetag.

Wir blieben eine weitere Nacht und machten eine Wanderung auf den Mt. John mit seiner bekannten Sternwarte. Außerdem besuchten wir die kleine Kapelle am See, wie es auch hunderte Asiaten machten. Tekapo ist offensichtlich ein Fixpunkt auf den Rundreisen der Asiaten, die sich in allen möglichen Posen und mit unglaublichen Outfits fotografieren ließen. Den Nachmittag verbrachten wir mit Faulenzen am Seeufer. Im Holiday Park trafen wir auch ein junges, englisches Pärchen, das mit

Fahrrädern unterwegs war. Wir unterhielten uns nett mit ihnen. Auch sie wollten am nächsten Tag weiter zum Mt. Cook.

20.01. Die Etappe zum Mt. Cook war unsere Traumstrecke. Zuerst radelten wir entlang eines breiten Kanals, der sich durch trockene Grashügel wand und mit toller Aussicht auf die Schneeberge aufwartete. Den schneebedeckten Mt. Cook, den höchsten Berg Neuseelands, konnten wir im Hintergrund schon sehen. Dann kamen wir zum Lake Pukaki, der türkisblau strahlte und einen tollen Vordergrund zum Mt. Cook bildete. Einfach herrlich! Es war ein superschöner Tag ohne Wind. Wir wollten noch so weit wie möglich in Richtung Mt. Cook Village fahren und kurz davor irgendwo im Busch schlafen. Das war gar nicht so einfach, da alles abgezäunt war. Wir machten vorerst Pause, um uns unter einer Brücke in einem Bach zu waschen und uns danach zum Kochen in einer Wiese am Straßenrand niederzulassen.

Dort wurden wir von den beiden Engländern eingeholt, die sich ein wenig zu uns gesellten. Sie wollten aber am selben Tag noch weiter bis zum Campingplatz bei Mt. Cook. Wir hingegen fuhren nur noch ein kurzes Stück bis wir ein Gatter fanden, das nicht abgeschlossen war, und hinter dem eine kleine Straße zum Fluss runter führte. Dort gab es einen guten Schlafplatz mit traumhaftem Panorama. Wir machten noch ein paar Fotos und legten uns früh schlafen.

21.01. Am nächsten Morgen hatten wir nur noch ein paar Kilometer bis zum Campingplatz in Mt. Cook zu machen. Als wir ankamen, parkten wir unsere Räder vor der Gemeinschaftsküche und machten Frühstück. Danach wanderten wir hoch zur Mueller Hut auf 1.800 m, was eine Wanderung auf einem steilen, mit 2000 Stufen gespickten Weg war. Wir legten die 1200 Höhenmeter in etwas mehr als zwei Stunden zurück und mussten am Schluss einige Schneefelder durchqueren. Die Aussicht auf die umliegenden Gletscher und Berge war herrlich. Über allem thronte der Mt. Cook. Immer wieder hörte und sah man Gletschereis in die Tiefe stürzen. Wir waren am späten Nachmittag wieder am Campingplatz und kümmerten uns zuallererst ums Abendessen. Unser Zelt stellten wir erst gegen 20:00 auf, was uns die Kontrolle der Camping-Wächter und somit die Gebühr von 36 Dollar ersparte.

22.01. Am nächsten Tag wollten wir zum Mueller Lake bzw. in Richtung Mt. Cook und begaben uns dazu auf den Touristenpfad, der neben dem Campingplatz startete und von asiatischen Urlaubern überflutet war. Natürlich mussten wir eine Extratour abseits des Hauptweges machen und hätten uns deshalb fast im Gebüsch verlaufen. Schließlich landeten wir aber auch am Aussichtspunkt am Ufer des Gletschersees. Kleine Eisschollen schwammen im graubraunen Wasser und alle Asiaten knipsten total euphorisch Fotos. Zurück beim Campingplatz kochten wir, packten zusammen und fuhren wieder zu dem idyllischen Schlafplatz talauswärts.

23.01. Wieder begrüßte uns ein sonniger und strahlender Tag und wir radelten entlang des Lake Pukaki südlich, bis wir schließlich bei großer Hitze in Twizel ankamen. Der Ort war uns sympathisch und wir checkten beim Holiday Park ein, wo es eine schöne Zeltwiese gab. Gleich in der Nähe war das örtliche Freibad, bei den Temperaturen war das genau das Richtige für uns.

Wir blieben noch zwei weitere Nächte auf dem Campingplatz, wo wir auf sehr viele Langstreckenwanderer trafen, die den Te Araroa machten, den Wanderweg, der von der Nord- bis zur Südspitze quer durch Neuseeland führt. Es waren meist junge Leute, die sich von unterwegs schon kannten, und die zum Teil richtig abgerissen und fertig ausschauten. Zwischen diesen Wanderern waren wir fast schon Luxusreisende. Die heißen und faulen Tage in Twizel verbrachten wir mit baden im Freibad, lesen, Wäsche waschen und mit Besuchen im netten Café im Ort.

Von Twizel aus ging es am 26.01. wieder an einem der vielen Kanäle entlang, die die Seen im Zentrum der Südinsel verbinden, bis zum Lake Ohau. Dort hielten wir uns aber nicht lange auf, da wir von Norden ein Gewitter nahen sahen. Wir befanden uns hier auf der bekannten Radstrecke Alps2Ocean, die gut beschriftet war und von den Südalpen, also vom Mt. Cook, bis ans Meer nördlich von Dunedin führte. Die Strecke ging hier durch trockenes Grasland. Generell war die Vegetation im Zentrum der Südinsel nicht so grün und üppig wie an der Küste, gelbes, trockenes Gras bestimmte das Bild. Am Radweg beim Lake Ohau trafen wir auf Moritz, einen achtzehnjährigen Deutschen, der Neuseeland ganz alleine mit dem Fahrrad bereiste. Moritz schloss sich uns kurzerhand an, und wir fuhren die nächsten zwei Tage gemeinsam. Es waren tolle Tage, in denen wir entlang von Flüssen und Seen durch traumhafte Landschaften radelten.

Am 28.01. verabschiedeten wir uns von Moritz und querten vom Alps2Ocean Trail zum Central Otago Plateau. Dazu mussten wir den Dansey Pass überqueren, der uns mit einem Höhenunterschied von 1400 Metern und einem ruppigen Schotteruntergrund einiges abverlangte. Die Freude war riesig, als wir nach 70 km und 6 Fahrstunden wieder Asphalt unter den Reifen hatten. Die landschaftlich wunderschöne Region Otago hat uns total begeistert. Im Örtchen Ranfurly checkten wir auf dem Campingplatz ein.

Von hier aus starteten wir am nächsten Tag die traumhafte Radstrecke des Central Otago Rail Trail. Wir durchquerten eine karge, aber wunderschöne Landschaft. Die ehemalige Eisenbahnstrecke führte auf 60 km durch weite, trockene Ebenen, enge Täler, über Brücken und durch Tunnel. In den winzigen Orten entlang des Weges machten wir Pausen und gönnten uns leckere Snacks oder einen Kaffee. Unser Tagesziel war Omakau, wo wir bei großer Hitze am späten Nachmittag ankamen. Wir kauften uns als Erstes ein Eis und fanden ein schönes Plätzchen am nahen Fluss, wo wir sogar baden konnten. Dort übernachteten wir schließlich auch.

Die zweite Etappe des Otago Rail Trail war noch schöner, und wir radelten auf dem einsamen Radweg durch Landschaften, die man aus den „Herr der Ringe"-Filmen kennt. Ringsum waren karge, hohe Berge mit riesigen, darauf verteilten Felsbrocken. Wir erreichten die nette Kleinstadt Alexandra und übernachteten im örtlichen Holiday Park. Alexandra ist ein Wein- und Obstanbauzentrum, und auf dem Holiday Park trafen wir auf deutsche und tschechische Erntehelfer, die hier in ihren Campingbussen hausten.

Am 30.01. blieben wir noch in Alexandra und erkundeten den netten Ort, in dem wir natürlich wieder bei einem Inder essen gingen. Außerdem fanden wir ein einladendes Café mit Garten, in dem wir zum ersten Mal die nationale Süßspeise Pavlova probierten.

Die restlichen 15 km des Otago Rail Trail von Alexandra nach Clyde nahmen wir am nächsten Tag in Angriff. Wir wollten aber noch weiter nach Cromwell und müssten uns dazu auf der großen Überlandstraße entlang des langen Lake Dunstan mit dem Verkehr ärgern. Leider hatten wir auf der Strecke einen fiesen Gegenwind, der uns kaum vorwärtskommen ließ. Wir erreichten Cromwell am frühen Nachmittag und erkundeten den Ort, der wegen dem Bau eines Staudammes in den 50er Jahren an einer neuen Stelle aufgebaut worden war. Am Seeufer in der Nähe des Ruderclubs, wo nichts los war, fanden wir ein Plätzchen zum Kochen und direkt am Seeufer bauten wir abends unser Zelt auf.

Der 31.01. sollte wieder ein Wandertag werden. Wir radelten vom Schlafplatz 15 km in ein Seitental, parkten unsere Räder und machten eine Bergtour in Richtung Mount Pisa. In der

Höhe wurde es wieder ungemütlich windig und kalt, weshalb wir nach kurzer Rast auf einer Anhöhe, wieder kehrt machten. Wir waren trotzdem 5 h unterwegs. Auf dem Rückweg zum See hatte der Wind zugenommen und statt einem Zeltplatz am Ufer, suchten wir Windschutz in einem Wäldchen im Seitental.

Der nächste Morgen grüßte uns mit grauem Himmel und wir wollten wieder die 40 km zurück nach Alexandra radeln. Leider holte uns der Regen schon vorher ein, und wir flüchteten in ein Restaurant in Clyde, wo wir eine Regenpause abwarteten. Diese kam aber nicht und die restlichen 10 km von dort bis Alexandra mussten wir im Regen machen. Wir kamen nass am Holiday Park an, wo wir wieder übernachten wollten. Unser Zelt bauten wir diesmal unter einem Baum auf, um nachts nicht nass zu werden.

02.02. Ein regnerischer und ungemütlicher Tag in Alexandra. Wir spazierten von einem Café zum nächsten und verbrachten viel Zeit in der Bibliothek, wo wir zwei schweizer Fahrradreisende kennengelernt haben. Außerdem holten wir uns beim Inder leckere Snacks und beschlossen, im Reisebüro vor Ort unseren Weiterflug nach Fiji zu buchen.

Auch am nächsten Tag war wegen des starken Regens noch nicht an eine Weiterfahrt zu denken. Wir frühstückten ausgiebig, gingen zum Countdown einkaufen und kochten gemütlich. Ich kaufte mir eine neue Radler-Brille in einer Drogerie. Mit den tschechischen Erntehelfern quatschten wir ein wenig und außerdem wuschen wir eine Ladung Wäsche am Campingplatz·

Der 04·02· grüßte wieder mit Sonnenschein und wir verließen Alexandra südwärts entlang des Clutha River, der sich in einem tiefen Flusstal in Richtung Meer schlängelt· Wir kamen zu einem riesigen Stausee, und dieser war wegen der starken Regenfälle richtig voll· Am Staudamm wurde viel Wasser abgelassen, welches eindrucksvoll in die Tiefe stürzte· An diesem Tag kamen wir bis Arthur's Flat, einem winzigen Ort, in dem es einen Campingplatz gab· Dort trafen wir auf ein österreichisches Pärchen mit einem Leih-Wohnmobil· Wir quatschten ein wenig mit ihnen· Ansonsten war dort nicht viel los·

Am 05·02· führte uns der unbefestigte Flussradweg immer entlang des Clutha River in einsame Täler und Schluchten· Es wurde immer grüner und die Vegetation immer üppiger· Leider zog es aber zu und wurde wieder grau· Sogar leichter Nieselregen kam aus den Wolken· Der Radweg folgte einer alten Eisenbahnstrecke, und wir mussten einen Pass überqueren, an dessen höchstem Punkt wir durch den alten Eisenbahntunnel radelten·

Schließlich erreichten wir die alte Goldgräberstadt Lawrence· Wir erkundigten uns in der Touristinfo, wo der Campingplatz sei· Er lag zwei Kilometer vom Ortszentrum und war leider nicht sehr gemütlich war· Wir kochten in einer winzigen Gemeinschaftsküche, in der es einen kleinen Holzofen gab· Dort bauten wir kurzerhand unsere Campingstühle auf und verspeisten das Essen drinnen, denn auf den Picknickbänken draußen war es uns zu kalt. Später machten wir noch einen Spaziergang zum Ort, der aber nicht sonderlich spannend war.

Der 06.02. war wieder ein sonniger Tag, und wir hatten uns eine ganz besondere Strecke rausgesucht. Um den Highway nach Dunedin zu meiden, wollten wir quer durch die Berglandschaft hinter Lawrence fahren. So kurbelten wir auf einer nur teils asphaltierten Straße mit vielen unmenschlich steilen Anstiegen und Abfahrten in Richtung Meeresküste. Wir kamen an einsamen Schaffarmen und kleinen Stauseen vorbei und waren bereits mittags ganz schön geschlaucht. Am Nachmittag kamen wir dem Meer näher und konnten in einem schönen Tal bergab in Richtung Dunedin rollen.

Dunedin ist die größte Stadt im Süden der Südinsel Neuseelands. Als wir in die Nähe des Flughafens kamen, glaubten wir unser Ziel schon erreicht zu haben. Wir entschieden uns noch bis zum Campingplatz von Dunedin weiterzufahren. Wir wussten aber nicht, dass wir damit weitere 50 anstrengende Kilometer machen mussten, welche uns an den Rand unserer Kräfte brachten. Schließlich im Zentrum angekommen, gönnten wir unseren ausgehungerten Mägen deshalb Pizza und Burger bevor wir beim Campingplatz eincheckten.

Wir verbrachten eine windige Nacht am Campingplatz, der direkt am Strand liegt. Hinter einer Düne fanden wir ein halbwegs windstilles Plätzchen. Es war viel los. Der Campingplatz war mit Touristen und Einheimischen gefüllt. Wir waren wegen dem Queen Konzerts hier, welches am 10.10. stattfinden sollte, und da waren wir nicht alleine. An diesem 07.02. war es so windig, dass wir eigentlich den ganzen Tag im Aufenthaltsraum des Campingplatzes verbracht haben, während der Wind um die Häuser pfiff.

Am 08.02. machten wir uns trotz starker Böen auf ins Stadtzentrum, schlenderten durch ein nettes Innenstadt-Shoppingcenter und besuchten das Museum. Bei dem vorherrschenden Wind wollte man kaum im Freien bleiben. Am Nachmittag fuhren wir mit dem öffentlichen Bus zurück zum Campingplatz. Wir suchten uns einen windstilleren Zeltplatz und konnten in dieser Nacht halbwegs gut schlafen.

Der 09.02. war wie ausgewechselt. Es war sonnig und komplett windstill. Wir gingen deshalb die 4 km zu Fuß in die Stadt und schauten bei einem Bauernmarkt und bei der bekannten Universität vorbei. Lange saßen wir auf dem zentralen Platz von Dunedin, auf dem schon große Vorveranstaltungen zum Queen Konzert im Gange waren. Dunedin könnte man optisch mit einer schottischen Stadt verwechseln, was vor allem am Baustil der Gebäude und der Lage der Stadt am Meer geschuldet ist.

Der 10.02. war der Tag des Konzertes und wir frühstückten gemütlich und machten einen Strandspaziergang. Am späten Vormittag spazierten wir in die Stadt. In der Bibliothek erledigten wir einige Recherchen im Internet und schauten schon einmal beim Stadion vorbei, wo das Konzert stattfinden sollte. Gegen 16 Uhr gönnten wir uns ein leckeres, frühes Abendessen beim Inder und anschließend machten wir uns auf zur Konzert-Location. Wir waren nicht die Ersten, und als um 19 Uhr Einlass war, standen wir in einer Schlange mit tausenden Fans. Wir nahmen unsere Plätze auf der Tribüne ganz hinten oben ein und beobachteten das Kommen der Konzertbesucher. Um 21 Uhr startete das Konzert von Queen mit Chris Lambert und wir waren begeistert. Es wurde mitgetanzt und gesungen. Ein schönes Erlebnis. Um 23:30 Uhr war das Event vorbei und wir nahmen einen der extra eingerichteten Shuttlebusse zum Campingplatz, wo wir um kurz vor 1 Uhr ins Zelt krabbelten.

Fotos:

Seite 231
oben: Am Strand bei Kaikoura
unten: Bachdurchquerung in der Nähe des Mt. Fyffe

Seite 232
oben: Zeltplatz bei Mt. Lyford auf einer Lichtung mit buckligen Untergrund
unten: Wanderung auf den Mt. Pleasant mit Christchurch im Hintergrund

Seite 233
oben: Frühstücks-Stopp mit Müsli in der Nähe von Tekapo
unten: Am Alps2Ocean Trail beim Lake Pukaki

Seite 234
oben: Bergtour zur Mueller Hut
unten: Auf der Strecke vom Mt. Cook (im Hintergrund) nach Twizel

Seite 235
oben: Windgeschützt hinter Büschen am Campingplatz
unten: Große Freude als hinter dem Densey Pass als die Schotterpiste in Asphalt übergeht.

Seite 236
oben: Wir starten den Central Otago Rail Trail in Ranfurly.
unten: Die Landschaft auf dem Otago Plateau war sehr eindrucksvoll.

Seite 237
oben: Auf der ehemaligen Eisenbahnlinie zwischen Ranfurly und Alexandra.
unten: Am Clutha River Radweg auf dem Weg nach Dunedin.

Seite 238
oben: Das Zentrum von Dunedin
unten: Am 10.10. besuchten wir das Queen Konzert im Stadion von Dunedin.

A2O
A2O

LIVIGNO

Department of Conservation
Te Papa Atawhai
Otago Central
Rail Trail
Ranfurly Station
Waipiata Station
Wedderburn Station
Clyde Railhead
Middlemarch
8km
15km
91 km
60 km
LIV

Gallery De Novo
Gallery De Novo
Gallery De

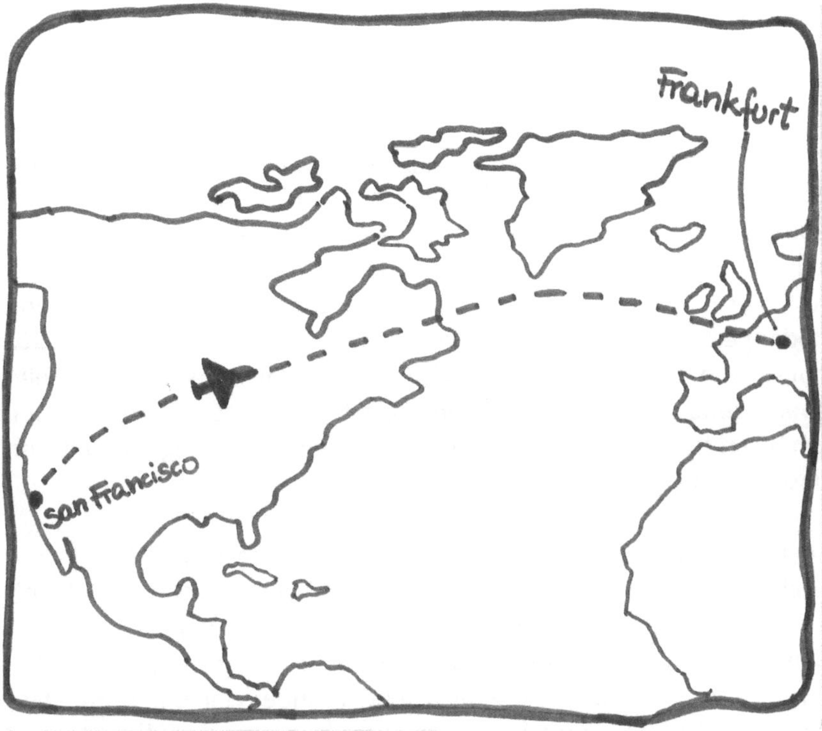

12. Etappe
San Francisco - Frankfurt

Als wir schließlich um kurz nach acht Uhr morgens im Sinkflug auf San Francisco zusteuern, ist die Neugier groß. Wir kennen San Francisco von unseren Reisen 1998 und 2013 und sind gespannt, wie sich die Corona Pandemie hier bemerkbar machen wird. Wir fliegen den Flughafen von Südwesten her an, und ich kann aus dem Fenster bereits die großen Zubringerautobahnen entlang der Bay sehen. Sie sind komplett leergefegt. Sehe ich richtig? Es ist eigentlich Rushhour, in der normalerweise alle Arbeiter vom Umland nach San Francisco hinein pendeln. Und was sehe ich? Leere Autobahnen. Das ist echt unheimlich. Hier wird uns zum

ersten Mal so richtig bewusst, was dieser Virus weltweit auslöst. Sprachlos starre ich aus dem Fenster und kann auch bereits den Flughafen in der Ferne ausmachen.
„Da sind gar keine Flugzeuge", informiere ich Peter geschockt..

Kurze Zeit später haben wir aufgesetzt und rollen auf das Terminal zu. Eine große Zahl an Delta Maschinen steht hier in Parkposition, aber Flugzeuge aus anderen Ländern, geschweige denn aus Europa, sind keine zu sehen. Um kurz vor neun Uhr früh gehen wir von Bord. An der Aussteigebrücke stehen Sicherheitsmitarbeiter und Bodenpersonal und beäugen uns misstrauisch. Halten sie uns für potentielle Virusträger? Vielleicht bilde ich mir das auch nur ein, aber irgendwie ist die Stimmung feindselig. Unser Weiterflug soll um vierzehn Uhr fünfzig starten. Wir haben also genügend Zeit, um unser Gepäck zu übernehmen und neu einzuchecken.

So traben wir also mit der Menge in Richtung Gepäckband, und nach kurzem Warten, die Gepäckauslader haben ja nicht viel Arbeit in diesen Tagen, kommen unsere Taschen auf dem Gepäckband daher. Das sperrige Sportgepäck wird an einem separaten Tor ausgegeben, wo wir fast eine halbe Stunde warten, ohne dass unsere Fahrräder zwischen den Plastiklappen auf dem kurzen Förderband erscheinen. Als schließlich ein Flughafenmitarbeiter aus einer Tür daneben tritt, nimmt sich Peter ein Herz und spricht ihn an. Wir würden noch auf unsere Fahrradkartons warten, die im Flieger aus Sydney angekommen sind. Der nette Mann fand nach kurzer Zeit heraus, dass unsere Räder gerade abgeladen werden, und schon wenig später schieben sich die braunen Kartonungetüme durch den Plastikvorhang. Zwar schauen sie ein wenig mitgenommen aus, und eine der Schnüre ist abgerissen, aber ansonsten haben sich unsere Packkünste bewährt.

Zufrieden über diesen ersten Erfolg packen wir die Räder zu den Taschen auf unsere Gepäcktrolleys. Mit ihnen rollen wir noch ein wenig skeptisch, was den weiteren Reiseverlauf betrifft, in Richtung

Gepäck Check-in von Delta, der sich innerhalb des Transitbereiches befindet. Hier geben wir Reisetaschen und Fahrradkartons neuerlich auf und müssen anschließend wieder durch den Sicherheitscheck. Keine Quarantäne, kein Fiebermessen, keine Frage woher wir kommen. Wir haben uns schon vierzehn Tage in einem kahlen Hotelzimmer in San Francisco sitzen sehen und sind dementsprechend erleichtert, als man uns ohne Murren abfertigt und in das Abflugterminal mit den unzähligen Gates entlässt.

Da finden wir uns also wieder in diesem riesigen Terminalgebäude, das von oben wohl aussieht wie ein Krake mit mehreren Armen, an denen sich die Gates wie Saugnäpfe aneinanderreihen. Wir wissen, dass unser Flug nach Frankfurt mit Delta Airlines vom Gate 67 abgehen wird. Deshalb machen wir uns als Erstes dorthin auf den Weg, um zu wissen, wo es liegt, und wo wir uns bis dreizehn Uhr einfinden müssen. Dazu durchqueren wir fast den halben Flughafen und können dabei feststellen, dass kaum Menschen unterwegs sind. Die wenigen, die in dieser Pandemie einen Flug auf sich nehmen, verteilen sich auf dem großen Flughafen so weitläufig, dass er wie ausgestorben wirkt.

Nachdem wir das Gate lokalisiert haben, machen wir uns auf die Suche nach einem gemütlichen und einsamen Plätzchen, denn wir wollen einige Sachen am Tablet organisieren. So haben wir zum Beispiel beschlossen, dass wir vom Flughafen Frankfurt nicht mit dem Zug, sondern mit einem Mietauto nach Hause fahren werden. Wir wollen die Mietwagenbuchung online machen, um sie bei Nachfragen der Einreisebehörde vorlegen zu können. So hoffen wir den deutschen Beamten beweisen zu können, dass wir gleich weiter nach Österreich fahren werden. Außerdem wollen wir noch die Familie zu Hause informieren, dass wir es mittlerweile bis San Francisco geschafft haben.
Auch unsere Freunde schicken neugierige WhatsApp-Nachrichten und wollen wissen, wo wir denn sind, und ob sie irgendwas für uns tun können.

„Von Avis gibt es eine Station in Lindau, wo wir den Mietwagen zurückgeben können. Das ist optimal", informiere ich Peter, als ich mit dem Tablet auf den Knien die Mietwagenreservierung in Angriff nehme.
„Auf jeden Fall brauchen wir ein großes Auto, damit wir die Fahrräder gut transportieren können", betont Peter nochmals.
„Ja, hier gibt es einen Kleinbus. Der ist ideal. Kostet zwar ein wenig, aber noch immer besser, als mit dem sperrigen Gepäck im Zug fahren zu müssen." So wird es also gemacht. Wir erhalten eine Online-Bestätigung aufs Tablet und sind zufrieden, wieder einen Schritt in Richtung Heimat gemacht zu haben.

Als die „Büroarbeit" erledigt ist, drehen wir noch eine Runde am Flughafen. Die meisten Geschäfte sind leider zu. Nur eine Handvoll Souvenir- und Lebensmittelhändler hat noch offen. Es ist ein eher trostloses Bild und meine Wunschvorstellung von einem Shoppingtag am Flughafen hat sich bald in Luft aufgelöst. Vor allem der Verlust meines E-Readers, den ich in der Motel-Nacht in Paeroa im Zimmer vergessen habe, schmerzt sehr, und ich habe gehofft, am Flughafen in San Francisco einen günstigen Ersatz kaufen zu können. Leider waren meine Hoffnungen vergebens. In den wenigen offenen Läden hier gibt es zwar Kopfhörer, Stromadapter und USB-Sticks, aber weit und breit keine E-Reader. Wir klappern alle offenen Geschäfte ab, ich muss am Schluss aber einsehen, dass ich noch ein wenig Geduld haben muss, um meinen geliebten E-Reader wieder in die Arme schließen zu können.

Auf unserem Streifzug entlang der Gates stoßen wir auf eine Freiluft-Aussichtsterrasse und wir nützen die Gelegenheit an die frische Luft zu kommen. Wir machen einige Fotos und sogar ein kurzes Video mit einer visionären Botschaft von Peter, in der er darauf hinweist, dass die ganze Welt vor einer unbekannten neuen Herausforderung steht, und uns der Virus vielleicht noch Monate oder Jahre beschäftigen wird. Wie recht sollte er haben.

Obwohl wir glauben, schon alles gesehen haben, was es hier in den Abflughallen zu sehen gibt, ist es erst kurz vor zwölf Uhr. Ich bin hundemüde und auf den Selfies, die wir machen, schaue ich aus wie ein Zombie. Der Schlafmangel der letzten Stunden und Tage verlangt seinen Tribut. Wir schlendern, beziehungsweise schleppen uns einen breiten Gang entlang, als ich ein Hinweisschild entdecke.
„Business Class Lounge! Halleluja! Das gelobte Land wartet auf uns!“, rufe ich aus, als ich den von zwei Flughafenmitarbeiterinnen bewachten Zugang zu dem geheimnisvollen Luxus-Wartebereich entdecke. In Erwartung von weichen Sofas, Gratiscocktails und einem reichhaltigen Buffet streben wir auf den Rezeptionstresen vor dem Loungebereich zu und halten den beiden Ladies erwartungsvoll unsere Bordkarten unter die Nase. Und – Sesam öffne dich – wenige Sekunden später finden wir uns in einem großzügigen Bereich mit weichen Sofas, Gratiscocktails und Buffet wieder.

Nun ja, vielleicht sollte ich der Wahrheit halber relativieren: Es gibt hier gepolsterte Sitzkojen und Polsterstühle mit kleinen Tischchen davor. Außerdem sehen wir eine Art Bar, an der von einem Mitarbeiter gratis billiger Sekt in Plastikbechern ausgeschenkt wird. Das Buffet ist jedoch recht groß und enthält eine Vielfalt an Plastik-verpackten Snacks, die ihresgleichen sucht. Sogar die Äpfel sind dort einzeln in Plastik verpackt. Außerdem gibt es kleine Käsesticks einzeln in Plastik, kleine geschnitzte Babykarotten in Plastik, Cracker in Plastik, Cookies einzeln in Plastik und außerdem Plastikflaschen mit Orangensaft und Wasser. Wir steuern zielstrebig auf das Buffet zu und probieren uns durch das kulinarische Plastiksammelsurium.

Innerhalb kürzester Zeit haben wir einen Verpackungsberg auf dem Tischchen, an dem wir uns niedergelassen haben. In den USA ist das aber alles kein Problem, denn mit schrecklich überdimensionierten Abfalleimern wird man auch solchen Unmengen an Müll Herr. Das Publikum in der Business Lounge ist natürlich eher vornehm, und ich habe ich das Gefühl sie durchbohren uns mit ihren Blicken, als wir

zum Abschied noch unsere Jackentaschen und das Handgepäck mit einem bunten Allerlei an Snacks füllen.
„Peter, komm! Wir können doch hier nicht das ganze Buffet abräumen“, zischle ich ihm deshalb zu. Da habe ich ihn aber auf dem falschen Fuß erwischt.
“Wozu meinst du denn, dass die das Zeug hierhin gestellt haben? Außerdem können wir so einen Snack gut brauchen, wenn wir morgen nach der Ankunft in keinen Laden gehen können! Dass du immer so komisch tun musst. Pack ein das Zeug!“. Ich habe schon ein wenig eingepackt, aber irgendwie kommen mir Bedenken wegen der skeptischen Blicke rundum. Nun ja. Peter ist zornig, dass ich mich so ziere, und wir diskutieren noch ein wenig, als wir uns schließlich nach einem letzten Besuch auf der noblen Business Lounge Toilette wieder auf den Weg zu unserem Gate machen.

Nun wird es nicht mehr lange dauern bis wir die letzte Hürde geschafft haben. „Wenn wir in diesem Flugzeug abheben, kann uns nicht mehr viel passieren“, denken wir. Gegen dreizehn Uhr füllt sich unser Abflug-Gate so richtig. Die riesige Delta-Maschine steht parat, und wir ziehen wieder einmal unsere Schlauchschals bis über die Nasen, als wir in einem Pulk von Menschen zum Boarding antreten. Am Abfertigungstresen stehen nicht nur drei Stewardessen, sondern auch noch zwei bullige Typen, die ihre Blicke kritisch über die Menge schweifen lassen. Halten sie Ausschau nach potentiellen Corona-Erkrankten? Macht man sich mit Husten hier verdächtig und wird nicht in den Flieger gelassen?

Wir werden problemlos durchgewinkt und sind wieder unter den ersten Passagieren an Bord. Die Business Class ist sehr großzügig und erstreckt sich über die ersten zwanzig Reihen der Maschine. Die Economy Passagiere werden über die beiden hinteren Eingänge an Bord gelassen, weshalb wir, die wir ganz vorne einsteigen dürfen, nicht viel vom großen Andrang mitbekommen. Außerdem ist der Vorhang zur Holzklasse natürlich geschlossen, damit das elitäre Business-Klientel nicht vom Anblick des Gestoßes und Gedränges hinten belästigt wird. Wir werden inzwischen freundlich von den Stewards und Stewardessen begrüßt. Es ist sogar eine junge, deutsche Flugbegleiterin dabei, die für unseren Bereich zuständig ist. Ich habe wieder den Fensterplatz bekommen, und Peter sitzt quer über den Gang schräg hinter mir. Wir beobachten wie die anderen Business Class Passagiere eintrudeln und ihre Plätze einnehmen.

Ein Gespann von drei älteren deutschen Herren, die sich benehmen, als hätten sie Ehrenplätze beim Oktoberfest ergattert, fällt vor allem negativ auf. Die Drei nehmen lachend und Schenkel-klopfend ihre Plätze ein und machen als Erstes zotige Witze auf Kosten der Stewardess. Von einem Mund-Nasenschutz ist weit und breit nichts zu sehen, und einer der Kumpanen hustete munter vor sich hin. Peter kann solche Leute nicht ausstehen, und als das Trio endlos zwischen den Sitzen hin und her läuft, ruft er hinüber: „Würden sie bitte ihre Plätze einnehmen und ein wenig Rücksicht nehmen?“, woraufhin sich die drei ein wenig indigniert ansehen und in etwas gedämpfter Lautstärke mit ihrem Zirkus weitermachen.

Es sind noch etwa zehn Minuten bis zum Abflug, und ich studiere gerade wieder die Menükarte, als ein Flugbegleiter von hinten auf die deutsche Stewardess in unserem Bereich zukommt und sie auf Englisch bittet, sich nach hinten zu begeben. Durch den verrutschten Trennvorhang können wir in die vollbesetzten Economy-Sitzreihen sehen, wo sich gerade ein Drama abspielt. Eine junge Passagierin wird von einem der bulligen Typen, die wir am Gate gesehen haben, am Oberarm gepackt und aus ihrem Sitz gehievt. Sie wehrt sich komplett hysterisch und hat verheulte Augen und ein rotes Gesicht. Die Stewardess redet auf sie ein und fragt sie wohl irgendwas auf Deutsch. Wir sind alle auf den Beinen und versuchen besser zu sehen und zu verstehen, was da wohl vor sich geht. Der Sitznachbar der Frau schaltet sich noch ein und versucht, den Bullen zu beruhigen, aber die Frau wird gnadenlos aus dem Flugzeug gezerrt. Da man schließlich den Vorhang wieder gut verschließt, wissen wir nicht, ob die Frau wegen Corona-Verdachts aus dem Flugzeug geholt wurde, oder was sie sonst verbrochen haben mag. Auf jeden Fall ist es eine sehr aufregende Aktion. Hier sehen wir wieder einmal, dass die amerikanische Exekutive nicht lange fackelt und sehr energisch durchgreift. Wir sind schockiert und merken wieder einmal, wie labil die Stimmung in einer Gesellschaft in so einer extremen Situation ist.

Ich igle mich auf meinem Sitz ein und nehme mir vor, den Mund-Nasenschutz nur für die Mahlzeiten abzunehmen. Unsere Maschine kommt pünktlich weg und diesmal befolge ich Peters Rat. Nach dem leichten Abendessen und einem Bier kurz nach Abflug, stelle ich meinen Sitz in die Horizontale, strecke mich aus und falle in einen tiefen Schlaf. Was für eine Wohltat, auf einem Flug ein richtiges Bett zu haben.

Erst einige Stunden später, als wir schon fast über Irland sind, werde ich vom Klappern der Servierwagen und dem Geruch nach Kaffee wach. Wir bekommen ein Frühstück serviert, bevor wir über Frankreich zum Landeanflug ansetzen. Der Blick aus dem Fenster zeigt die typische europäische Landschaft mit idyllischen Dörfern und Kleinstädten zwischen Feldern, Wiesen und Wäldern. Sogar ein paar schneebedeckte Mittelgebirgsgipfel kann ich ausmachen. Wie gerne würde ich, wie geplant, nach Fiji fliegen, wo tropische Wärme und herrliche Strände auf uns warten. Und ich denke auch wieder zurück an die wunderschönen und unbeschwerten Tage auf der Südinsel im neuseeländischen Sommer.....

Als wir am 11.02., dem Tag nach dem Queen-Konzert, ausgeschlafen waren, packten wir zusammen und radelten stadtauswärts von Dunedin in Richtung Süden. Leider herrschte ein sehr starker Südwind, der uns an der Küste entgegenblies. Wir kamen nur langsam voran und mussten sogar bei einer Bergetappe gegen den Wind bergauf ankämpfen. Nach anstrengenden 70 km erreichten wir Milton. Wir kauften im Ort ein und checkten dann beim örtlichen Campingplatz ein. Der Host war ein Psycho, der wie ein Messy in seinem Wohnwagen hauste. Wir fühlten uns nicht sehr wohl.

Am 12.02. hieß unser Ziel Gore. Auf dem Weg dorthin kamen wir durch landwirtschaftliche Gegenden und sahen viele Farmen und Traktoren. Aufgrund des Regens der vorangegangenen Tage war dieser Landstrich zum Teil schwer überflutet. Sogar der Milford Sound im Südwesten der Südinsel war wegen Straßenüberflutung und Erdrutschen nicht erreichbar. Wir hörten das in den Nachrichten und legten deshalb das Ziel Milford Sound zu den Akten. Stattdessen erreichten wir an diesem Tag Gore, welches mit seinen zwölftausend Einwohnern einer der größeren Orte im Süden. Wir gönnten uns als Abendessen eine Pizza bei Domino's. Später spazierten wir durch das relativ ausgestorbene Zentrum. Da nach 17 Uhr alle Läden zu sind, war nicht viel los. Wir zelteten am Campingplatz und es fing wieder an zu regnen.

Am nächsten Tag hingen tiefe Wolken über den Hügeln und Bergen rund um Gore, als wir auf der Überlandstraße in Richtung Westen losradelten. Es nieselte manchmal schwächer, manchmal stärker, und nach 50 km machten wir eine Pause in einem Kaff, in dem wir uns im einzigen Gasthaus ein Mittagessen kauften. Es war den ganzen Tag ungemütlich frisch und das wurde auch nicht besser, als wir in unserem Tagesziel Lumsden ankamen. Hier gefiel es uns, wahrscheinlich wegen des schlechten Wetters, nicht so gut und wir verbrachten einen Großteil des Nachmittags und Abends in der Küche des Campingplatzes, wo wir kochten und im Internet surften.

Auch am 14.02. war es morgens noch ungemütlich und der Nebel hing über der Landschaft. Von Lumsden weg gab es einen Radweg (wieder eine alte Eisenbahnstrecke) in Richtung Kingston am Lake Wakatipu. Als wir nach 20 km einen niedrigen Pass überquerten, änderte sich das Wetter. Der Nebel verzog sich und die Sonne kam raus. Wir radelten durch ein wunderschönes weites Tal und waren froh, unser Zelt und alle Sachen bei einem Mittagsstopp in der Sonne trocknen zu können. Wir genossen die Strecke sehr und kamen gegen 17 Uhr zum Lake Wakatipu.
Dieser See erinnerte uns an den Lago Maggiore oder den Gardasee, mit den steilen Bergflanken, die direkt aus dem Wasser ragten. Hier am südlichen Ende des Sees, gab es einen Gratisplatz, wo wir direkt am Ufer übernachten wollten. Gegen Abend waren wir sogar noch im See baden und lagen in der Sonne am Strand.
Zum Schlafen suchten wir bei Dämmerung einen versteckten Zeltplatz im Gebüsch, denn eigentlich war der Platz nur für autarke Campingfahrzeuge erlaubt.

Ganz früh am nächsten Morgen starteten wir auf der unübersichtlichen Uferstraße nach Queenstown. Man hatte uns vor der Strecke gewarnt, die sehr eng und verkehrsreich und somit für Radler gefährlich sei. Wir kamen gut durch und waren schon um 9 Uhr an der Einfahrt nach Queenstown. In einer Shopping Mall gingen wir einkaufen und gönnten uns ein Frühstück in einem Café.

Von dort ging es ins Zentrum von Queenstown, wo richtig viel los war. Es liegt am Ufer des Lake Wakatipu. An der belebten Promenade starteten nicht nur viele Ausflugsboote, nein, sie war auch Tummelplatz von Straßenmusikanten, Gaukler und einer Unmenge von Touristen aller Couleur. Wir ließen uns auf einem Fleckchen Wiese hier nieder und verfolgten das bunte Treiben. Später fanden wir den örtlichen Campingplatz, auf dem wir für zwei Nächte eincheckten.

Am nächsten Morgen machten wir Frühstück in der riesigen Gemeinschaftsküche des Campingplatzes, in der einiges los war. Dann erklommen wir den Hausberg von Queenstown zu Fuß. Wir erreichten die Bergstation der Gondelbahn, welche auch vom österreichischen Seilbahnbauer Doppelmayr stammt. Die Vielzahl an Funsportarten, die man hier in der Gegend machen kann, ist erstaunlich. Hochseilpark, Zip-Line, kleine Gokarts mit denen man den Berg runter sausen kann, Paragleiten, Bungee Jumping, Jetski und vieles mehr. Wir kehrten auf dem Wanderweg in den Ort zurück und machten uns einen gemütlichen Nachmittag.

Am 15.02. gab es Luxusfrühstück im Novotel von Queenstown, wo wir für das Buffet reserviert hatten. Das war nicht nur lecker, sondern es war auch sehr spannend, das internationale Publikum zu beobachten. Wir nahmen uns richtig Zeit und dehnten das Frühstück auf 3 Stunden aus. Danach war ein Verdauungsspaziergang durch Queenstown fällig. Wir übernachteten wieder auf dem fast ausgebuchten Campingplatz.

Unser nächstes Etappenziel, Arrowtown, war nicht weit von Queenstown, und wir nahmen es am nächsten Morgen in Angriff. Wir mussten nur 20 km radeln, konnten aber auf dem Weg die aufregende Attraktion The Shotover anschauen. Selbst mit den riesigen Speedbooten auf dem engen Fluss zu fahren, hatten wir nicht im Sinn. Arrowtown gefiel uns recht gut, denn es hat ein historisches Zentrum, durch das wir gemütlich schlenderten. Dann suchten wir uns einen Schlafplatz in den Büschen am Fluss, wo wir die Nacht verbrachten.

Am 17.02. suchten wir am Morgen die Küche des Campingplatzes auf, wo wir gemütlich Frühstück kochten. Hier bemerkte niemand, dass wir eigentlich gar nicht hier eingecheckt hatten. Wir staubten sogar noch ein paar Leckereien im Sparefood ab. Danach ging es auf einer Bergetappe in Richtung Wanaka. Wir radelten von Arrowtown auf dem breiten Wanderweg Tobins Trail und von dort auf der Hauptstraße zum Crown Range Pass. Hätte ich gewusst wie steil es werden würde, wäre ich nie im Leben dort geradelt. Jeder Treter musste schwer erkämpft werden. Viel überholende Autofahrer gaben uns ein „Daumen hoch“ und aufmunternde Kommentare.

Auf der Passhöhe gab es eine Belohnungspause, und wir hofften, die restlichen 55 km nur mehr bergab rollen zu können. Leider war es nicht so, und wir mussten wegen Gegenwind auch abwärts fest in die Pedale treten. Wir erreichten Wanaka erst am späten Nachmittag und waren sofort von dem netten Ort, dem See und der Berglandschaft rundherum begeistert. Am örtlichen Campingplatz zahlten wir gleich für drei Nächte.

Am Ende blieben wir sogar 6 Nächte in Wanaka, weil es uns so gut gefiel. Auf der Zeltwiese des Campingplatzes trafen wir viele andere Radreisende und Langstreckenwanderer und machten einige nette Bekanntschaften. In den Tagen hier war das Wetter immer herrlich schön. Wir badeten im See und machten ausgedehnte Wanderungen; sogar die lange Tour auf den Walter Peak, von dem aus man eine herrliche Aussicht auf die Gegend hat. Ansonsten schlenderten wir oft ins Ortszentrum und besuchten die Bibliothek, Cafés und die kleine Promenade. Ich kaufte mir in einem tollen Fahrradgeschäft einen neuen Helm. Hier in Wanaka fühlten wir uns fast ein wenig wie zu Hause.
Mit den anderen Reisenden am Campingplatz haben wir auch über das Thema Corona diskutiert.

Unsere Route sollte uns von Wanaka an die Westküste führen, vor der man uns ein wenig gewarnt hatte. Dort gäbe es kaum Ortschaften, viele Sandflies und viel Regen. Aus diesem Grund beobachteten wir das Wetter genau und machten uns erst auf zum Haast Pass, dem Tor zur Westküste, als wir hörten, dass die nächsten Tage dort trockenes Wetter herrschen würde. Tatsächlich hatten wir einen wunderschönen Radtag, als wir am

23.02. die Etappe in Angriff nahmen. Kurz vor dem Haast Pass änderte sich die Vegetation komplett. Sie wurde tropisch und üppig grün. Wir machten insgesamt fast 100 km bis wir 30 km nach dem Haast Pass in einem abgelegenen Campingplatz übernachteten. Hier gab es viele Sandflies und wir zogen lange Hosen und Socken an. Sehr bald lagen wir schon im Zelt, das wir auf einer Asphaltfläche und nicht im feuchten Gras aufstellten.

Der Haast Fluss war am nächsten Morgen unser ständiger Begleiter. Wir radelten auf einer kleinen Straße zwischen üppigem Urwald und hohen Bergen entlang des Flusses, dessen Flussbett die ganze Talbreite einnahm. Zu Mittag waren wir an der Westküste im Ort Haast, wo wir in einem kleinen Laden einkaufen konnten und draußen in der Sonne einen Imbiss einnahmen. Wir trafen auch hier wieder ein radelndes Pärchen, mit dem wir uns ein wenig unterhielten.

Am Nachmittag waren wir dann schon nordwärts entlang der Meeresküste unterwegs. Die Straße führte zum Teil auch ins Landesinnere und kam uns fast vor wie ein grüner Tunnel. Das Meer selbst konnten wir vor lauter Bäumen und Wald nicht gut sehen. Die Straße machte oft Steigungen, von denen aus wir dann doch die wilde Küste erspähen konnten. An diesem Tag war unser Ziel der kleine Lake Paringa, an dessen Ufer es einen Campingplatz gab. Wir erreichten ihn am späten Nachmittag und konnten für unser Zelt gerade noch ein Plätzchen zwischen zwei Wohnmobilen ergattern. Wir sind statt einer Dusche, die es hier nicht gab, sogar noch baden im See baden gegangen.

Hier gab es ein zwar paar Sandflies, aber diese teilten sich gut auf die vielen Camper auf..

Am 25.02. ging es weiter entlang der Küste. Wir kamen an Abschnitte, wo wir nicht stehenbleiben konnten, da sich dann sofort unzählige Sandflies auf uns niederließen. Zum Glück waren das nur in wenigen Regionen der Fall. An diesem Tag radelten wir bis zum Ort Fox Glacier, welchen wir wieder bei grauer, nebelartiger Bewölkung erreichten. Wir machten eine Wanderung zum Gletscheraussichtspunkt, waren aber etwas enttäuscht, da der Gletscher so klein und weit weg war, dass man ihn kaum ausmachen konnte. Nachdem wir dieses örtliche Highlight gesehen haben, brachen wir ins Zentrum auf. Im Bigfoot Hostel fanden wir eine Campingmöglichkeit, die jedoch nur aus einem kleinen Fleckchen Wiese neben dem Restaurant Parkplatz bestand. Es war nicht so prickelnd. In der Nacht regnete es wieder leicht.

Von Fox Glacier weg radelten wir am nächsten Tag bei Sonnenschein über die bekannten drei Pässe, die man in langen Steigungen überwinden muss, um nach Franz Joseph zu gelangen. Es geht immer 8 km bergauf und dann wieder 8 km bergab wie in einer Achterbahn. Wir haben die Strecke aber trotzdem genossen und kamen mittags in Franz Joseph an. Auch hier hätte es einen Gletscher gegeben, aber wir hatten am Vortag genug gesehen. Franz Joseph bot wieder den Komfort eines Supermarktes, und wir machten auf einem Picknickplatz eine richtig schöne Jause mit vielen Leckereien. Weiter ging es nach Norden entlang von kleinen Seen und abseits der Küste. Wir erreichten um 16 Uhr Harihari und hatten schon recherchiert, dass man hier beim örtlichen Pub auf einer großen Wiese zelten kann. Es war sehr nett und wir durften eine urige Küche benützen, die aus den sechziger Jahren stammen musste und viele Kuriositäten, wie die antike Sitzgruppe, einen vorsintflutlichen Wasserkocher und einen uralten Kronleuchter aufwies. Es gefiel uns trotzdem, oder gerade deshalb, gut.

27.02. Im kleinen Café im Ort kauften wir uns vor der Weiterfahrt am nächsten Tag noch einen Kaffee bzw. Tee und ein paar Vorräte. Die Strecke war wieder wunderschön und die Flussläufe, die wir überquerten, waren idyllisch und urtümlich. Wir näherten uns wieder der Küste und erreichten den Ort Ross, der für sein Goldvorkommen bekannt ist. Bei der Touristeninformation gab es Picknickbänke, auf denen wir uns stärkten.

Von hier radelten wir wieder auf einer ehemaligen Eisenbahnstrecke, die direkt an der Küste die beiden Orte Ross und Hokitika verbindet. Wir kamen nach 30 km in Hokitika an und wussten, dass wir somit den einsamsten und unwirtlichsten Teil der Westküste hinter uns hatten. In Hokitika gab es wieder Supermärkte und viele Geschäfte, und wir hatten einen günstigen Campingplatz rausgesucht. Er lag auf einem Hügel oberhalb des Strandes, auf dem Gelände einer ehemaligen psychiatrischen Klinik. Als wir am späten Nachmittag dort ankamen, waren wir total geflasht. Wir durften die Einrichtungen der psychiatrischen Anstalt mitbenützen, die noch so aussahen, wie sie die Insassen vor 30 Jahren verlassen haben müssen. Es gab noch den Speisesaal, den Aufenthaltsraum, die Schlafräume und sogar die Behandlungsräume aus den 60er Jahren, die an den Film „Einer flog über das Kuckucksnest" erinnerten. Auch zwei Küchen standen in dem weitläufigen Gebäude mit mehreren Trakten zur Verfügung. Man konnte hier auch in den ehemaligen Patientenzimmern übernachten, aber wir hatten nur fürs Zelten im Freigelände bezahlt. Wegen der erneut aufziehenden Wolken wählten wir einen überdachten Geräteschuppen hinter dem Haus als Schlafplatz.

28.02. Es hatte in der Nacht wieder geregnet und wir erwachten an unserem trockenen Plätzchen und freuten uns, dass wir es ausgesucht hatten. Wir schlenderten mit Regenjacken in die Stadt und verbummelten den ganzen regnerischen Tag in der Bibliothek und in diversen Läden und Restaurants. Es war richtig ungemütlich im Freien.

Am 29.02. war es wieder sonnig und wir wollten an diesem Tag den Arthur's Pass, einen der höchsten Pässe Neuseelands, erklimmen. Zum Glück wussten wir nicht, wie steil es werden würde. Die Strecke war wunderschön, aber die letzten 10 km hatten fast durchgängig eine Steigung von 16 %. Einfach schrecklich! Oben auf der kleinen Pass-Station, gab es ein paar Unterkünfte, Zeltplätze und Lokale. Wir entschieden uns für einen winzigen Campingplatz, dessen Besitzer ein verschrobener, alter Typ war, der dauernd sein Dieselaggregat laufen ließ und an seiner Heizung rumbastelte. Die Küche, die wir benützen durften, war winzig. Für den größeren Aufenthaltsraum hätten wir mehr bezahlen müssen. Hier kamen wir uns vor wie auf einem Alpenpass, denn auch die Vegetation und die Landschaft erinnerten sehr an die Berge zu Hause.

Am nächsten Tag war der Avalanche Peak unser Ziel, den man vom Ort Arthur's Pass aus in einer fünfstündigen Wanderung erreichen kann. Wir waren nicht die einzigen Wanderer, aber definitiv die schnellsten. In etwas mehr als zwei Stunden hatten wir den Gipfel erreicht und nach vier Stunden waren wir wieder am Ausgangspunkt. Wir schlenderten noch durch den Ort und unterhielten uns mit einigen anderen Radreisenden, die wir auf den Zeltplätzen im Ort antrafen. Wir fanden neben der Touristeninformation einen Zeltplatz mit netter Küche, und da jene in unsere Unterkunft so klein war, haben wir dort unser Abendessen gekocht.

Der 02.03. war definitiv unser längster Fahrtag. Wir machten über 120 km von Arthur's Pass bis Reefton, wobei wir wieder durch richtig schöne Landschaft radeln durften. Hier war es viel enger besiedelt und große Landwirtschaftsbetriebe herrschten vor. Es war sonnig und richtig heiß. Als wir aber in Reefton ankamen, änderte sich das Wetter wieder. Der Campingplatz, auf dem wir zelteten, war gleich beim Ortszentrum und hatte eine große, nette Küche mit Tischen und Stühlen.

Der nächste Tag war ein grauer Tag und wir blieben in Reefton, denn im Regen wollten wir nicht weiterradeln. Das nette Ortszentrum mit Arkaden vor den Geschäften war unser Ziel und auch die Bibliothek, in der wir mehrere Stunden im

Internet surften. Am Nachmittag war wieder Wäsche waschen angesagt. Wir kamen am Campingplatz auch noch mit zwei Österreichern ins Gespräch, die mit Wohnmobil durch Neuseeland reisten.
Als am 04.03. die Sonne wieder einen warmen schönen Tag versprach, packten wir zusammen und verließen Reefton. Von hier aus kamen wir nach 96 km in den netten Ort Murchison, der in einem recht engen Tal zwischen schönen, hohen Bergen liegt. In der Touristeninformation buchten wir unser Ticket für die Fähre auf die Nordinsel für den 15.03.. Danach gingen wir in den örtlichen Supermarkt zum Einkaufen und fuhren im Anschluss raus zum Campingplatz am Fluss, wo wir nette Bekanntschaft mit einem deutschen Radreisende machten. Abends radelten wir in den Ort und gingen in ein landestypisches Lokal essen.

Unsere nächste Etappe sollte uns von Murchison in Richtung Nordküste führen. Wir fanden eine schöne Nebenstrecke und genossen die herrliche Strecke, obwohl sie einige Steigungen hatte und ganz schön anstrengend war. Wir radelten auf einsamen Wegen in der wieder sehr trockenen Landschaft. Diese Gegend gefiel uns richtig gut. Wir erreichten Tapawera, wo wir am Campingplatz nach den Kosten für einen Zeltplatz fragten und uns angesichts des Preises dagegen entschieden, dort zu übernachten. Stattdessen kauften wir uns ein Eis im Supermarkt und machten es uns im Schatten der Bäume im kleinen Park im Zentrum gemütlich. Bei Dämmerung radelten wir noch einige Kilometer weiter, bis wir schon recht spät einen Schlafplatz am Fluss fanden, der uns gefiel.

Am 06.03. erwachten wir am nebligen Flussufer, waren aber erleichtert, als sich der Nebel bald lichtete und sich ein herrlicher Tag ankündigte. Wir erreichten das Städtchen Motueka an der Nordküste, welches für seine Äpfel und Kiwis bekannt ist. Wir fanden im großen Stadtpark ein einsames Fleckchen hinter dichtem Gebüsch, wo wir die nächste Nacht verbrachten.

Von hier aus ging es am 07.03. nach Marahau, wo der bekannte Abel Tasman Trail beginnt. Wir genossen das Meer und den Strand und gönnten uns einen faulen Tag. Erst am nächsten Tag machten wir eine lange Wanderung auf dem Abel Tasman Trail, der der Küste entlang von Bucht zu Bucht führt. Wir wanderten eine Strecke von ca. 15 km bis zur Torrent Bay und wieder zurück. Noch eine Nacht verbrachten wir auf dem Campingplatz von Marahau, bevor wir am 10.03. wieder nach Motueka zurückradelten. An diesem Tag besuchten wir auch Bob und Barbara, die Peter von seiner ersten Neuseeland Reise 1991 kannte und die in einem ganz abgelegenen Hof in den Bergen hinter Motueka leben. Der Weg dorthin war eine echte Quälerei, aber dafür wurden wir mit herzlicher Gastfreundschaft belohnt. Obwohl uns die beiden zum Übernachten einluden, kehrten wir zum Schlafen doch lieber zurück zu unserem Plätzchen im Stadtpark von Motueka.

Die Strecke von Motueka nach Nelson wollten wir am 10.03. hinter uns bringen und freuten uns über Sonnenschein und die schöne Strecke auf den Hügeln hinter der Küste. Zum Schluss kamen wir durch die Vororte und das Industriegebiet von

Nelson, die uns nicht so gut gefielen. Wir fanden einen Platz auf der kleinen Zeltwiese des Holiday Parks von Nelson und verbrachten die nächsten zwei Tage in dieser Stadt. Wir mussten nicht nur Wäsche waschen, sondern wollten uns auch die Gegend ein wenig anschauen. Im Holiday Park trafen wir viele Wohnmobil-Reisende aus Europa und das Corona-Thema war in aller Munde. Viele nahmen den Virus aber nicht ernst, obwohl er offensichtlich schon in Europa angekommen war.

Schließlich, am 12.03. ging es für uns wieder weiter in Richtung Picton. Von dort hatten wir für den 15.03. die Fähre gebucht. Dass die Strecke in Richtung Picton so bergig werden würde, hatten wir nicht geahnt. Wir mussten einige lange Anstiege auf einer viel befahrenen Straße hinter uns bringen. Vor allem viele Holzlaster waren hier unterwegs, und wir versuchten, ihnen so gut wie möglich auszuweichen. Nach etwa 90 km kamen wir an den Ort Havelock in den Marlborough Sounds, der für seine Shrimps bekannt ist. Der örtliche Campingplatz war sehr nett. Wir kochten in der kleinen Küche und waren enttäuscht, dass der Supermarkt im Ort schon um 17 Uhr zu war, weshalb wir keine Schokolade mehr kaufen konnten.

Von Havelock war es dann gar nicht mehr so weit zu unserem nächsten Ziel, dem Queen Charlotte Trail. Dieser Trail führt auf ca. 120 km auf einem der Küstenarme in den Sounds quer durch neuseeländischen Urwald und ist bei Mountainbikern und Wanderern beliebt. Mit unseren schweren Rädern wollten wir

nur ein Stück davon bewältigen und auf einem der dort angelegten, wilden Zeltplätze übernachten.
Als die asphaltierte Straße endete, ging es auf einem urigen Waldpfad weiter, der uns aber sehr gut gefiel. Er war mit unseren Rädern und trotz schwerem Gepäck gut machbar war.

Nach circa sechs Kilometern waren wir dann am ausgesuchten Zeltplatz, der sich vom Strand bis zur Urwaldlichtung dahinter erstreckte. Wir ließen die Räder stehen, wanderten noch ein paar Kilometer weiter und kamen bei Einbruch der Dämmerung zurück. Wir kochten am Zeltplatz und bauten unser Zelt am Rand der Lichtung auf. In dieser Nacht wurden wir von Terror-Opossums heimgesucht. Wir konnten sie nur mithilfe unseres Kamera-Blitzes vertreiben.

Am 14.03. hatten wir nur mehr etwa 30 km bis nach Picton zurückzulegen. Wir machten einen gemütlichen Stopp an der Küste und genossen die Sonne an einem netten Strand. Am Nachmittag bewältigten wir dann die Strecke bis Picton und suchten uns dort einen wilden Zeltplatz in der Nähe des Hafens, von wo wir nicht weit zur frühen Fähre hätten. Gleich hinter dem Friedhof wurden wir fündig. Vor dem Schlafengehen haben wir noch bei einem Picknickplatz am Meer mit Aussicht auf die ein- und auslaufenden Fähren gekocht und in der Sonne gesessen.

Unsere Fähre lief am 15.03. um 08:00 Uhr aus und wir sollten deshalb bereits um 07:00 Uhr beim Terminal sein. Es war noch dunkel und wir waren noch ein wenig verschlafen. Im

Terminal hielten wir uns nicht lange auf, denn am Vorabend hatten wir noch mit Markus telefoniert, der uns in Sachen Corona auf den neuesten Stand gebracht hatte. – Nicht gut! Die Fähre kam pünktlich los und wir erreichten Wellington zur Mittagszeit.

Fotos:

Seite 263
oben: Aufwärmen am Campingplatz von Gore
unten: Radweg nach Queenstown

Seite 264
oben: Wie am Gardasee! Gratisplatz am Südufer des Lake Wakatipu.
unten: Blick auf Queenstown vom Hausberg

Seite 265
oben: Den Crown Range Pass mussten wir uns schwer erkämpfen.
unten: Auf dem Walter Peak bei Wanaka.

Seite 266
oben: An der Strecke vom Haast Pass zur Westküste.
unten: Steile Westküste mit üppigem Urwald

Seite 267
oben: Am Lake Rangiora zelten wir zwischen den Wohnmobilen.
unten: Strand von Hokitika mit Schriftzug aus Schwemmholz.

Seite 268
oben: Behandlungszimmer der Psychiatrischen Klinik = Campingplatz
unten: Auf dem Weg zum Arthur's Pass bei 16% Steigung

Seite 269
oben: Winzige Küche am Campingplatz von Arthur's Pass.
unten: Besuch auf einer Kiwifarm bei Motueka.

Seite 270
oben: Im Hintergrund Havelock in den Marlborough Sounds
unten: Blick vom Queen Charlotte Trail

CROWN RANGE
SUMMIT
1076 m

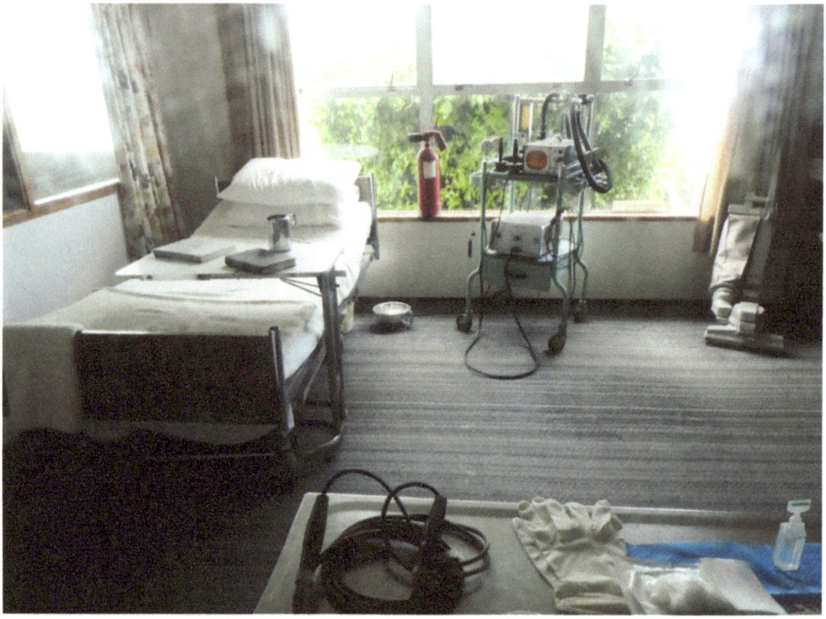

16%
TRUCKS
USE LOW
GEAR

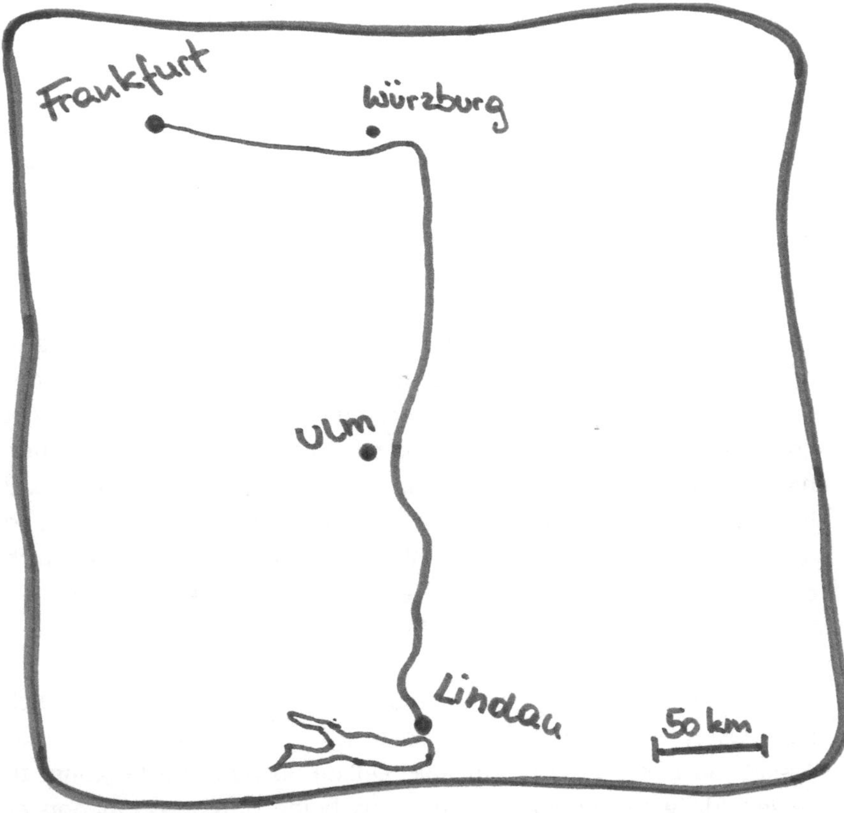

Endspurt
Frankfurt - Lindau

Pünktlich um neun Uhr vierzig setzen wir bei strahlend blauem Himmel und Minustemperaturen in Frankfurt auf. Auch in diesem Flughafen hält sich der Betrieb in Grenzen. Eine große Anzahl an Lufthansamaschinen ist am Rande des Flughafenterminals geparkt. Die Flugzeuge stehen da wie traurige Vögel, die wegen Vogelgrippe nicht aus dem Stall dürfen. Hier in Frankfurt, wird uns mitgeteilt, dürfen nur Gruppen von jeweils 20 Personen von Bord. Dazwischen muss eine Pause sein, um große Menschenansammlungen zu vermeiden. Wir spekulieren außerdem noch immer damit, dass man gleich unsere Temperatur messen wird und haben leichte Bedenken, dass man uns in Quarantäne stecken könnte.

So weit kommt es aber nicht, denn weder wird Temperatur gemessen, noch haben wir Schwierigkeiten bei der Einreise. Als Erstes fällt uns gleich die unangenehme Kälte auf, die wir aus Neuseeland nicht gewöhnt sind. Zum Glück haben wir alles angezogen, was irgendwie wärmen könnte.

Wir dackeln wieder den Hinweisschildern nach, beziehungsweise den anderen Reisenden hinterher, um vor den Schaltern der Einreisebehörde zum Stehen zu kommen. Der Andrang ist nicht groß. Am Boden gibt es Markierungen, wo die Wartenden zu stehen haben, damit man seinem Nachbarn nicht zu nahekommt. Zwei junge Polizisten in Uniform sitzen in der Glaskoje, vor der Peter und ich unsere Reisepässe zücken. „Woher kommen Sie?“, fragt mich der eine Beamte, und ich informiere ihn wahrheitsgemäß, dass wir von einer Neuseelandreise zurückkommen.

„Wir haben auch schon ein Mietauto reserviert und werden gleich nach Österreich weiterfahren“, setze ich hinzu. Schon will ich das Tablet auspacken, um ihm die Online-Buchungsbestätigung zu zeigen, da winkt er ab und lässt uns beide durch. Wir haben es geschafft! Wir sind ohne Quarantäne und Einschränkungen wieder in Europa. Als wir somit Europa offiziell wieder betreten, fallen wir uns erleichtert in die Arme.
„Wir haben es geschafft. Ich hätte vor ein paar Tagen nicht geglaubt, dass wir jetzt tatsächlich hier stehen würden“, gibt Peter zu.
„Jetzt müssen nur noch unsere Räder heil ankommen, dann ist wirklich alles reibungslos gelaufen“, füge ich hinzu.

Der nächste Schritt ist also das Abholen unseres Gepäcks. Der Frankfurter Flughafen, der ja einer der größten Europas ist, ist genauso wie der in San Francisco, leergefegt. Als wir bei den

Gepäckbändern ankommen, sind von zwölf Förderbändern nur drei in Betrieb. Hier warten erst wenige Passagiere unseres Fluges auf ihre Koffer und Taschen.
„Wir brauchen noch einen Trolley. Kannst du mal schauen, wo es die hier gibt?“, bittet mich Peter, und ich mache mich mit suchendem Blick auf die Jagd. Bald finde ich einen futuristisch aussehenden Trolley-Spender, der die wertvollen Wägelchen aber nur gegen Kreditkartenzahlung herausgibt. Nach ein paar Versuchen und mit der Hilfe einer jungen Frau, die so ein Gerät offensichtlich schon mehrmals bedient hat, ziehe ich mit einem Trolley von dannen und manövriere das Gefährt stolz in Richtung Gepäckband.
„Deine große Packtasche ist schon da. Meine muss sicher auch bald kommen“, informiert mich Peter und lädt schon einmal die erste Tasche auf den Trolley. Tatsächlich dauert es nicht mehr lange bis auch sein Gepäckstück heil um die Kurve kommt.

Inzwischen wissen wir auch, dass unsere Räder an einer anderen Ausgabestelle ankommen müssen, da sie zu groß sind, um durch die Luke beim Gepäckband zu passen. Wir folgen dem Hinweis „Sperrgepäck“ und stehen bald vor einer unscheinbaren Tür. Davor liegen ein verpacktes Surfbrett, ein Kontrabass und ein Paar Skier. Interessante Kombination! Von unseren beiden Riesenkartons noch keine Spur. Wir warten also hier und kramen inzwischen die Euros raus, die wir als Notgroschen die letzten vier Monate quer durch Neuseeland kutschiert haben.

Kurze Zeit später öffnet sich die Tür und ein junger Flughafenmitarbeiter in Warnweste eilt vorbei. „Äh, Entschuldigung bitte! Wir warten auf unsere beiden Fahrräder. Es sind zwei große Kartonverpackungen. Sind die vielleicht schon irgendwo in der Nähe?“, wage ich einen zögerlichen Vorstoß.
„Bin gleich wieder da. Ich guck dann nach“, kommt es kurz angebunden als Antwort. Am Arbeitsaufkommen kann es wohl nicht liegen, dass er so schlecht gelaunt ist. Eher vielleicht an der Aussicht, dass er wegen Corona bald keinen Arbeitsplatz mehr

haben wird? Wir wissen es nicht und wollen es uns nicht mit ihm verscherzen, weshalb wir geduldig stehen bleiben. Tatsächlich kommt er innerhalb kürzester Zeit wieder, nickt uns kurz zu und verschwindet wieder hinter der Tür.

Was für eine Freude, als er nur Sekunden später den ersten unserer Kartons durch die Tür schiebt. Peter springt ihm gleich zur Seite und hilft mit, die schweren Dinger heraus zu bugsieren. Es ist Peters Fahrrad, was wir an der großen Aufschrift erkennen, die wir in Auckland bei der Verpackungsaktion angebracht haben. Auch die zweite Schachtel kommt gleich nach. Beide Kartons bieten einen eher traurigen Anblick. Die Plastikfolie ist zerfleddert, der Karton schmutzig und teils eingerissen, das Klebeband hält nicht mehr alle Kartonteile richtig zusammen und die Verpackungsschnur, die einmal unsere Reisewäscheleine gewesen ist, ist nicht mehr vorhanden.

Als wir die Kartons genauer inspizieren, bemerken wir, dass die Radnabe von Peters Fahrrad durch den Karton gestochen hat und irgendwie total verbogen ist.
„So ein Scheiß“, ärgert er sich natürlich auch gleich und vergrößert das Kartonloch, um genauer sehen zu können, wie groß der Schaden ist.
„Die haben den Karton wahrscheinlich über den Boden gezogen. Vielleicht kann man das einfach wieder geradebiegen“, analysiert Peter, und wir hieven die beiden Kartons zu unseren Taschen auf den Trolley.

Vollgepackt rollen wir vorbei an den Gepäckbändern in Richtung Ausgang. „Du, da ist ein Lost and Found und Reklamationsschalter. Wir können den Schaden einfach mal melden. Das müssen die doch bezahlen“, schlage ich vor. Wir peilen also das kleine Büro mit vorgelagertem Tresen an und kommen gerade dazu, als die Mitarbeiterin in eine heiße Diskussion mit einem genervten Fluggast vertieft ist. Geduldig warten wir mit unseren Habseligkeiten, bis sich

die Reklamations-Frau, nachdem sie den Passagier halbwegs beruhigt hat, an uns wendet. Wir erklären ihr unser Anliegen und zeigen ihr den Schaden. Daraufhin bittet sie uns in ihr kleines Kabäuschen und nimmt am Computer den Schadensfall auf.
„Sie müssen uns die Rechnung der Reparatur und Fotos vom Schaden per E-Mail schicken, dann können wir den Fall abwickeln“, informiert sie uns, während sie fleißig in die Tasten haut.
„Sag, mal Britta, was heißt denn Radnabe auf Englisch?“, ruft sie ihrer Kollegin zu, die soeben das Büro betritt. Britta ist reichlich überfragt. Da es sich um die Delta Airline handelte, muss die Reklamation wohl auf Englisch gemacht werden.

Zum Glück kommt kurze Zeit später die Abteilungsleiterin dazu, die schließlich beschließt, dass Radnabe „Wheel fixation“ zu heißen hat. Ich will mich nicht einmischen und bin auch nicht motiviert, irgendwelche Vokabeln aus den hintersten Winkeln meines Gehirns abzurufen. Wir verlassen mit einem Wisch und einem Visitenkärtchen das Büro, und Peter meint nur: „Das bieg ich einfach wieder zurück. Das mit der Rechnung und der Bearbeitung klappt sicher nicht.“ Wir haken das Thema innerlich ab und konzentrieren uns lieber auf unseren Mietwagen.

Als wir den Trolley durch die großen Türen in die Ankunftshalle schieben, sind wir offiziell frei und schnuppern wieder europäische Luft.
Ist das eine andere Luft? Ist es ein anderes Licht?
Nach vier Monaten auf einem anderen Kontinent ist alles ganz fremd, und doch altbekannt. Dieses Phänomen kennen wir von vielen unserer Reisen. Bei der Rückkehr merkt man erst, dass unsere Welt beziehungsweise, dass Europa nur ein kleiner Bruchteil dieser Welt ist, und dass wir Europäer deshalb nicht davon ausgehen können, dass unsere Art zu Leben und unsere Umwelt die Norm ist. Wir können nicht unsere Maßstäbe und Ansprüche an Sauberkeit, Umgangsformen, Essen und so vieles mehr anlegen und einfordern.

Wir müssen akzeptieren und tolerieren, dass unser Planet aus einer immensen Vielfalt an Kulturen und Gesellschaften besteht.

Der Unterschied zwischen Neuseeland und Deutschland ist nicht wahnsinnig groß. Auffallend ist aber der große Unterschied bei der Verkehrsinfrastruktur. In ganz Neuseeland, welches immerhin dreimal so groß wie Österreich ist, gibt es nur wenige Kilometer mehrspurige Autobahn. Alle Überlandstraßen sind zweispurig und ganz viele Hauptverkehrsrouten führen noch über hundert Jahre alte, einspurige Brücken, welche kaum von zwei Autos gleichzeitig passiert werden können. Außerdem ist der Straßenbelag in Neuseeland so grob und rau, dass wir uns meistens fühlten als würden wir über Schotter fahren.

Als wir nun hier in Frankfurt kurz nach Mittag unseren Mietwagen, einen Kleinbus französischer Bauart, übernommen und beladen haben, fahren wir direkt aus dem Parkhaus raus auf eine sechsspurige Zubringerstraße. Was für ein Unterschied zu Neuseeland! Es ist jedoch nicht die Dimension der Autobahn, die uns am meisten staunen lässt, sondern das Fehlen jeglichen Verkehrs. Wir erreichen bald die Autobahn A3 in Richtung Würzburg und finden uns als einziger PKW zwischen Unmengen von LKWs wieder.
„Da sind ja überhaupt keine Autos unterwegs. Nur Lastwagen!“, bemerke ich das Offensichtliche.

„Lass uns mal das Radio einschalten. Ich bin richtig neugierig, was die von Corona so erzählen“, schlägt Peter vor. Wir hören in den Nachrichten von den zahlreichen Todesfällen in Italien, von steigenden Infektionszahlen in Deutschland und ganz Europa und von diesem Lockdown, der seit zehn Tagen in Kraft ist und offensichtlich das Leben in den meisten Ländern Europas lahmlegt. Wir haben davon zwar schon in den Telefonaten und Nachrichten von zu Hause gehört. Es jetzt und hier zu erleben, ist noch einmal anders. Wir können gar nicht fassen, dass wir auf der ganzen

Strecke zwischen Frankfurt und Lindau kaum Privatfahrzeuge zu sehen bekommen. Bei jedem Auto, das uns überholt, spekulieren wir, warum der wohl unterwegs ist. Wahrscheinlich ist es derzeit verboten, solche Langstreckenfahrten zu machen. Sollten wir von der Polizei gestoppt werden, haben wir zumindest einen triftigen Grund für unseren „Ausflug" vorzuweisen.

Das Wetter ist zwar sehr kalt, aber herrlich sonnig, und wir kommen gut voran.
„Sollen wir bei der nächsten netten Raststation eine Pause machen und eine Kleinigkeit essen?", fragt Peter, der am Lenkrad sitzt und offensichtlich schon wieder etwas vertragen kann.
„Na klar. Wir haben noch die Cookies, Käse, Cracker und ein paar Portionen Karotten", mache ich eine Bestandsaufnahme der Vorräte, die Peter und ich in unseren Rucksäcken gehortet haben.
„Siehst du wie gut es war, dass wir das Zeug eingepackt haben. Und du hast dich so angestellt!".
„Ja, du hast ja recht", gebe ich zu und freue mich auf die leckeren Cookies, die richtig schön schokoladig sind.
„Da vorne müsste laut Karte ein kleiner Rastplatz kommen", informiere ich Peter mit dem Tablet auf den Knien. Ich habe die Kartensoftware wieder einmal in Betrieb genommen. Es ist mir mittlerweile zur Gewohnheit geworden, jeden Ort und jede Distanz darauf nachzuschauen.

Der Rastplatz ist kurz vor Ulm, und wir stellen den Bus mit der Windschutzscheibe zur Sonne, damit das Autoinnere ein wenig aufgeheizt wird. Der übliche Toilettenbesuch darf natürlich auch nicht fehlen, und ich mache mich durch die Kälte auf zum kleinen Klohäuschen, das völlig verlassen daliegt. Zwar liegt kein Schnee, aber ein kalter Wind pfeift mir um die Nase. Solche Temperaturen haben wir schon lange nicht mehr erlebt. Was war das nur für ein schöner Winter in Neuseeland, mit Hitze und Tiefsttemperaturen von etwa zwölf Grad.

Zurück beim Auto genießen wir den Imbiss, der aber einen immensen Plastikmüllberg im Abfalleimer des Rastplatzes verursacht.

Weiter geht es in Richtung Süden, in Richtung Heimat.
Als wir zum ersten Mal die schneebedeckten Gipfel der Alpen in der Ferne schimmern sehen, können wir beide den Aufschrei „Schau!“ nicht unterdrücken. Was für eine kindische Freude, die vertraute Landschaft und Bergkulisse wiederzusehen. Auch wenn man das Reisen, das Abenteuer und die Fremde liebt, ist das Gefühl von Heimat und Zugehörigkeit doch ein Grundbedürfnis und tut einfach wohl. Die Strecke von Ulm über Memmingen in Richtung Bodensee ist uns sehr vertraut, und da wir auf den kaum vorhandenen Verkehr nicht so Acht geben müssen, bestaunen wir jegliche Veränderung, die uns auffällt und diskutieren jeden Neubau entlang der Autobahn.

Und dann, kurz nach der Brücke über die Große Argen ist es so weit. „Schau, der Pfändi!“, rufe ich. Unser Heimatberg, den wir hundertfach zu Fuß oder mit dem Fahrrad erklommen haben, kommt in Sicht und trägt stolz die Antenne am südlichen Ende seines Rückens. Dahinter die Kette der sich aneinanderreihenden Rheintalgipfel Staufen, Kugel, Freschen und ganz hinten die Drei Schwestern.

Ein paar Kilometer später haben wir von der Anhöhe vor Lindau aus, einen traumhaften Ausblick auf den Bodensee, der an diesem kalten Tag wunderschön in der braunen Winterlandschaft liegt, und dessen klares Wasser in einem herrlichen Blau strahlt.

Doch das so nahe vor uns liegende Vorarlberg muss noch ein wenig auf uns warten. Wir haben nämlich einen anderen Plan. Es ist mittlerweile schon später Nachmittag, und wir haben beschlossen, per Fahrrad nach Österreich einzureisen und die etwa zweistündige Bergstrecke zwischen Lindau und dem angepeilten Refugium in

Oberbildstein an diesem Tag nicht mehr anzutreten. Oberbildstein ist ein kleiner Weiler in den Bergen hinter Wolfurt zwischen dem Rheintal und dem Vorderen Bregenzerwald. Hier liegt Peters Wochenend-Hütte abseits der Straße in einem einsamen Winkel am Waldrand.

Als wir unsere Wohnung vor der Abreise nach Neuseeland für drei Jahre, also für die Dauer unserer geplanten Auszeit, vermietet haben, fragten unsere Mieter: „Und was ist, wenn ihr aus irgendeinem Grund wieder zurück nach Hause wollt, oder müsst?“. Das war für uns damals völlig abwegig, doch wir beruhigten sie: „Dann gehen wir auf die Hütte nach Oberbildstein. Da können wir jederzeit hin.“ Dass dieses Kleinod nun tatsächlich unser Rückzugsort wird, hätten wir damals nicht gedacht. Markus, Peters Bruder, hat uns freundlicherweise seine große Wohnung mit Gästezimmer als Notquartier angeboten. In der ersten Zeit wollen wir aber isoliert auf dem Berg wohnen. Das haben wir beschlossen, als klar war, dass wir zurück nach Österreich kommen werden. Ob wir letztendlich doch bei Peters Bruder einziehen werden, lassen wir noch offen. Jetzt aber ist unser Ziel die Hütte, und wir gehen auch diese neue Situation wie ein großes Abenteuer an.

An diesem Abend Ende März nehmen wir die Autobahnabfahrt Lindau und machen uns auf die Suche nach einem Übernachtungsplatz. Dabei haben wir schon eine Idee. „Hinter den Gleisen, bei den Lagerhallen nahe dem Strandbad von Lindau gibt es genügend einsame und versteckte Plätze, wo wir den Bus parken und darin schlafen können“, schlägt Peter vor. Und ich bin ganz seiner Meinung. Den Mietwagen haben wir für vierundzwanzig Stunden gebucht und müssen ihn erst am nächsten Morgen zurückgeben. Deshalb können wir ihn für die Nacht als Campingbus zum Schlafen nutzen und morgen in aller Ruhe nach Österreich einreisen.

„Da vorne um die Ecke ist hinter dem alten Lagerhaus ein Baustellenlager. Wenn wir uns hinter den Baucontainer dort stellen, dann sieht uns keiner." Ich habe die Lücke ausgespäht, und Peter peilt die angegebene Stelle an. Ja, hier ist es perfekt. Wir parken ein, schieben die Fahrradkartons in den hinteren Teil des Busses und klappen die Rückbank um. Beide sind wir hundemüde und da ist es uns auch egal, dass es zwar finster, aber erst achtzehn Uhr ist. Wir ziehen unser Schlafequipment aus den Packtaschen und legen die Liegematten längs über die umgeklappte Bank und über unser Gepäck, welches die Lücke davor ausfüllt.

„Also, bequem ist das nicht, aber ich bin so müde, dass ich auch im Stehen schlafen könnte. Vorher muss ich aber noch einen Busch suchen, hinter dem ich mich erleichtern kann", informiere ich Peter und mache widerwillig die Tür auf, um in der Kälte das Nötige zu erledigen.

„Ist das saukalt, brrr!". Schnell schließe ich die Autotür wieder, als ich zurückkomme.

Peter macht wieder einmal einen guten Vorschlag: „Wir sollten auf jeden Fall unsere Kleidung anbehalten und uns mit allem zudecken, was wir finden. Vielleicht können wir sogar zwischendurch mal den Motor laufen lassen, damit die Heizung läuft."

„Ach was, das wird schon gehen", antworte ich unter dem Eindruck des noch von der Fahrt aufgeheizten Autos. Wir kriechen also auf die buckligen Matten, hängen ein Handtuch zwischen den Vordersitzen auf, damit irgendwelche Passanten uns nicht gleich liegen sehen und mümmeln uns in unsere Schlafsäcke ein.

Der Jetlag und die lange Reise um den halben Erdball tun ihr Übriges, und wir schlafen innerhalb kürzester Zeit ein. Irgendwann aber, und wieder habe ich keinen Schimmer wie spät es ist, wache ich durch ein Geräusch auf. Oder ist es doch die Kälte, die mich nicht mehr schlafen lässt? Auf jeden Fall ist es eisig kalt, und ich ziehe alle Ecken des Schlafsacks zusammen, um ja kein Bisschen kalte Luft reinzulassen. Durch mein Geziehe und Gedrehe wird schließlich auch Peter wach.

„Ist dir auch so kalt? Ich friere wie ein Schneider! Mir ist jetzt alles egal. Ich lasse den Motor laufen“, beschließt er, und ich bin ihm dankbar, dass er die Rettungsaktion in die Hand nimmt.

Er krabbelt aus unserem Nest und startet den Motor. Nach kurzer Zeit kommt warme Luft aus dem Gebläsekanal. Was für eine Wohltat!
„Oh Mann. Ich muss noch mal raus. Pipi machen!“. Wie toll es ist aus einem warmen Schlafplatz zu kriechen, um bei minus fünf Grad die Hose runterzuziehen, kann sich jeder vorstellen. Aber ich kann es einfach nicht mehr verschieben. Umso feiner ist es dann, wieder in das warme Auto zurückzukommen und sich in den Schlafsack zu wickeln. Kurze Zeit später schaltet Peter den Motor aus, denn die ganze Nacht wollen wir ihn nicht laufen lassen.

Diese Nacht wird nicht nur wegen der sibirischen Temperaturen zur Abenteuernacht, sondern auch weil um circa fünf Uhr früh plötzlich helle Scheinwerfer mitten in unser Schlafgemach blenden.
„Was ist das?“, frage ich Peter halb schlafend.
Er blinzelt raus und stellt fest: „Das ist ein Baufahrzeug. Vielleicht muss der irgendwas hier holen, oder den Container neben uns wegtransportieren.“
„Das darf doch nicht wahr sein. Was haben wir verbrochen, dass wir nicht in Ruhe schlafen können!!“, kann ich es mir nicht verkneifen. Tausende Nächte haben wir schon in unserem ehemaligen Campingbus verbracht und wir wissen daher, dass an jedem noch so einsamen Platz immer irgendwer daherkommt. Jedoch hatten wir noch nie die Situation, dass uns jemand belästigt oder verscheucht hätte.

Auch der Lenker des Baufahrzeugs, der sich hinter den beiden riesigen Scheinwerfern verbirgt, hat offensichtlich nicht die Absicht, aus seinem Gefährt zu steigen und uns von hier zu vertreiben. Nachdem er eine gefühlte Stunde den Mietwagen beleuchtet hat, legte er den Rückwärtsgang ein und fährt wieder ab. Wird er mit

Verstärkung wiederkommen? Es war uns egal. Peter schaltet nochmals den Motor, beziehungsweise die Heizung an, und wir hauen uns wieder aufs Ohr. Tatsächlich fordert die Müdigkeit ihren Tribut und wir sind bald wieder im Land der Träume.

Als wir aufwachen ist es taghell, und ein Blick auf die Autouhr zeigt uns, dass es bereits halb acht ist. Wieder ist es ein wunderschöner Tag, und der blaue Himmel strahlt mit den glitzernden Eiskristallen um die Wette, die unsere Autoscheiben bedecken. Das Kondenswasser hat die Scheiben beschlagen und bildet ein schönes Muster aus Eisblumen. Wir sind froh, jetzt bald unter einem richtigen Dach schlafen zu können und voller Tatendrang sorgen wir wieder für Ordnung im Auto, indem wir die Schlafsäcke einpacken, die Matten aufrollen und alles in die entsprechenden Taschen räumen. Noch immer haben wir die gleichen Kleidungsstücke an, die wir auch schon vor zwei Tagen, bei unserem Abflug, übergezogen hatten. Nun ja, andere haben wir nicht.

„Die Autovermietung ist gleich neben dem McDonald's vorne am Kreisverkehr. Da fahren wir als Erstes hin und schauen, ob schon jemand im Avis Büro anwesend ist." Peter lässt den Motor an, während wir alles zusammensuchen, was noch lose im Auto herumliegt.
„Magst du noch einen Cookie zum Frühstück? Ich habe noch zwei Stück in meinem Rucksack gefunden", frage ich Peter, der natürlich für diesen Menüvorschlag sofort zu haben ist.
„Lass uns aber zuerst von diesem Platz wegfahren, bevor die Bauarbeiter alle anrücken. Außerdem ist es hier im Schatten viel zu kalt. Dort, bei McDonald's, gibt es einen Parkplatz mit mehr Sonne."

Es ist nur etwas mehr als ein Kilometer, den wir fahren müssen, und wir erreichen den genannten Parkplatz, der sonnenbeschienen und einsam daliegt. Einzig bei der Rotkreuz-Einsatzzentrale gegenüber herrscht geschäftiges Treiben, aber ansonsten sind sowohl der Parkplatz, als auch die Straßen ringsum völlig leer. Wir parken auf der großen Asphaltfläche und verspeisen unsere beiden Cookies mit den letzten Schlucken Wasser, die wir noch dabeihaben.

Die Sonne klettert immer höher über den Pfänder und wir geben uns einen Ruck, um aus dem warmen Auto auszusteigen.
„Du, es ist gar nicht so schlimm. Die Sonne wärmt ein wenig. Man kann es gut aushalten“, muntert mich Peter auf. Als wir kurze Zeit später mit dem Auspacken und Zusammenbauen der Fahrräder beschäftigt sind, wird uns bald fein warm und wir gehen voll in der Vorbereitung unserer Einreise nach Österreich auf.

Mit Peters Leatherman zerschneiden wir die kunstvolle Verpackung unserer Fahrräder und ziehen die zerlegten Einzelteile heraus. Außerdem fischen wir unsere Helme und ein paar andere Utensilien heraus, die wir mit in die Kartonverpackung gestopft haben.

Im Grunde genommen machen wir hier auf dem Parkplatz genau das rückgängig, was wir achtundvierzig Stunden zuvor in Auckland fabriziert haben. Peter hat ruckzuck die Vorderräder, Lenker, Pedale und Fahrradsattel wieder montiert und dabei einen Berg an Karton, Klebeband, Plastikfolie und Noppenfolie hinterlassen. Ich mache mich daran, den Müll zu entsorgen, den ich europäisch korrekt getrennt in die Müllcontainer neben der Rotkreuz-Station entsorge.
„Ich gehe schon mal rüber zur Autovermietung und schaue, ob jemand da ist“, meint Peter, als alles erledigt ist und überquert die Straße, auf deren anderer Seite sich das Autohaus mit angeschlossener Avis-Station befindet.

Als er zurückkommt informiert er mich: „Die haben nicht offen. Aber auf einem Aushang steht, man soll das Auto hinten in den Hof parken und die Schlüssel in einen Briefkasten werfen.“ Nachdem wir also unser Hab und Gut wieder auf den Rädern verstaut haben und einen letzten Blick ins Auto werfen, um ja nichts Wichtiges darin zu vergessen, fährt Peter den Bus rüber und kommt wenig später zu

Fuß zurück. Dann schwingen wir uns in die Sättel und reiten in Richtung Heimat.

Auf der vertrauten Strecke von Lindau in Richtung Lochau sind wir wirklich die einzigen Fahrzeuge und kommen uns tatsächlich vor wie die Glorreichen Zwei beim Einreiten nach Carson City. Wir haben es geschafft und sind zuversichtlich, auch die Hürde des Grenzübertritts ohne Probleme zu meistern. Beide haben wir ein breites Grinsen im Gesicht. Trotz der Pandemie und trotz aller Widrigkeiten wissen wir, dass wir uns beide haben und dass unser Leben ein tolles Abenteuer ist.

Etappen:

Tagebucheinträge:

Was ich dir über uns und über Neuseeland erzählen wollte: